Enciclopedia de Guatemala

Enciclopedia de
Guatemala

Enciclopedia de
Guatemala

1

OCEANO

Es una obra de
OCEANO
GRUPO EDITORIAL

EQUIPO EDITORIAL

Dirección
Carlos Gispert

**Dirección de Producción
y Subdirección**
José Gay

Dirección de Edición
José A. Vidal

* * *

Dirección de la obra
Graciela d'Angelo

Edición
Antonio Gil

Diseño
Ferran Cartes

Edición gráfica y maquetación
Josep Borrell
Álvaro Elizalde
Victoria Grasa
Gregori Miana

Preimpresión
Daniel Gómez
Didac Puigcerver
Ramón Reñé

Producción
Antonio Aguirre
Antonio Corpas
Alex Llimona
Antonio Surís

Sistemas de cómputo
María Teresa Jané
Gonzalo Ruiz

© MMII OCEANO GRUPO EDITORIAL, S.A.
Milanesat, 21-23
EDIFICIO OCEANO
08017 Barcelona (España)
Tel. 34 93 280 20 20* – Fax 34 93 204 10 73
www.oceano.com

IMPRESO EN ESPAÑA - PRINTED IN SPAIN

ISBN: 84-494-1350-8 (Obra completa)
ISBN: 84-494-1351-6 (Volumen 1)
Depósito legal: B-7434-XLII
9085800050701

COORDINACIÓN

Marta Regina de Fahsen
Directora de Extensión.
Universidad Rafael Landívar.

Federico Fahsen Ortega
Arquitecto.

COLABORADORES

Anabella Acevo Leal
Profesora de Literatura
Hispanoamericana.
Texas Christian University
(Estados Unidos).

Miguel Álvarez Arévalo
Historiador.
Director del Museo
de Historia de Guatemala.

Lucía M. Barreda
Economista.
Directora del Programa
de Ecoturismo de la
Asociación Nacional del Café
(ANACAFE).

Claudia Dary Fuentes
Antropóloga.
Investigadora en el Centro
de Estudios Folklóricos y en
el Instituto de Investigaciones
Interétnicas.
Universidad de San Carlos.

Héctor L. Escobedo
Profesor de Arqueología.
Universidad de San Carlos
y Universidad del Valle
de Guatemala.

Federico J. Fahsen Rosales
Agrónomo.
Asociación Nacional
del Café (ANACAFE).

Gisela Irene Gellert
Geógrafa.
Investigadora en FLACSO
(Facultad Latinoamericana
de Ciencias Sociales).

Carlos Humberto Interiano
Catedrático de Irenalogía.
Director de la Escuela de
Ciencias de la Comunicación.
Universidad de San Carlos
de Guatemala.

Gustavo Palma Murga
Doctor en Historia.
Investigador Principal
en el Instituto AVANCSO
(Asociación para el Avance
de las Ciencias Sociales
de Guatemala).

Danilo A. Palma Ramos
Catedrático en Ciencias
Sociales y de la Conducta.
Universidad Francisco
Marroquín y Universidad
del Valle de Guatemala.

Ana Victoria Peláez Ponce
Catedrática de Comunicación.
Universidad Rafael Landívar.

Saqb'é Audelino Sac Coyoy
Ajq'ij maya-quiché
(Sacerdote maya).
Consultor OIT Guatemala.
Universidad Autónoma de
Madrid-Instituto CHIPIXAB'.

Luis Pedro Taracena
Historiador.
Director Técnico del Centro
de Análisis Políticos.

Aída Toledo Arévalo
Profesora Titular
de Literatura.
Universidad de San Carlos
de Guatemala.

*Agradecemos a Joaquim Aragó y Oriol Tuñí
la ayuda prestada para la elaboración de esta obra.*

FOTOGRAFÍA E ILUSTRACIÓN
Agencia EFE
AGN-México
Aponte, Edna
Archive photos
CIRMA
Contifoto-Sygma
Fahsen, Federico
Ferrer, Montse
Ferrer & Sostoa
Flores, J. Carlos
Fundación G&T
Iglesia de La Merced
Index
Lenars, Charles
Mackenney, Alfredo
Molina, J. Enrique
Museo de Historia de Guatemala

Museo Nacional de Arte-México
Pisos El Águila S.A.
Puerta, Victoria
Redondo, Menchu
Roma, Josep
Rosito, Rolando
Rovira, Ignasi
Vautier, Mireille
Vision: Marcé, Josep
Vision: Torrescusa, Xavier
Zampaglione, Héctor

AGRADECIMIENTOS
Asociación de Amigos del País
Biblioteca Nacional
Castillo, Miarka
CINDEG-Unidad de
   Investigación Educativa.

Universidad Rafael Landívar
Deudos de Luis Cardoza
Diario *El Gráfico*
Direccion General del
   Patrimonio Cultural
   y Natural-Ministerio
   de Cultura y Deportes
Fundación para la Cultura
   y el Desarrollo
Galeotti Torres, familia
Instituto de Antropología
   e Historia
Kerr, Justin
Luján, Luis
Méndez de la Vega, Luz
Montúfar y Aparicio, José
Museo Capharnaum-Palacio
   Arzobispal

Museo de Arte Colonial
Museo de Arte Moderno
Museo Rafael Álvarez
   de Comalapa
Revista *Crónica*
Robles, Rodolfo
Rodas, Ana María
Rosenthal, Gert
Sáenz Tejada, familia
Sánchez Latour, familia

Presentación

L a ENCICLOPEDIA DE GUATEMALA es una obra excepcional dentro del panorama cultural de nuestro país, fruto del trabajo de un numeroso grupo de investigadores especializados en cada una de las áreas del conocimiento, quienes han sabido desplegar toda la singularidad histórica y cultural guatemalteca.

Cuando los españoles entraron en la región que corresponde a lo que hoy es Guatemala, el territorio estaba ocupado desde hacía más de tres milenios por los pueblos mayas, que habían desarrollado una compleja organización sociopolítica, habían construido espectaculares templos, poseían un sistema de escritura propio, disponían de una elaborada información astronómica, y, en definitiva, habían expandido los niveles más altos de civilización por México y Centroamérica. Estos logros culturales mayas representan en la actualidad un valioso componente del patrimonio de los guatemaltecos, y así queda reflejado en las páginas de la presente enciclopedia.

Los procesos de la Conquista y colonización españolas a lo largo del Pacífico se realizaron atendiendo a las posibilidades geográficas, pero también en función de conocidas rutas prehispánicas, y fue a lo largo de los siglos XVI y XVII cuando se definieron las regiones de la República de Guatemala. Durante el siglo XVIII se fue gestando un clima de frustración y descontento, tanto entre los grupos criollos dominantes, como entre los indígenas. El malestar provocado por la pérdida de confianza hacia la metrópoli culminó con la declaración de Independencia en 1821, y a partir de entonces, hasta finales de la centuria, el país experimentó esenciales transformaciones: después de formar parte de una República Federal, cuyas figuras dominantes fueron los caudillos llegados al poder por la vía de las acciones militares (Manuel José Arce, Francisco Morazán, Rafael Carrera y Justo Rufino Barrios, entre otros), pasó a constituirse en una nación independiente gobernada sucesivamente por conservadores y liberales. Se produjo entonces la entrada de inversionistas extranjeros en importantes áreas de la economía, como la electricidad, los ferrocarriles o los puertos. En la primera mitad del siglo XX, mientras Europa y Asia sufrían convulsiones bélicas y se alteraban sus fronteras, mientras México era convulsionado por la Revolución, se consolidaba en el país un estatismo social y político que perpetuaron gobernantes autócratas como Manuel Estrada Cabrera y Jorge Ubico. La Revolución de Octubre de 1944 cerró aquel período de dictaduras y puso en marcha el proceso de transformación que sentó las bases políticas, económicas y sociales de la moderna Guatemala. La firma de los acuerdos de paz entre el Gobierno y la guerrilla, en 1996, puso fin a una guerra civil plagada de actos de violencia que asolaron el país durante más de treinta años, después de lo cual Guatemala inició el camino hacia la democratización de todos los ámbitos de la sociedad, esforzándose por facilitar la integración de los grupos indígenas y por elevar la calidad de los servicios que benefician a toda la población.

Gracias a la riqueza cultural de la nación, son muchos los guatemaltecos que han ocupado un destacado y merecido lugar en el panorama internacional. En la medicina sobresale Rodolfo Robles, descubridor de la enfermedad tropical llamada «filariosis»; en la literatura, el Premio Nobel Miguel Ángel Asturias o el innovador Augusto Monterroso; en las artes plásticas, Rafael Yela Günter, Carlos Mérida, Elmar Rojas o Efraín Recinos; en el deporte, la figura extraordinaria del corredor de maratón Mateo Flores; en la defensa de los derechos humanos, la Premio Nobel de la Paz, Rigoberta Menchú Tum; por citar sólo algunos nombres.

Todo este acervo histórico y cultural ha quedado recopilado en la ENCICLOPEDIA DE GUATEMALA, en cuyas páginas se estudia también la geografía en sus vertientes física, política, económica y humana; la complejidad del entramado pluricultural, que incluye tanto la diversidad lingüística y étnica como la particular cosmovisión maya y la cultura tradicional en sus más variadas manifestaciones populares: leyendas, artesanías, fiestas, música y gastronomía. También son estudiados la literatura y el arte, los medios de comunicación, los deportes y el turismo. Cierran la obra un apéndice biográfico con algunos de los nombres más representativos de la historia del país y una cronología que relaciona los hechos políticos, económicos, sociales y culturales de Guatemala con los más importantes hechos históricos del ámbito internacional.

Especialmente para esta obra, se ha realizado una cuidada y profusa selección de material gráfico que ilustra con precisión la realidad histórica y presente del país, y abarca desde el indispensable documento fotográfico hasta la reproducción de obras de arte o la más actualizada cartografía. También se ha concedido un espacio privilegiado a las citas de los textos originales sobre los que versan los capítulos de historia o de literatura y se han elaborado numerosos cuadros y gráficos con datos estadísticos que completan la lectura de diversos capítulos. Concebida con un diseño atractivo y novedoso, la ENCICLOPEDIA DE GUATEMALA se propone no sólo como obra de referencia, útil para la consulta, sino también como una amena propuesta de lectura y análisis.

Plan general de la obra

Sumario del volumen 1

Señas de identidad

Los símbolos de la nación
y su significado

La ceiba, uno de los árboles más grandes de la América tropical, era considerado sagrado en tiempos precolombinos, y los nativos celebraban ritos bajo su follaje. Desde 1955 es árbol nacional.

Los símbolos de la nación y su significado

El origen del nombre de «Guatemala» todavía sigue siendo tema de debate y, a lo largo del tiempo, ha habido un sinnúmero de interpretaciones, sin haberse llegado a una conclusión. Jorge Luis Arriola ofrece dieciséis opciones acerca de la etimología de «Guatemala».

Una de las hipótesis más reconocidas está vinculada a la fundación de la primera ciudad española en territorio de Iximché, entonces capital del reino cakchiquel (*kaqchikel*) en julio de 1524. El conquistador Pedro de Alvarado puso la nueva ciudad bajo la advocación de Santiago Apóstol, con el nombre de «Santiago de Guatemala», quizás en adaptación a Tecpán Quatemalán, sede de la corte de los cakchiqueles en las inmediaciones de Iximché (hoy el municipio de Tecpán Guatemala, en el departamento de Chimaltenango). El nombre «Guatemala» ya fue mencionado por Hernán Cortés en su Cuarta Carta-Relación al monarca español, fechada el 15 de octubre de 1524, cuando escribió acerca de «unas ciudades de que muchos días había que tenía yo noticia, que se llaman Ucatlán y Guatemala, y están desta provincia de Soconusco otras sesenta leguas».

Origen de la bandera y el escudo

La bandera es el más antiguo de los símbolos patrios, pero a lo largo del tiempo ha cambiado muchas veces en su forma, tamaño, color y escudo. En 1871, siendo presidente provisorio de la República el general Miguel García Granados, se decretó la creación de la Bandera y el Escudo Nacional de Guatemala (el nombre oficial es Escudo de Armas de la República de Guatemala) que se utilizan en la actualidad. Los colores de la bandera nacional quedaron establecidos en tres franjas verticales, dos de color azul cielo y, en el centro, una blanca. El decreto número 33 con artículo único, fechado el 18 de noviembre de 1871, establece un escudo con dos rifles y dos espadas de oro, enlazados con ramas de laurel sobre un fondo celeste claro; el centro estará cubierto con pergamino, que contendrá la siguiente leyenda en letras de oro: «Libertad 15 de Setiembre de 1821», figurando en la parte superior un quetzal, como símbolo de la Independencia y autonomía de la Nación.

El acuerdo gubernativo del 12 de septiembre de 1968 reglamenta en detalle los colores y el diseño de la bandera y el escudo nacionales. En la bandera, la franja blanca representa: pureza, paz, integridad, firmeza y luz, así como la tierra enmarcada en dos océanos; las franjas azules representan: justicia, verdad y fortaleza, pero también el color del cielo que cubre a Guatemala y los mares que la rodean. En el escudo, las espadas, desenvainadas y en oro, son símbolo de justicia y soberanía; las ramas de laurel son símbolo de victoria; el quetzal es símbolo supremo de la libertad, y la leyenda del pergamino hace inmortal la fecha del nacimiento de la Patria. Los rifles son *Remington*, como se usaban en la época de la revolución liberal de 1871, pero no se les atribuye ningún simbolismo específico.

Los símbolos patrios

Los símbolos patrios de una nación representan una parte importante de su cultura y patrimonio. En el caso de Guatemala, en la actualidad cumplen además una función específica en la concientización para la protección del medio ambiente, porque dos de los tres símbolos patrios —el quetzal y la monja blanca— se encuentran en peligro de extinción por el creciente deterioro de su hábitat natural.

El quetzal, ave nacional, se encuentra en toda la América subtropical, con predilección por los bosques nublados y lluviosos, y por los bosques vírgenes de altura; en Guatemala es una especie protegida.

El quetzal, ave nacional

El quetzal, conocido como «Pájaro Serpiente» en los libros sagrados de los mayas, es el símbolo de la libertad y la Independencia. Este símbolo patrio aparece en el escudo y da nombre a la moneda nacional. Los ornitólogos colocan al quetzal entre las seis aves más hermosas del Nuevo Mundo. Entre éstas, le adjudican el más alto rango, no sólo por su extraordinaria belleza, sino por la dignidad y antigüedad de una leyenda unida a la cultura más original y avanzada de la época precolombina. Pertenece a la familia de los trogones y habita en los bosques nubosos de la Alta y Baja Verapaz, de la sierra de Chamá y de Las Minas, y hace sus nidos en los troncos de los árboles viejos, a los cuales vuelve año tras año, durante los meses de marzo a junio, para reproducirse. La hembra del quetzal pone dos huevos, de los cuales nacen generalmente una hembra y un macho.

La ceiba, árbol nacional

La ceiba es considerada el árbol sagrado de la vida y, para los mayas, representa la sabiduría. En sus leyendas cosmogónicas abre sus ramas mayores hacia los cuatro puntos cardinales, y de esa manera se une a la cuádruple deidad que rige los vientos y las lluvias. Sus ramas dividen el mundo inferior, donde moran los espíritus, del Xibalbá o lugar de la extinción, además de marcar los rumbos en el mundo físico y dividir las estancias de los dioses en el alto misterio sideral.

La ceiba es un árbol de forma robusta y llega a medir hasta setenta metros de alto; crece en clima cálido y es conocido desde México hasta Brasil. En el bosque, la ceiba no sólo proporciona sombra y riego a la flora que crece debajo, sino que también es hábitat para muchos animales y sobre todo para el quetzal.

La monja blanca, flor nacional

La monja blanca es el símbolo nacional más reciente, pues fue adoptada como emblema por acuerdo gubernativo del 21 de febrero de 1934, tomando en consideración una iniciativa de Leticia M. Southerland, presidenta de la exposición internacional de flores celebrada en Florida (Estados Unidos), para la elección de una flor nacional para Guatemala. Desde entonces, esta flor es un símbolo de la pureza y hermosura. La monja blanca es una orquídea epífita de la familia *Lycaste virginalis alba* y es una de las especies más raras entre las casi ochocientas que se encuentran en Guatemala. Crece en los bosques de Verapaz, en la sierra de Las Minas y en las faldas de los volcanes del occidente guatemalteco. Entre los meses de noviembre y febrero abre sus pétalos.

El Himno Nacional

En 1997, el Himno Nacional de Guatemala cumplió cien años. Pero antes de que comenzase a contar el tiempo para llegar hasta dicha celebración, el Himno Nacional tuvo que pasar algunas vicisitudes. La Sociedad Literaria El Porvenir había realizado vanos intentos en 1879, pero fue en 1887 cuando la jefatura del departamento de Guatemala convocó un concurso para elegir la música de la letra del Himno Popular que había compuesto el poeta Ramón P. Molina. Tomaron parte varios compositores y salió finalmente elegida la música del maestro Rafael Álvarez Ovalle, la cual acompañaría durante bastante tiempo la letra del poeta Molina.

Himno Nacional de Guatemala

¡Guatemala feliz!... que tus aras
no profane jamás el verdugo;
ni haya esclavos que laman el yugo,
ni tiranos que escupan tu faz.

Si mañana tu suelo sagrado
lo amenaza invasión extranjera,
libre al viento tu hermosa bandera
a vencer o a morir llamará.

Coro
*Libre al viento tu hermosa bandera
a vencer o a morir llamará;
que tu pueblo con ánima fiera
antes muerto que esclavo será.*

De tus viejas y duras cadenas
tú forjaste con mano iracunda
el arado que el suelo fecunda
y la espada que salva el honor.

Nuestros padres lucharon un día
encendidos en patrio ardimiento,
y lograron sin choque sangriento
colocarte en un trono de amor.

Coro
*Y lograron sin choque sangriento
colocarte en un trono de amor,
que de Patria, en enérgico acento,
dieron vida al ideal redentor.*

Es tu enseña pedazo de cielo
en que prende una nube su albura,
y ¡ay de aquel que con ciega locura
sus colores pretenda manchar!

Pues tus hijos valientes y altivos,
que veneran la Paz, cual presea,
nunca esquivan la ruda pelea
si defienden su tierra y su hogar.

Coro
*Nunca esquivan la ruda pelea
si defienden su tierra y su hogar,
que es tan sólo el honor su alma idea
y el altar de la Patria su altar...*

Recostada en el Ande soberbio,
de dos mares al ruido sonoro,
bajo el ala de grana y de oro
te adormeces del bello quetzal:

Ave indiana que vive en tu escudo,
paladión que protege tu suelo;
¡ojalá que remonte su vuelo
más que el cóndor y el águila real!

Coro
*¡Ojalá que remonte su vuelo
más que el condor y el águila real,
y en sus alas levante hasta el cielo,
Guatemala, tu nombre inmortal!*

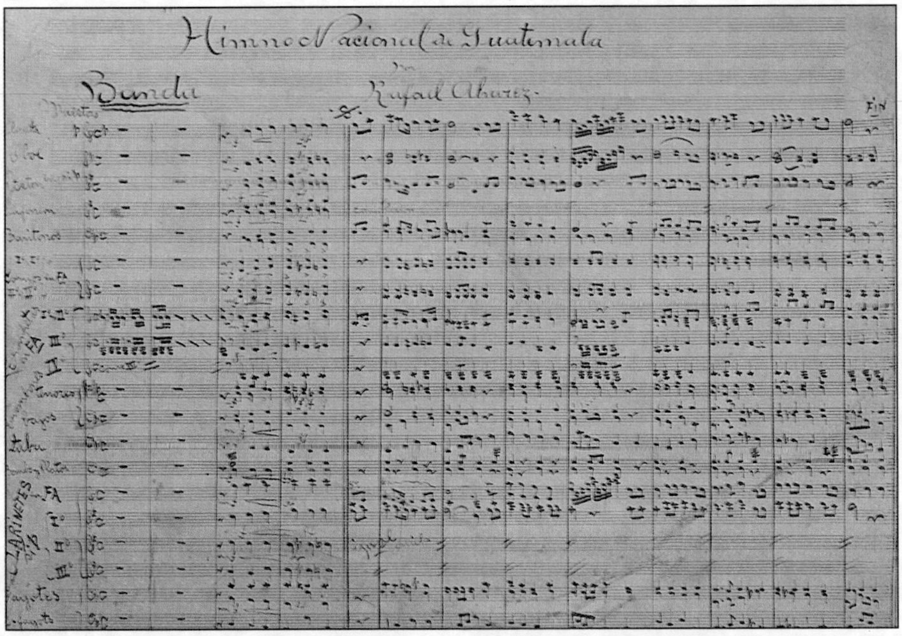

Sin embargo, en 1896, el gobierno del entonces presidente José María Reina Barrios manifestaba «que se carece en Guatemala de un Himno Nacional, pues el que hasta hoy se conoce con ese nombre, no sólo adolece de notables defectos, sino que no ha sido declarado oficialmente como tal; y que es conveniente dotar al país de un himno que por su letra y música responda a los elevados fines en que todo pueblo culto presta a esta clase de composiciones», por lo cual organizó un concurso para escoger la música y letra del que surgiría el actual Himno Nacional. Fueron declarados ganadores, por acuerdo del 19 de febrero de 1897, el compositor Rafael Álvarez (1858-1946), artista originario de Comalapa, en el departamento de Chimaltenango, como autor de la mejor música, y unos versos de autor anónimo, como la mejor letra para el Himno de Guatemala. Hubo que esperar hasta 1911 para saber que el autor anónimo había sido el poeta cubano José Joaquín Palma (1844-1911), según declaró él mismo poco antes de morir.

José Joaquín Palma era oriundo de San Salvador Bayamo, provincia del oriente de Cuba, donde nació el 11 de septiem-

La monja blanca, flor nacional de Guatemala desde 1934, se halla en el noroeste del país y está prohibida su comercialización.

bre de 1844. Había buscado refugio en suelo guatemalteco luchando por la independencia de su país. Murió el 2 de agosto de 1911, tras recibir un caluroso homenaje por parte de las autoridades y del pueblo guatemalteco.

A principios de la década de 1930 se produjo una fuerte polémica en torno a eventuales cambios en el texto del Himno Nacional. Fue entonces cuando el maestro guatemalteco José María Bonilla Ruano, educador y filólogo, realizó una revisión de cada uno de los versos del poema original. Además de encontrar alusiones agresivas contra España, también descubrió errores de forma y de fondo que debían corregirse. Así, por ejemplo, los colores de la bandera estaban cambiados en blanco, azul y blanco, y había un error en un verso que decía así: «Es tu enseña pedazo de cielo / entre nubes de nítida albura». Bonilla Ruano hizo entonces las correcciones necesarias, las cuales fueron unánimemente elogiadas por los Académicos de Lengua Guatemalteca. La nueva y actual versión del Himno Nacional de Guatemala fue aprobada el 26 de julio de 1934 por el entonces presidente Jorge Ubico.

El territorio

**Principales aspectos
geográficos**

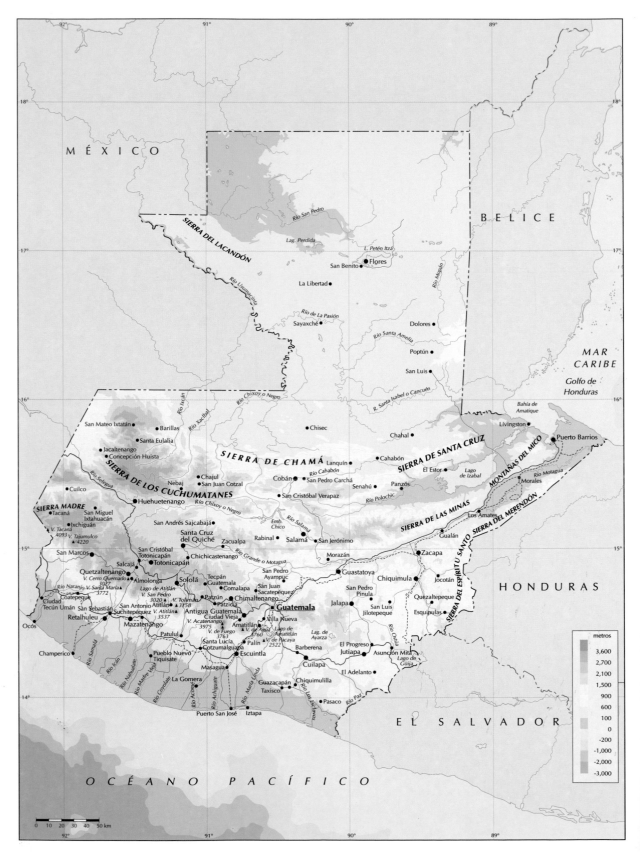

Principales aspectos geográficos

La República de Guatemala está situada en el centro del continente americano, entre los 14 y 18° de latitud norte y los 88 y 92° de longitud oeste. Es el más septentrional de los países centroamericanos, está ubicado en el extremo noroccidental de la región y limita al norte y al oeste con México; al este con Belice, el mar Caribe, Honduras y El Salvador; y al sur con el océano Pacífico.

El límite con México está definido por medio de vértices, acordados en el Tratado de Límites firmado el día 27 de septiembre de 1882. También se firmaron tratados de límites con la República de Honduras y con la de El Salvador y se fijaron por medio de monumentos enlazados de nivelación y triangulación. Los límites con Belice se establecieron en el Tratado de Límites de 1859, aunque sus términos están todavía en discusión.

Con sus 108,889 km², Guatemala es el tercer país de Centroamérica, después de Nicaragua y Honduras. Sin embargo, en número de población, con 8,331,874 habitantes (censo de 1994), ocupa el primer lugar. Su capital es la ciudad de Guatemala (el nombre original es Guatemala de la Asunción), con 823,301 habitantes (censo de 1994), y constituye también la ciudad más grande de Centroamérica.

Evolución geológica de la región

Hace alrededor de 250 millones de años, durante el período pérmico (el último del Paleozoico), el lugar que hoy ocupan Chiapas —en México—, Guatemala, El Salvador, Honduras y parte de Nicaragua, era una gran depresión submarina, llamada geosinclinal en términos geológicos. Durante

En los montes Cuchumatanes hay cimas rocosas de modelado irregular como la Roca de Captzin.

aproximadamente cincuenta millones de años, en esta depresión se acumularon sedimentos provenientes del extremo meridional de Norteamérica. El geosinclinal centroamericano fue elevado cuando en Norteamérica surgió parte de la cordillera Andina, como resultado de un proceso de plegamientos y levantamientos.

Este proceso, llamado orogénesis laramídica, también dio origen a la formación de los grandes sistemas montañosos de Guatemala (Cuchumatanes, Sierra Madre). Sin embargo, no fue un acontecimiento aislado, sino un proceso que se produjo durante varios períodos geológicos, con grandes variaciones en la distribución de tierras y mares.

Los océanos, después de unos cincuenta y cinco millones de años de su aparición, invadieron nuevamente la región durante un período calculado en ochenta y cinco millones de años. En ese tiempo, sólo las partes más altas permanecieron en la superficie y el área de Guatemala se presentaba como un conjunto de grandes islas. Esta inmersión, ocurrida durante casi todo el período cretácico, coincide con la mayor transgresión marina de la historia de la Tierra. Una vez más, hace aproximadamente cincuenta millones de años, la región fue levantada definitivamente del lecho oceánico, con una configuración muy semejante a la actual. Sin embargo, todavía no existía el puente de unión entre América del Norte y del Sur y Guatemala, como toda América Central septentrional, recibió invasiones de fauna y flora de la parte austral de Norteamérica. La parte meridional de América Central (el sur de Nicaragua, Costa Rica y Panamá) emergió hace tan sólo unos diez millones de años, como resultado de un largo

La llanura costera del Pacífico está formada por la acumulación aluvial de numerosos materiales volcánicos. Su relieve, plano, presenta suaves ondulaciones y tierras muy fértiles.

En Petén abundan extensas superficies de agua que tienen su origen en los múltiples torrentes que brotan de las faldas de los volcanes. Hacia el oeste hay numerosos pantanos y lagunas.

proceso de un movimiento tectónico submarino que tuvo su inicio hace unos sesenta millones de años y que se relaciona con el choque de las placas de Cocos y del Caribe.

Las grandes provincias geomorfológicas

Desde el punto de vista geomorfológico general, se distinguen en Guatemala tres grandes provincias. La primera es una provincia volcánica de edad terciaria a reciente, que comprende el sur del país y forma parte de la franja volcánica circumpacífica, con un vulcanismo activo en la actualidad. La planicie costera del Pacífico, formada por detritos provenientes de la erosión de las sierras volcánicas, constituye la segunda. Por último se sitúa la cordillera que forma el núcleo norte de América Central, formada por esquistos, granitos y serpentinas. Esta provincia incluye también un cinturón plegado sedimentario hacia el norte y las Tierras Bajas de Petén, con rocas sedimentarias que tienen, en total, un espesor de más de diez mil metros y están formadas por tres mil lutitas y calizas de edad pensilvánica y pérmica, mil capas rojas de edad jurásica y cretácica, tres mil o más de carbonatos cretácicos y más de mil clásticos del Terciario inferior. Los sedimentos de edad terciaria superior exceden los mil metros de espesor.

Las regiones fisiográficas

El territorio de Guatemala, según sus características geomorfológicas más específicas, se divide comúnmente en doce regiones fisiográficas: Plata-

forma de Yucatán, Cinturón plegado del Lacandón, Planicie baja interior de Petén, Montañas Mayas, Llanura costera del Caribe, Depresión de Izabal, Depresión del Motagua, Tierras altas sedimentarias, Tierras altas cristalinas, Tierras altas volcánicas, Pendiente volcánica reciente y Llanura costera del Pacífico

La Plataforma de Yucatán se encuentra en el extremo norte del país, comprende parte de Petén y está asociada a la península de Yucatán, en México. El material geológico de esta región está constituido por sedimentos aluviales, marinos y aluviones cuaternarios. Los depósitos sedimentarios aumentan de espesor hacia el centro de la cuenca de Petén. En el extremo oeste se localizan grandes pantanos y numerosos lagos y lagunas, cuyo número disminuye hacia el este. En esta zona se presentan extensiones considerables de áreas de inundación.

La región del Cinturón plegado del Lacandón, conocida como «Arco de La Libertad», en Petén, incluye macizos montañosos, lagunas y llanuras aluviales y es el resultado de plegamientos que se presentan en intervalos cortos. Los estratos de la zona son de roca caliza y dolomitas, sobre los que se desarrolla una topografía típica del karst, con sumideros y mogotes. Además, pueden observarse pequeños cerros redondeados de origen calcáreo.

La Planicie baja interior de Petén se caracteriza por un paisaje de llanuras aluviales formadas por los sedimentos de los ríos que se originan en la sierra de Chamá, con una topografía que pasa

Regiones fisiográficas

Llanura costera del Caribe
Llanura costera del Pacífico
Depresión del Izabal
Depresión del Motagua
Planicie baja interior de Petén
Plataforma de Yucatán
Cinturón plegado del Lacandón
Tierras altas sedimentarias
Tierras altas cristalinas
Pendiente volcánica reciente
Tierras altas volcánicas

de plana a suavemente ondulada, con alturas menores a doscientos metros sobre el nivel de mar. La estructura sedimentaria es muy profunda y está compuesta sobre todo de evaporitas. Las llanuras de inundación de los ríos Salinas (o Chixoy) y de La Pasión presentan grandes cantidades de material aluvional reciente.

La formación específica de las Montañas Mayas, localizada en la margen este de la cuenca de Petén con prolongación hacia Belice, tiene su origen en fallas geológicas. La estructura es la de un gran bloque emergido del relieve circundante, co-

nocido como horst. El bloque, en sí, se compone de rocas graníticas y metamórficas expuestas en las orillas este y norte. En territorio guatemalteco estas montañas suelen ser de poca altura.

La parte más importante de la Llanura costera del Caribe está localizada en territorio de Belice, pero colinda con la depresión de Izabal. Esta parte es una faja costera angosta, disectada por una serie de ríos, cuyas cabeceras se encuentran en las Montañas Mayas. La parte norte, en Belice, está compuesta de material aluvional y es unos veinte kilómetros más ancha.

La deforestación en Alta Verapaz se acentúa por una geografía kárstica, originada en procesos erosivos causados, a su vez, por la movilidad de las aguas subterráneas y superficiales.

La presencia del lago Izabal es determinante para la formación geológica de la región conocida como Depresión de Izabal. En la margen oeste del lago se produce una constante deposición de sedimentos aluviales transportados por el río Polochic, cuya desembocadura forma un delta que constituye un área muy amenazada por las inundaciones. En su extremo este, las aguas del lago pasan por medio del Río Dulce a la bahía de Amatique, en el mar Caribe.

La Depresión del Motagua, una extensa llanura de inundación con materiales aluviales del período cuaternario, está formada por el río del mismo nombre. Éste tiene un perfil equilibrado y estable en la mayor parte de su recorrido, aunque en la sección baja de la región se encuentran meandros bien desarrollados, así como otros abandonados y fósiles. Ha formado un delta sobre el golfo de Honduras y un banco de arena que separa éste de la bahía de Amatique.

La región de las Tierras altas sedimentarias es una de las tres regiones en las que puede dividirse el Altiplano guatemalteco, según el tipo predominante de roca. Forma la franja norte y colinda con México. Esta unidad fisiográfica constituye una

región bastante compleja, con una gran variedad de tipos de tierra. La más característica de sus geoformas está localizada al norte de la sierra de Chamá, donde se presentan colinas paralelas, anticlinales y sinclinales sumergidas y la topografía típica del karst, cuyo origen son pliegues, fallas y procesos erosivos.

Otra de las regiones del Altiplano es la de las Tierras altas cristalinas, situada al sur de las Tierras altas sedimentarias, que se prolonga hasta la depresión del Motagua y está ubicada entre dos sistemas de fallas en constante evolución. El patrón de drenaje está controlado por estas fallas y determina los cursos de los ríos Cuilco, Chixoy y Motagua. El material geológico de esta zona está formado por rocas metamórficas y plutónicas, que incluyen esquistos, gneises, mármoles, serpentinitas y granitos.

Las Tierras altas volcánicas, también en el Altiplano, se encuentran al sur de las Tierras altas cristalinas, y se extienden desde la frontera con México hasta las fronteras con El Salvador y Honduras. En Guatemala ha existido actividad volcánica desde el Paleozoico, intensificada durante el Terciario en esta región. Las erupciones de tipo de grieta lanzaron cantidades de materia, principalmente basalto y riodacitas, que cubrieron las formaciones preexistentes (cristalino y sedimentario). Las pendientes en las laderas de la región llegan a tener hasta un 40 por ciento de inclinación. La formación de esta zona volcánica fue seguida por fallas causadas por tensión local, la cual quebró y movió el material de la superficie como, por ejemplo, el valle hendido (graben) en que está asentada la ciudad de Guatemala. Estos valles de la región, donde se localizan —además de la capital— también las ciudades de San Marcos, Quetzaltenango, Sololá y Chimaltenango, han sido parcialmente llenados con pómez cuaternario. Otra formación es la de los volcanes antiguos, como el lago de Ayarza —que es una caldera— y el volcán de Ipala, también con una laguna en su cráter.

La región conocida como Pendiente volcánica reciente incluye las grandes cumbres volcánicas de más reciente formación, a lo largo del costado sur de las Tierras altas volcánicas. El material arrojado por los volcanes en la edad cuaternaria ha formado abanicos aluviales traslapados. Los conos están compuestos predominantemente de andesita, y las faldas hacia el sur están formadas por coladas de lava, ceniza volcánica y lodo volcánico.

El departamento de Retalhuleu está bañado por los ríos Bolas y Samalá, que desde el Altiplano volcánico transportan materiales diversos que han ido originando una extensa planicie.

Por último, la Llanura costera del Pacífico es una región fisiográfica que se encuentra situada a lo largo del litoral del Pacífico; tiene la forma de una planicie de aproximadamente cincuenta kilómetros de ancho. Está formada por un aluvión cuaternario, depositado en grandes cantidades por los ríos que bajan del Altiplano volcánico. Se caracteriza por tener un relieve llano con suaves ondulaciones y elevaciones menores de doscientos metros sobre el nivel del mar.

Los sistemas montañosos

El relieve de Guatemala es sobre todo montañoso, y el 82 por ciento del territorio nacional corresponde a zonas de laderas y tierras altas, con importantes consecuencias ecológicas en la vocación y el manejo del suelo. En términos geológicos, Guatemala se localiza en el extremo sur del sistema montañoso occidental de América del Norte. La cordillera de los Andes, que atraviesa toda América, al pasar por México, en Tehuantepec, se divide en dos ramales que se prolongan por el territorio guatemalteco. El primero forma el sistema de la Sierra Madre, mientras el segundo forma el sistema de los Cuchumatanes. Es decir, las montañas de Guatemala se presentan como dos sistemas diferentes, pero proceden de un tronco común.

Los Cuchumatanes

Los Cuchumatanes y las montañas de las Verapaces son consideradas partes de un mismo sistema, que atraviesa Guatemala de oeste a este, desde la frontera con México, en el departamento de Huehuetenango, hasta el mar Caribe. El valle del río Chixoy divide este sistema en dos grupos: los Cuchumatanes al oeste y la sierra de Chamá al este.

El macizo de los Cuchumatanes, llamado por Mario Payeras «el reino centroamericano del granizo», en su mayor parte está ubicado en los departamentos de Huehuetenango y Quiché en el noroeste y constituye la mayor elevación de esta naturaleza en Centroamérica, con altiplanicies por encima de los tres mil metros sobre el nivel del mar, que culminan en la cumbre de Xemal, de 3,800 metros.

La sierra de Chamá, como continuación de los Cuchumatanes, alcanza alturas máximas de aproximadamente 2,400 m y está formada por rocas calizas del período cretácico. Atraviesa el departamento de Alta Verapaz, pasando al norte de Cobán, para penetrar luego hacia el este, en el departamento de Izabal, donde toma el nombre de sierra de Santa Cruz (con una altura máxima de 1,210 m, al este del río Semuc). De allí pasa al norte del lago de Izabal y termina en el puerto de Lívingston, en el golfo de Amatique. Cerca de Ca-

La sierra de Chamá, formada por rocas calizas del período cretácico, atraviesa el departamento de Alta Verapaz y alcanza altitudes máximas de hasta 2,400 m sobre el nivel del mar.

habón, en la Alta Verapaz, de la sierra de Chamá se desprenden las Montañas Mayas, que entran en el departamento de Petén en su extremo sudeste, para continuar en Belice, donde se las conoce como montes de Cockscomb.

La Sierra Madre

El sistema de la Sierra Madre, también llamado Cordillera Volcánica, entra en territorio guatemalteco por la frontera con México, en el departamento de San Marcos (aldea Niquihuil), y atraviesa el país de oeste a este hasta la frontera con Honduras, extendiéndose más o menos paralela al océano Pacífico, con distancias que varían de 80 a 100 kilómetros de la costa. Con una longitud de 380 km, pasa por los departamentos de San Marcos, Quetzaltenango, Totonicapán, Sololá, Chimaltenango, Sacatepéquez, Guatemala, Santa Rosa, Jalapa y Chiquimula, y marca la división de las aguas territoriales. A medida que se dirige al este, la Sierra Madre va perdiendo altura. Su parte central es muy plana y conocida como el Altiplano del país. De la Sierra Madre se desprenden dos sistemas secundarios o subsistemas que se dividen en diferentes partes, cada una con su propio nombre. Un primer subsistema comienza a constituirse en el departamento de Totonicapán, a la altura de Los Encuentros, después atraviesa el sur de Quiché,

Baja Verapaz, El Progreso y Zacapa, y termina en Izabal. Este ramal recibe las siguientes denominaciones: montañas o sierra de Chuacús, sierra de Las Minas, montañas de La Estrella y montañas del Mico hacia las costas de la bahía de Amatique. Tiene aproximadamente trescientos kilómetros de longitud y está separado del sistema central por el valle del río Motagua.

Un segundo subsistema se desprende de la sierra de Las Minas, al noroeste de Esquipulas, en el departamento de Chiquimula, con el nombre de montaña de Copán, desarrollándose al este de Chiquimula e Izabal como montañas o sierra del Merendón. Este ramal secundario, que sirve de límite entre Guatemala y Honduras, alcanza altitudes de hasta 2,500 m sobre el nivel del mar. Termina en el golfo de Honduras, descendiendo entre la bahía de Omoa y el río Chamelecón. En esta última parte de su curso recibe el nombre de montañas de Omoa.

La sierra de Chamá se encuentra limitada al norte por el río Santa Isabel o Cancuén y al sur por el río Cahabón. Atraviesa el departamento de Alta Verapaz, con orientación de oeste a este, para formar el límite sur de las planicies de Petén y penetra en parte del departamento de Izabal. En su mayor parte está formada por rocas calizas del período cretácico.

Desde el volcán de Pacaya se distingue claramente el eje volcánico de la cordillera de Guatemala. Desde el volcán de Fuego (3,835 m), de Acatenango (3,976 m) hasta el de Agua (3,766 m).

La sierra de Las Minas limita al norte con el valle del río Polochic y el lago de Izabal, al sur con el valle del río Motagua, y se localiza en los departamentos de El Progreso, Baja Verapaz, Alta Verapaz, Zacapa e Izabal. La mayor elevación dentro del filo de la serranía es el cerro Raxón, con 2,987 m sobre el nivel del mar, en el municipio Río Hondo, Zacapa. El núcleo es de granito, bordeado al norte por rocas sedimentarias paleozoicas, al este y oeste por rocas metamórficas y al sur por rocas metamórficas y serpentinitas. La sierra de Las Minas actúa como barrera cultural, fisiográfica y climática entre el valle del río Motagua hacia el sur y el valle del río Polochic por el norte. La parte norte ha estado cubierta con un denso bosque tropical húmedo, mientras el sur se caracteriza por el clima seco del valle de Motagua. En la actualidad, la sierra de Las Minas constituye una de las más importantes reservas ecológicas del país y fue declarada área protegida.

Las montañas del Mico bordean la parte sur del desagüe del lago de Izabal, desde la anchura del río Dulce (que se conoce como El Golfete), hasta llegar a la parte sur de la bahía Santo Tomás de Castilla, como parte interna de la bahía de Amatique. Por el sur limitan con la carretera hacia el Atlántico y el río Motagua. La altura mayor es el cerro San Gil, con 1,310 m sobre el nivel del mar.

Las cumbres volcánicas

Como formaciones geológicas, se encuentran 288 volcanes, según un registro de Otto Bohnenberger, miembro de la Sociedad Geológica de Guatemala. Sin embargo, la gran mayoría de estas manifestaciones volcánicas no se presentan como cumbres pronunciadas. En término de cumbres volcánicas, comúnmente llamadas «los volcanes de Guatemala», en territorio guatemalteco se ubica un número que varía entre 30 y 34 según diferentes fuentes. Como parte de la Sierra Madre, estas cumbres se localizan en forma de una cadena, con dirección noroeste a sudeste, llamada sierra volcánica del Pacífico o eje volcánico de la cordillera de Guatemala. Los volcanes de mayor altura se encuentran en las zonas occidental y central del país, mientras que los de las zonas sur y oriental no llegan a 2,800 m.

Once de los volcanes de Guatemala tienen una elevación superior a los tres mil metros y los más altos son los volcanes de Tajumulco (4,220 m) y Tacaná (4,092 m), ambos en el departamento de San Marcos. El volcán de Acatenango (3,976 m), el de Fuego (3,835 m) y el de Agua (3,766 m) rodean la ciudad de Antigua, en el departamento de Sacatepéquez; el volcán Santa María (3,772 m) —con el nuevo cráter del Santiaguito—, Siete Orejas (3,370 m) y el Cerro Quemado (3,197 m)

En el extremo meridio-
nal de la montaña de
Santa Rosa se alza,
próximo a la laguna de

Ixpaco, el volcán Te-
cuamburro, perteneciente
al grupo del Pacaya y, en
la actualidad, inactivo.

Las cumbres volcánicas de Guatemala en orden alfabético

Nombre	Altura (en metros)	Departamentos de localización
Acatenango (de)	3,976	Chimaltenango y Sacatepéquez
Agua (de)	3,766	Escuintla, Sacatepéquez y Guatemala
Alzatate	2,050	Jalapa
Amayo	1,544	Jutiapa
Atitlán	3,537	Sololá y Suchitepéquez
Cerro Quemado	3,197	Quetzaltenango
Cerro Redondo	1,267	Santa Rosa
Chicabal	2,900	Quetzaltenango
Chingo	1,775	Jutiapa
Cruz Quemada	1,690	Santa Rosa
Culma	1,027	Jutiapa
Cuxliquel	2,610	Totonicapán
Fuego (de)	3,835	Chimaltenango y Sacatepéquez
Ipala	1,650	Chiquimula
Ixtepeque	1,291	Jutiapa
Jumay	2,176	Chiquimula
Jumaytepeque	1,815	Santa Rosa
Lacandón	2,770	Quetzaltenango
Moyuta	1,662	Jutiapa
Pacaya (de)	2,522	Guatemala y Escuintla
Quezaltepeque	1,904	Chiquimula
San Pedro	3,020	Sololá
Santa María	3,772	Quetzaltenango
Santiaguito	2,510	Quetzaltenango
Siete Orejas	3,370	Quetzaltenango
Suchitán	2,042	Jutiapa
Tacaná	4,092	San Marcos
Tahual	1,716	Jutiapa y Jalapa
Tajumulco	4,220	San Marcos
Tecuamburro	1,700	Santa Rosa
Tolimán	3,158	Sololá
Víboras (las)	1,070	Jutiapa
Fuente: Instituto Geográfico Nacional (1983).		

se encuentran en Quetzaltenango; y el volcán Atitlán (3,537 m), el Tolimán (3,158 m) y el San Pedro (3,020 m) en Sololá, a la orilla del lago de Atitlán.

Otros volcanes conocidos de Guatemala son el Suchitán (2,042 m), el Moyuta (1,662 m), el Chingo (1,775 m) y el Culma (1,027 m) en el departamento de Jutiapa; el Tecuamburro (1,700 m) y el Cerro Redondo (1,267 m) en Santa Rosa; el Ipala (1,650 m) —con una hermosa laguna en su cráter—, y el Quezaltepeque (1,904 m) en Chiquimula.

En muchas fuentes se mencionan como conocidos volcanes el Zunil y el vecino Santo Tomás (o Pecul), entre los departamentos de Quezaltenango, Sololá y Suchitepéquez. Sin embargo, según el *Diccionario Geográfico de Guatemala* (1983) del Instituto Geográfico Nacional, se trata de dos picos contiguos que emergen de la alta serranía (sierra de Chuatroj) que separa los profundos desfiladeros de los ríos Samalá y Nahualate. Debido a que esos picos son cónicos y al estar uno de ellos rodeado de una depresión circular en forma de cráter, y probablemente debido al hecho de que existen muchas fumarolas en las vecinas paredes del cañón del río Samalá, dichos picos han sido designados, de manera indebida, como vestigios de dos grandes volcanes cuaternarios.

Asimismo, los registros de volcanes que se encuentran en diferentes fuentes demuestran otras variaciones, sea en relación al número de volcanes, a su actividad o a la altura de sus cumbres. Por ejemplo, los volcanes Santiaguito (en el departamento de Quetzaltenango), de Fuego (en los departamentos de Chimaltenango y Sacatepéquez) y de Pacaya (en los departamentos de Guatemala y Escuintla) son muy activos y cambian su altura con el tiempo.

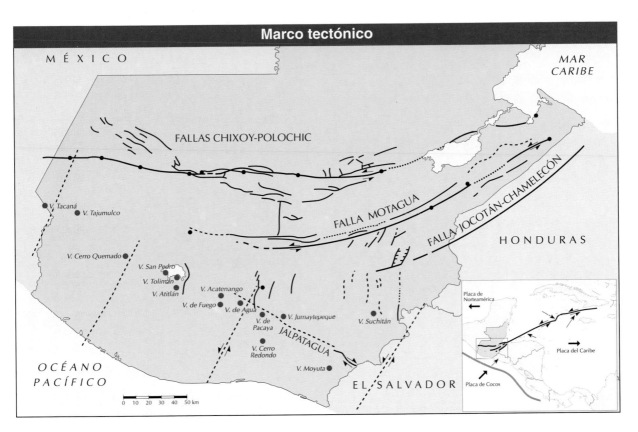

Marco tectónico

El vulcanismo y los terremotos

Convivir con temblores y volcanes es parte de la vida en Guatemala, y la historia del país es una crónica de constantes catástrofes. Prácticamente, ninguna generación se salvó de sufrir los efectos de por lo menos un desastre de gran magnitud.

Los terremotos y las erupciones volcánicas son producto de un mismo fenómeno geológico, conocido como la dinámica de la corteza terrestre. El modelo más reciente para explicar esta dinámica es la teoría de las placas tectónicas, la cual explica que la corteza terrestre y la parte superior del manto, hasta una profundidad de unos cien kilómetros, no es un caparazón sólido e inmutable, sino que ha estado formada por una docena de placas rígidas de tamaño continental, subdivididas en otras menores, todas ellas flotantes sobre un manto caliente y viscoso. La superficie sólida de la Tierra y la de los fondos marinos descansan sobre esas placas, las cuales se deslizan en varias direcciones a velocidades geológicas vertiginosas —de uno a cinco centímetros por año— dando origen a los roces y fuerzas de presión en los bordes. El mecanismo básico que causa el movimiento de las placas se desconoce todavía, pero existe la hipótesis de que se trata de fuerzas generadas por el calor interno de la Tierra. Guatemala es uno de los pocos lugares del mundo donde convergen, en un espacio tan reducido, tres grandes placas tectónicas; es decir, el territorio del país está repartido en tres placas. La zona límite entre las placas del Caribe y Norteamérica atraviesa el país, originando el extenso sistema de fallas de Chixoy-Polochic, de Motagua-San Agustín y de Jocotán-Chamelecón, del cual se derivan varios sistemas secundarios.

Estos sistemas de fallas son la causa de la mayoría de los movimientos sísmicos que se producen en el país, debido a diferentes tipos de desplazamientos en sus bordes o zonas de contacto (de tipo transcurrente).

Otra situación de tipo convergente se encuentra frente a la costa del Pacífico, donde se localiza la llamada «zona de subducción de la placa de Cocos», bajo la placa del Caribe. En este proceso, la placa de Cocos se incrusta por debajo de la placa del Caribe. Un movimiento en esta zona límite de placas aparece como un empujón, no solamente provocando sismos, sino también erupciones volcánicas. No es casualidad, entonces, que los volcanes activos de Guatemala se encuentren a lo largo de la costa del Pacífico.

La amenaza sísmica

Respecto al riesgo sísmico en Guatemala, en términos de intervalos de recurrencia existe la probabilidad de que cada treinta años se produzca un terremoto con magnitud de 8 grados en la escala de Richter, cada quince años uno de magnitud 7.5 grados, cada ocho años uno de magnitud 7, cada cinco años uno de magnitud 6.5, cada dos años uno de magnitud 6, y los de magnitud 5.5 pueden ocurrir (y realmente ocurren) cada año. En términos reales, desde el año 1900 se registraron en territorio nacional dos terremotos con una magnitud mayor de 8 grados y cuatro con una magnitud por encima de 7 grados.

Los 22 departamentos de Guatemala están expuestos a la amenaza sísmica, aunque con diferentes grados de riesgo, siendo las regiones del extremo norte y este del país las de menor peligro, mientras la costa del Pacífico, el Altiplano occidental y central (con el área metropolitana), así como la zona de influencia de la falla de Motagua (hacia el oriente), registran la mayor actividad sísmica y las magnitudes más altas.

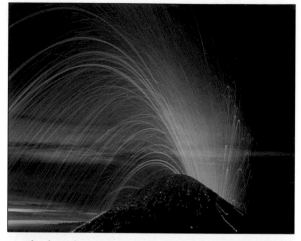

El volcán de Pacaya, entre los departamentos de Escuintla y Guatemala, se reactivó a partir de 1961 de forma virulenta, tras haber permanecido inactivo durante más de doscientos años.

La amenaza volcánica

En la actualidad, cinco de los volcanes de Guatemala están activos: Tacaná, Cerro Quemado, de Fuego, Santiaguito y de Pacaya. Los tres últimos son considerados altamente peligrosos por sus constantes erupciones y constituyen una amenaza permanente para las poblaciones de sus cercanías. Además, existe el peligro de que se activen volcanes que durante mucho tiempo —hasta siglos— no han entrado en erupción. El volcán Santiaguito es el más joven, se formó en 1929. Hasta la actualidad es muy activo y ha provocado constantes desastres en la región. Así, por ejemplo, en 1986 fue necesario trasladar la cabecera del municipio de El Palmar, destruido por avalanchas de lava.

El volcán de Fuego siempre ha mostrado actividad, aunque en forma cíclica. En las crónicas se cuentan por lo menos diez grandes erupciones, entre 1700 y 1773, que hicieron estragos en la entonces capital guatemalteca, hoy Antigua Guatemala. Durante el siglo XIX, se registraron también varias erupciones fuertes. En 1932 lanzó una cantidad considerable de ceniza, que causó mucho daño en la agricultura y alarmó a los habitantes de extensas zonas de Guatemala. En 1973 inició un nuevo ciclo de actividad al lanzar lava y ceniza, y en octubre de 1974 se registraron grandes pérdidas en las cosechas de la bocacosta del Pacífico por una violenta erupción. El volcán de Pacaya se mantuvo inactivo durante más de doscientos años, ya que la última erupción registrada data del año 1775. Recién en 1961 se reactivó en forma violenta, con posteriores erupciones —algunas explosivas— en 1966, 1967, 1973, 1977, 1987, 1989 y 1993. Así, por ejemplo, el 21 de enero de 1987 se produjo una explosión que provocó la destrucción de cien metros de su cráter principal y lanzó bloques de dos metros de diámetro que cayeron hasta 1.5 km del cráter, afectando seriamente a las comunidades asentadas en sus cercanías. En marzo de 1989, se destruyeron otros 125 m de su cráter, produciéndose dos grandes ríos de lava. En el mes de enero de 1993, se produjo una erupción con el colapso del borde sur de su principal cráter activo, provocando una avalancha de lava, la expulsión de grandes cantidades de ceniza y la emanación de gases tóxicos a altas temperaturas. En mayo de 1998 se produjo una fuerte erupción. El gobierno decretó el estado de alerta y miles de vecinos de los pueblos próximos al volcán fueron evacuados, mientras una nube de cenizas y humo cubría la zona, barrida por fuertes vientos. Esto obligó a cerrar el aeropuerto internacional.

Los grandes desastres en la historia del país

En la historia de Guatemala se han producido grandes desastres que han causado múltiples impactos en el desarrollo nacional. La capital guatemalteca tuvo que ser trasladada dos veces debido a su destrucción por grandes catástrofes. El asentamiento en el valle de Almolonga (hoy Ciudad Vieja, cerca de Antigua) fue arrasado en septiembre de 1541 por una gran avalancha de agua y lodo, que se desprendió del vecino volcán de Agua. La posteriormente fundada ciudad de Santiago de Guatemala, en el valle de Panchoy (hoy Antigua), fue abandonada finalmente en 1775, después de sufrir constantes calamidades por erupciones volcánicas (del vecino volcán de Fuego) y sismos, que culminaron, el 29 de julio de 1773, con el terremoto de Santa Marta (supuestamente con una magnitud Richter de 7.5 a 8). Pero, además, en 1773, desde junio hasta diciembre también fue sacudido todo el sur de Guatemala por varios sismos, que produjeron considerables daños en la región. Se supone que esta actividad sísmica se originó en la zona de subducción frente a la costa del Pacífico.

Los grandes desastres que ocurrieron durante el año 1902 son una parte casi desconocida de la historia para la mayoría de los guatemaltecos, ya que el entonces dictador en el poder, Estrada Cabrera (1898-1920), por motivos políticos, impidió a todos los medios periodísticos la divulgación de la información sobre la catástrofe. A causa de un reajuste entre las placas de Cocos y de Norteamérica, en la zona de subducción del Pacífico, desde enero de 1902 se habían registrado varios sismos que provocaron incluso un gran maremoto en El Salvador. Finalmente, en abril de 1902, se produjo el «gran terremoto de Occidente», con una magnitud de 8.2 en la escala de Richter, que causó serios daños en todos los centros poblados de la costa sur y el Altiplano occidental, y sobre todo en las ciudades de Quetzaltenango y San Marcos, dejando un saldo de por los menos dos mil muertos. Esta cifra es muy alta si se toma en cuenta el escaso número de población que había entonces (en Quetzaltenango, como segunda ciudad del país, vivían apenas quince mil habitantes). En 1902, durante los meses de septiembre y octubre continuaron los temblores en la región, y el 24 de octubre explotó el hasta entonces inactivo volcán de Santa María, expulsando, en 36 horas, 8 km³ de arena y ceniza que cubrieron cerca de diez municipios, además de las ciudades de San Marcos y Quetzaltenango, provocando la

Los sismos de 1917 y 1918

La actual ciudad de Guatemala, siendo capital del país, fue destruida en gran parte por una serie de intensos sismos que ocurrieron el 25 de diciembre de 1917, así como el 3 y el 24 de enero de 1918. Se supone que los terremotos se originaron en fallas locales que se encuentran al sur y sudeste del valle, graben sobre el que está asentada la ciudad. Estos movimientos telúricos, aunque mostraron poca extensión geográfica fuera de la capital, fueron intensos y muy destructivos. No existen cifras sobre la destrucción que causaron estos terremotos, pero se conserva mucha documentación descriptiva y fotográfica de testigos presenciales. Según ésta, no solamente se destruyeron gran número de viviendas, sino también los antiguos palacios coloniales alrededor de la plaza central, que se desplomaron por completo, así como la mayoría de edificios públicos construidos al final del siglo XIX. En medio de una crisis política que culminó con la caída del régimen de Estrada Cabrera en 1920 (en el poder desde 1898), la capital necesitó más de una década para recuperarse del desastre.

Fotografía que refleja el estado ruinoso en que quedó la Catedral de la ciudad de Guatemala como consecuencia del terremoto del 25 de diciembre de 1917.

muerte de por lo menos otras mil personas y graves daños en la agricultura. Se la considera una de las mayores erupciones volcánicas de las que se han producido hasta hoy en todo el mundo.

Otro gran desastre que sufrió Guatemala fue el terremoto del 4 de febrero de 1976. Tuvo una magnitud de 7.5 en la escala de Richter y una posterior serie de réplicas, con ocho sismos de magnitudes entre 4 y 5.7. El terremoto fue originado por una fractura cortante, horizontal y lateral-izquierda a lo largo de la falla tectónica de Motagua, la cual separa, como falla de transformación, la placa continental de Norteamérica de la placa del Caribe. La longitud de la fractura, visible en la superficie terrestre, tenía entre 150 y 200 km. Se registraron 22,868 muertos y 77,190 heridos; las pérdidas materiales alcanzaron una suma alrededor de dos mil millones de dólares. La zona afectada era de unos 300 km de largo y 70 km de ancho, lo que corresponde a un área de 21,000 km^2. El terremoto tuvo impactos en 17 departamentos de los 22 del país, pero los más perjudicados fueron el de Guatemala, incluida la capital, Chimaltenango, Sacatepéquez, Alta Verapaz, Baja Verapaz, Izabal, El Progreso, Zacapa, Jalapa, Totonicapán, Quiché y Sololá. En la capital hubo 3,350 muertos y 16,094 heridos. La mayoría de las víctimas eran habitantes de las áreas precarias situadas en los barrancos, así como en los barrios antiguos con viviendas de adobe. Pero también se desplomaron o sufrieron serios daños algunos edificios modernos.

Una nueva catástrofe la causó el huracán *Mitch*, que se originó en el mar Caribe el 21 de octubre de 1998, entró con gran virulencia en tierras de Nicaragua y Honduras, y durante tres días continuó su recorrido por Guatemala, El Salvador, el sur de México y Belice. En Guatemala causó, según cifras oficiales, 268 muertos, 121 desaparecidos y más de un millón de damnificados. Las víctimas en toda Centroamérica ascendieron a 10,000 muertos, 13,000 desaparecidos y más de tres millones de damnificados.

Las costas

Guatemala limita con dos océanos: el Pacífico y el Atlántico. La costa del Pacífico se encuentra en el sur del país (Costa Sur) y se extiende desde la frontera con México hasta la frontera con El Salvador, con una longitud de aproximadamente 290 km. Es una de las zonas más importantes en la economía del país, debido a la gran fertilidad de sus suelos y a la presencia de varios puertos, el más importante de los cuales es Puerto Quetzal. El territorio de la Costa Sur se divide entre seis departamentos, de oeste a este: San Marcos, Retalhuleu, Suchitepéquez, Escuintla (con la extensión más grande), Santa Rosa y Jutiapa. La llanura de la costa del Pacífico constituye una región fisiográfica propia y se caracteriza por un clima cálido y relativamente seco. Las playas del litoral son de arena negra de origen volcánico.

La costa atlántica de Guatemala, que forma parte del departamento de Izabal, se localiza al nordeste del territorio nacional y está formada por una bahía semicerrada, conocida como bahía de Amatique. Los límites quedan establecidos en el norte (con la frontera de Belice), por la desembocadura del río Sarstún, y en el sur (con la frontera de Honduras), por la desembocadura del río Motagua.

El litoral de la costa del Atlántico tiene una longitud aproximada de 140 km de borde, con 50 km de área costera que da al mar abierto y 90 km que corresponden a la bahía. Además, un 50 por ciento son áreas de humedales y lagunas costeras, un 30 por ciento son playas angostas con arenas de color ámbar hasta gris y el restante 20 por ciento son terminaciones rocosas de origen kárstico (calcáreo), que forman varios acantilados. En toda la costa se ubican tres ciudades: Puerto Barrios, cabecera del departamento de Izabal; Lívingston, con una mayoría de población que pertenece a la etnia garífuna y cabecera del municipio del mismo nombre; y Santo Tomás de Castilla, que es uno de los puertos nacionales más importantes.

Playas de la ciudad portuaria de Lívingston, en la costa atlántica de Guatemala.

Las aguas

La red hidrográfica

El sistema lacustre

En la isla de Flores, en el lago Petén Itzá, se encuentra la capital del departamento, Flores. De casas bajas y paredes de adobe, en la actualidad está amenazada por las aguas del lago.

La red hidrográfica

Guatemala, por sus características orográficas, tiene una red hidrográfica en la que coexisten ríos cortos —de mediano o pequeño caudal pero con fuertes corrientes— con ríos de mucha mayor extensión, algunos de los cuales son navegables. También se encuentran lagunas y lagos bastante extensos y bellos, y al tener salida a los dos océanos, por la costa del Atlántico y por la del Pacífico, el país dispone de un extensísimo espacio marítimo, así como de una situación geográfica envidiable.

La cresta de la Sierra Madre, que atraviesa Guatemala de oeste a este, divide el país en dos grandes vertientes: la del Pacífico y la del Atlántico. La vertiente del Atlántico, asimismo, se puede subdividir en otras dos: la vertiente del golfo de Honduras (o del mar de las Antillas, o del Caribe) y la vertiente del golfo de México.

La diferencia global entre las vertientes del Pacífico y del Atlántico radica en su extensión, pues la última —con 84,889 km²— corresponde al 78 por ciento del territorio nacional; predominan en ella las tierras bajas hacia el norte y el este. En consecuencia, los ríos que desembocan en el Atlántico generalmente son más largos, anchos y caudalosos que los de la vertiente del Pacífico. Alrededor de 1,035 km de los ríos de Guatemala son navegables, la mayoría localizados en la vertiente del Atlántico, donde constituyen importantes vías de comunicación.

La ciudad de Guatemala, como capital del país, está asentada exactamente sobre la línea divisoria de las vertientes del Pacífico y del Atlántico. Su área urbana corresponde a dos cuencas diferentes: la mitad sur drena hacia el océano Pacífico, mientras la mitad norte drena al golfo de Honduras.

Confluencia de los ríos Cahabón y Polochic, una vez pasado el puerto fluvial de Panzós.

Las tres vertientes se dividen comúnmente en 35 cuencas hidrográficas. Por cuenca se entiende una unidad territorial, que es limitada por todas las partes altas en su relieve, desde donde corre el agua para formar quebradas, arroyos y ríos que recolectan la precipitación del área. Es decir, a cada cuenca corresponde su propia red hidrográfica, con ríos principales y sus afluentes, que desembocan en el mar o en un lago.

La vertiente del Pacífico

La vertiente del Pacífico se caracteriza por constituir una estrecha faja entre el declive de la Sierra Madre y el litoral del océano Pacífico, ocupando una extensión de 23,990 km², que corresponde al 22 por ciento del territorio nacional.

Los ríos de esta vertiente son numerosos, pero de poca longitud. Corren por suelos muy accidentados en las partes altas de las cuencas y forman saltos de agua que pueden ser aprovechados para la producción hidroeléctrica. Descendiendo de las grandes alturas de la Sierra Madre en tan sólo cincuenta kilómetros, se presentan corrientes rápidas que arrastran gran cantidad de materiales rocosos y arenosos. El transporte de estos sedimentos de origen volcánico, y su posterior depósito en las partes bajas, ha contribuido a la formación de suelos fértiles en la Costa Sur.

Los cauces de los ríos son inestables, con un régimen que varía mucho entre época seca y época lluviosa. Los caudales responden inmediatamente a precipitaciones excesivas, provocando constantes desastres en la región por crecidas e inundaciones.

El río María Linda, que discurre entre los volcanes de Pacaya, Cerro de Pacaya y Cerro de la Gavia, forma el límite entre Amatitlán y Escuintla, por una parte, y Santa Rosa, por otra.

El Naranjo, río con aguas de corriente rápida y una longitud aproximada de unos 100 km, define la frontera entre San Marcos y Quetzaltenango, y recibe en Nahuatán al río Meléndez.

La actividad de los volcanes Santiaguito, de Fuego y de Pacaya ha afectado considerablemente el régimen de ríos que se originan en sus faldas o atraviesan la zona de su impacto, azolvando sus cauces con material volcánico y causando cambios de curso y desbordamientos.

La vertiente del Pacífico se divide en 18 cuencas hidrográficas. De oeste a este son las de Coatán, Suchiate, Naranjo, Ocosito, Samalá, Sis e Icán, Nahualate, Atitlán, Madre Vieja, Coyolate, Acomé, Achiguate, María Linda, Paso Hondo, Los Esclavos, Paz, Ostúa y Güija, y Olopa. Los ríos Samalá, Achiguate y María Linda se consideran de muy alta prioridad, por las posibilidades de aprovechamiento que ofrecen sus cuencas para el interés nacional.

Los ríos Suchiate, Naranjo y Ocosito o Tilapa

El río Suchiate sirve de límite internacional entre México y Guatemala, cuyos orígenes se encuentran en el municipio de Sibinal, departamento de San Marcos. Con una longitud de aproximadamente 112 km, corre de este a oeste y recibe mu-chos afluentes, entre ellos los ríos Ricardo Chávez, La Ciénaga y Sibinal.

En Guatemala hay más de veinte ríos con el nombre Naranjo, pero en este caso se trata del río que dio nombre a una de las cuencas principales de la vertiente del Pacífico. Se origina en San Marcos y, en parte, marca el límite entre este departamento y el de Quetzaltenango. Con una longitud de aproximadamente cien kilómetros, su corriente es rápida en la cuenca alta y recibe muchos afluentes, entre ellos el río Mujuliá. Tiene una profundidad media de dos metros y una anchura media de cincuenta metros, que se duplica en su desembocadura, al este de Ocós, en el litoral del océano Pacífico.

El río Tilapa nace con el nombre de Ocosito en las faldas del volcán Siete Orejas, en el departamento de Quetzaltenango. En su curso, que cambia varias veces de dirección, recibe los ríos Dolores, Colón, San Juan, Cuache, Toná, Ixmay, Coyote, Espechá, Nil y Tilapa. A partir de la unión con el río Tilapa lleva los dos nombres. Al acercarse al litoral aumenta su anchura y profundidad, y descarga al océano Pacífico por la barra El Rabón. Tras la erupción del volcán Santa María, en 1902, cambió su cauce original, transportándose por el río, además, tal cantidad de piedra y arena que la fisonomía de esa parte costera en el límite entre los departamentos de San Marcos y Retalhuleu se transformó considerablemente. La extensión de su cuenca es de 462 km².

Los ríos Samalá, Sis e Icán, y Nahualate

El río Samalá es uno de los ríos más importantes de la región. Nace en el municipio de San Carlos Sija, departamento de Totonicapán, recibe el nombre Samalá (o también Caquizá) desde el punto donde se reúnen las aguas de los ríos San José y Chacap, y tiene una longitud de aproximadamente 150 km. Su corriente es muy fuerte; en territorio del municipio de Zunil (Quetzaltenango) forma una serie de cascadas o saltos de agua, donde se instalaron varias plantas hidroeléctricas —entre ellas la de Santa María— que proporcionan energía a la ciudad de Quetzaltenango y a otros pueblos vecinos. El río Samalá desemboca en el Pacífico después de atravesar el departamento de Retalhuleu. El área de su cuenca es de 861 km².

Los ríos Sis e Icán, que confluyen poco antes de desembocar en el océano Pacífico, en el departamento de Suchitepéquez, forman una cuenca común. El río Icán, al igual que el Sis, nace en la falda sur del volcán Santa María; en su curso de norte a sur recibe varios afluentes, entre ellos el río Chitá. El Sis recibe los ríos Sis Chiquito, Gualmachán, Se, Besá, Popová, San Gabriel y El Peraz, antes de descargar sus aguas en el río Icán.

El río Nahualate se origina en el departamento de Totonicapán, en la sierra Parraxquin. Atraviesa las cabeceras municipales Nahualá y Santa Catarina Ixtahuacán. Con una longitud de aproximadamente 130 km, corre en forma serpenteante hacia el sur y recibe entre sus afluentes a los ríos Panán y Siguacán. Desemboca en el océano Pacífico, y puede ser navegable en los últimos 18 km. Su anchura varía entre quince y treinta metros, mientras que su profundidad media es de dos metros. La cuenca del río Nahualate se extiende por 1,191 km².

Los ríos Madre Vieja, Coyolate y Achiguate

El río Madre Vieja se forma de la confluencia de los ríos Los Molinos y Los Chocoyos, en jurisdicción del municipio de Patzún, en el departamento de Chimaltenango. Tiene una longitud de aproximadamente 126 km, en cuyo recorrido recibe un

El río Samalá, uno de los más importantes del país, forma a lo largo de sus 150 km cascadas o saltos de agua que en ocasiones se han aprovechado para instalar plantas hidroeléctricas.

gran número de afluentes. Sirve de límite entre los municipios de Nueva Concepción y Tiquisate en el departamento de Escuintla, para desembocar finalmente en el océano Pacífico en la barra Madre Vieja.

La cabecera del río Coyolate se encuentra en las montañas al oeste del municipio de Tecpán. Atraviesa todo el departamento de Chimaltenango, donde es conocido con su nombre cakchiquel Xayá (el acueducto Xayá Pixcayá es la mayor fuente de agua para el área metropolitana de Guatemala). Luego sirve de límite entre los departamentos de Suchitepéquez y Escuintla, y en la barra Coyolate desemboca en el océano Pacífico. Su corriente es bastante rápida y recibe un gran número de afluentes. Tiene una longitud de aproximadamente 162 km, una anchura media de 25 m y la extensión de su cuenca es de 1,154 km².

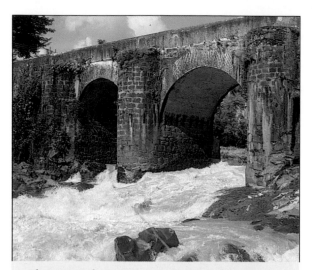

El río Los Esclavos, con 120 km de longitud, nace cerca del lago de Ayarza, atraviesa el departamento de Santa Rosa y al sur de Casillas baña el famoso puente de Los Esclavos.

El río Achiguate nace en las faldas del volcán de Fuego, al norte de la aldea Guadalupe. Con una longitud de setenta kilómetros, atraviesa de norte a sur todo el departamento de Escuintla. Recibe un gran número de afluentes, entre ellos los ríos Los Encuentros, El Tigre, Ceniza o Platanares, Aceituno, Provincias, La Cantadora o Las Pilas, Las Marías, Escalante, Mazate, Guacalate, Limón y Botón Blanco. Descarga sus aguas al canal de Chiquimulilla, al oeste del puerto de San José.

Los ríos Michatoya, María Linda y Los Esclavos
Con una longitud de setenta kilómetros, el río Michatoya forma parte de la cuenca del río María Linda, al cual desemboca en la jurisdicción del municipio de Guanagazapa (Escuintla), después de pasar al lado de las ciudades Amatitlán, Palín y Escuintla. Sirve de desagüe al lago de Amatitlán, al sur de la ciudad de Guatemala, recibe en su curso, entre varios afluentes, los ríos Marinalá —que alimenta la planta hidroeléctrica de Jurún-Marinalá—, Tuncuato, Mixtanate y Metapa, presenta un caudal considerable y en parte de su curso es navegable por pequeñas embarcaciones. En el municipio de Escuintla, al llegar a San Pedro Mártir, forma una serie de cataratas, la mayor de las cuales tiene casi sesenta metros de altura. En esta área se encuentran importantes plantas hidroeléctricas.

El río María Linda dio nombre a una de las cuencas más importantes de la vertiente del Pacífico. Se origina de la confluencia de los ríos Aguacapa y La Puerta y tiene una longitud de aproximadamente 52 km. En su curso serpenteante de norte a sur recibe los ríos Chapetón, Naranjo y Molino. Descarga en el canal de Chiquimulilla, frente a la costa del Pacífico, sirviendo en su parte final como límite entre los municipios de San José e Iztapa, del departamento de Escuintla. La extensión de su cuenca es de 672 km^2.

El río Los Esclavos se origina de la afluencia del riachuelo Santa María al río Tapalapa, en el municipio de Casillas, en el departamento de Santa Rosa. Tiene una longitud de aproximadamente 120 km y en su recorrido recibe numerosos afluentes, entre ellos los ríos Cuilapa y Margaritas. Cerca de la aldea Los Esclavos forma una cascada, donde se instaló una planta hidroeléctrica. En el mismo lugar, a un kilómetro al sur de la cabecera municipal de Casillas, se encuentra el famoso y antiguo puente Los Esclavos (de sillería), cuya construcción se llevó a cabo entre 1592 y 1636. El río desemboca en el canal de Chiquimulilla, frente a la costa del Pacífico. La extensión de su cuenca es de 966 km^2.

Los ríos Paz y Ostúa
El río Paz es uno de los ríos más importantes del país por servir en parte de su curso como límite internacional entre Guatemala y El Salvador (tratado del 9 de abril de 1938). Históricamente conocido con el nombre Paxa o Pasa, se forma en el municipio de Conguaco (Jutiapa), atraviesa muchos poblados, recibe regular número de afluentes y desemboca en el océano Pacífico, en la bocana del Paz. Tiene una longitud de aproximadamente 133 km y su cuenca se extiende por 1,595 km^2.

El río Ostúa forma la gran cuenca Ostúa-Güija, con una extensión de 1,490 km^2, aproximadamente, en el extremo este de la vertiente del Pacífico. Se origina como río Ostúa o río Grande en el municipio de San Carlos Alzatate, en el departamento de Jalapa, de la confluencia del río Alzatate (o Grande) y del río El Chorro. Tiene una longitud de aproximadamente 98 km y forma el límite internacional parcial entre Guatemala y El Salvador, a partir de la estación 243 de la Comisión de Límites. Descarga en el lago de Güija. La anchura media del río es de quince metros, pero no es navegable debido a su poca profundidad, de sólo un metro.

El río Motagua, origina-
do cerca de Santa Cruz
del Quiché, denominado
Río Grande en la prime-
ra mitad de su curso,
fluye de oeste a este hasta su desembocadura en
el golfo de Honduras.

El Río Dulce se ha con-
vertido en la única vía
de comunicación para la
población dispersa de
las áreas ribereñas. Es
un importante centro de
tráfico de todo tipo de
embarcaciones.

La vertiente del golfo de Honduras

Como parte oriental de la vertiente del Atlántico, con 34,259 km^2 de extensión, corresponde al
31 por ciento del territorio guatemalteco. Está
formada por siete cuencas hidrográficas, que de
sur a norte son las de los ríos Grande de Zacapa,
Motagua, Izabal-Río Dulce, Polochic, Cahabón,
Sarstún y Belice (conocido con el nombre de Mopán en Petén).

El río Motagua o Río Grande, y el Río Dulce

El río Motagua, también llamado Río Grande
desde sus orígenes hasta penetrar al departamento de Zacapa, es el más importante de esta vertiente. Nace en el municipio de Chichicastenango, departamento de Quiché, en el Altiplano
occidental de Guatemala. Con una longitud de
aproximadamente cuatrocientos kilómetros, sirve
de límite entre los departamentos de Quiché y
Chimaltenango, así como entre los de Baja Verapaz y Guatemala. Recorre además los departamentos de El Progreso, Zacapa e Izabal. En su
parte final sirve de límite internacional entre
Guatemala y Honduras, para desembocar luego
en el golfo de Honduras. La extensión de su
cuenca es de 14,453 km^2.

En la primera mitad de su trayecto (cuenca alta) tiene un descenso de 2,000 m y corre con gran
fuerza por cañadas profundas; a partir de la ciudad de Gualán, en el departamento de Zacapa
(cuenca baja), se torna más ancho, su velocidad
disminuye y la profundidad de su cauce permite
la navegación con embarcaciones de poco calado
(aunque el creciente azolvamiento de su lecho lo
hace cada vez más difícil). La cuenca baja del
Motagua representa una región fisiográfica con
características muy propias.

El Río Dulce, con una longitud de sólo 42 km,
es el desagüe del lago de Izabal. En su curso de
sudeste a nordeste forma un gran ensanche, llamado El Golfete (considerado como lago por algunas fuentes), para desembocar frente a Lívingston en la bahía de Amatique. El Río Dulce es
navegable en todo su trayecto; la mayor profundidad conocida es de 13 m que disminuye a 2 m en
la desembocadura, debido a la presencia de una
barra. Su anchura varía mucho, desde 9 km en El
Golfete, a sólo 13 m cuando pasa por el cañón
formado en la sierra al sur de Lívingston. La región de Río Dulce, por su paisaje único, se ha convertido en los últimos años en una de las atracciones turísticas más importantes del país.

*Los ríos de Cobán y Po-
lochic inician sus cursos
muy cercanos el uno del
otro en el departamento
de Alta Verapaz, para
después alejarse, toman-
do el primero el nombre
de Cahabón.*

Los ríos Polochic, Cahabón y Sarstún

El río Polochic constituye el principal desagüe de
la Alta Verapaz. Se forma por las corrientes de
agua que se originan en la montaña Xucaneb, municipio de Tactic. Con una longitud cuyo cálculo
oscila entre 177 km y 240 km (según diferentes
fuentes), atraviesa los municipios de Tactic, Tamahú, Tucurú y Panzós, en el sur del departamento
de Alta Verapaz, para desembocar en el lago de
Izabal, en el municipio de El Estor. La corriente
del Polochic es rápida en su cuenca alta, pero a
partir de la aldea La Tinta hasta Panzós —sobre
todo después de recibir las aguas del río Cahabón— es navegable con embarcaciones pequeñas;
su profundidad es de dos metros aproximadamente. De Panzós hasta su desembocadura am-
plía su anchura a cuarenta metros y la profundidad a cuatro metros. Recibe muchos afluentes en
su trayecto. La extensión de su cuenca es de
1,542 km². El valle del Polochic, entre Tactic y La
Tinta, corre un alto riesgo de sufrir derrumbes en
época de lluvia, mientras el delta que forma su
cuenca baja es zona de inundaciones.

La cuenca del río Cahabón, con 2,626 km² de
extensión, se encuentra en forma casi paralela al
norte de la cuenca del río Polochic, también en

territorio del departamento de Alta Verapaz. El
río Cahabón nace en los pantanos de Patal, cruza
luego el municipio de Tactic de este a oeste y, en
forma de un gran semicírculo, atraviesa los municipios de Santa Cruz y San Cristóbal Verapaz, para continuar hacia el norte, pasando por la ciudad
de Cobán, cabecera del departamento de Alta Verapaz. Sigue su curso hacia el este, hasta cruzar
los municipios de Lanquín y Cahabón, cambia
después su curso nuevamente hacia el sudeste y
sur, y descarga finalmente sus aguas al río Polochic, cerca de la cabecera municipal de Panzós. Al
igual que la dirección de su trayecto, varía frecuentemente también su corriente (entre suave y
rápida), su anchura (de dos a cuarenta metros) y
su profundidad (de dos a seis metros), según el
relieve que atraviesa. Recibe muchos afluentes, en
parte ríos parcialmente subterráneos debido a los
suelos kársticos de la región. Su longitud es de
aproximadamente 195 km.

El Sarstún es un río relativamente corto, con
una longitud de 53 km, pero importante por servir de límite entre Guatemala y Belice. Se origina
en el municipio de Lívingston, en el departamento de Izabal, de la confluencia de los ríos Gracias
a Dios y Chocón, cerca de la aldea fronteriza Mo-
desto Méndez. Entre sus afluentes se encuentran
los ríos San Pedro, Tuba Creek, Warre Creek, Co-
tón, Black Creek y La Coroza. Su desembocadura
(con el cayo de Sarstún) se encuentra al este de la
aldea Sarstún, en la bahía de Amatique.

La vertiente del golfo de México

Como región hidrográfica mayor de la vertiente
del Atlántico, tiene una extensión de 50,640 km²,
que corresponde al 47 por ciento de Guatemala.
Se inicia en la parte más occidental del Altiplano
para extenderse hacia el extremo norte del país.
Los ríos, en general, son largos y caudalosos. La
mayoría de sus ríos grandes, después de originarse
en Guatemala y recorrer determinadas distancias
en territorio nacional, siguen su curso en México.

A la vertiente del golfo de México correspon-
den diez cuencas hidrográficas principales: las de
Cuilco, Selegua, Nentón, Pojom, Ixcán, Xaclbal,
Chixoy-Salinas, de La Pasión, Usumacinta y San
Pedro. Por su extensión, las cuencas de estos cua-
tro últimos ríos son las más importantes.

Los ríos Chixoy, Salinas y de La Pasión

El río Chixoy nace con el nombre de río Negro
cerca de Santa Ana Malacatán, en el departamento

El río de La Pasión nace en Belice, se denomina Isabel al entrar en Guatemala, Cancuén al limitar Petén y Alta Verapaz, y de La Pasión, en la confluencia con el San Juan hasta el Chixoy.

de Huehuetenango, donde se conoce también con el nombre de Púcal. Recibe desde sus comienzos muchos afluentes desde las montañas vecinas, entre ellos los ríos Hondo, San Ramón, Blanco y Xecunabaj, que proceden de los departamentos de Totonicapán y Quiché. Al pasar por la aldea Chixoy recibe este nombre. Es el más largo y caudaloso de los tres afluentes que forman finalmente el río Usumacinta, y sirve de límite parcial entre los departamentos de Quiché, Baja Verapaz y Alta Verapaz. Su cuenca, con una extensión de 10,909 km², es de alta prioridad por su potencial hidroeléctrico; alimenta desde la década de 1980 la mayor presa del país para la producción energética.

El río Salinas, con una longitud de 122 km, es la continuación del río Chixoy a partir del vértice fronterizo Río Chixoy. La extensión de su cuenca es de 12,729 km². En todo su curso serpenteante forma la frontera con México, atravesando el municipio de Sayaché (Petén). En el oeste del sitio arqueológico Altar de Los Sacrificios, al unirse con el río de La Pasión, forma el río Usumacinta.

El río de La Pasión se origina de la confluencia de los ríos Santa Isabel (o Cancuén) y Sebol, al norte de los rápidos de Santa Isabel, en la Alta Verapaz. Cambia varias veces su dirección hasta pasar por la cabecera municipal de Sayaché en Petén. Le afluyen muchos ríos, entre ellos el Santa Amelia, el San Juan, el Petexbatún y el Subín, para unirse finalmente con el río Salinas, dando origen al río Usumacinta. Su longitud total se calcula en 350 km según el Instituto Nacional de Estadística (1987), pero el *Diccionario Geográfico de Guatemala* (1983) indica sólo 270 km. En gran parte es navegable en lancha o canoa, facilitando como importante vía de comunicación ya históricamente el comercio entre la Alta Verapaz y Petén. La extensión de su cuenca es de 11,874 km².

Los ríos San Pedro y Usumacinta
El San Pedro es el afluente más septentrional de la margen oriental del Usumacinta, al cual desemboca ya en territorio mexicano. Se origina como desagüe de la laguna Perdida en Petén, para sumergirse después en suelos kársticos. Resurge

Históricamente, el río Usumacinta (en la imagen, en un grabado del siglo XIX) ha sido la vía principal de comunicación y desarrollo entre las distintas poblaciones del país.

nuevamente, atraviesa todo el municipio de La Libertad, primero hacia el norte y luego hacia el oeste, y cruza después la frontera con México a la altura del vértice El Ceibo. Entre sus afluentes se encuentran los ríos San Juan (no confundir con el otro río San Juan en el sur de Petén, que desemboca en el río de La Pasión), Chocop, Sacluc, Agua Dulce y Escondido. Su longitud es de 181 hasta 300 km, según diferentes fuentes, y en gran parte es navegable en lancha. La cuenca del río San Pedro corresponde a una extensión de 14,488 km².

El río Usumacinta, con una longitud total de aproximadamente 1,100 km, es el río más largo y caudaloso de Centroamérica, y constituye el desagüe de los ríos que forman el sistema fluvial más extenso de Guatemala. Se denomina Usumacinta a partir de la confluencia de los ríos Salinas y de La Pasión; su fuente original y más lejana es el río Chixoy (o Negro). En su recorrido por Guatemala sirve de límite internacional con México a lo largo de aproximadamente 195 km, desde la afluencia del río de La Pasión hasta el vértice Usumacinta. Al penetrar en territorio mexicano

forma los rápidos de Tenosique, dividiéndose a partir de entonces en dos brazos. Uno de ellos toma el nombre de San Pedro y San Pablo, y desemboca en el golfo de México. El otro se divide nuevamente en dos brazos, de los cuales uno conserva el nombre Usumacinta, se une luego al río Grijalva y desemboca también en el golfo de México, mientras el segundo toma el nombre de río Palisada y desemboca en la laguna del Este o de Términos. Es navegable en una extensión aproximada de 530 km, entre los rápidos de Tenosique hasta la laguna de Términos, o hasta el golfo de México.

El Usumacinta desempeña un papel muy importante en el desarrollo de la región que atraviesa; sus márgenes son consideradas como la cuna de la civilización maya. Como principal vía de comunicación unía grandes ciudades en la época prehispánica, permitiendo un extenso comercio. A partir de la conquista sirvió como ruta para los viajeros que desembarcaban en el golfo de México. Desde el siglo pasado destaca como vía principal para los madereros y para la colonización de Petén en general.

El sistema lacustre

Teniendo en cuenta que a la categoría de lagos corresponden todos los cuerpos de agua mayores de diez kilómetros cuadrados, en el caso de Guatemala son siete, a los que se suman numerosas lagunas y lagunetas que completan el sistema lacustre del país.

Sobre lagos, lagunas y lagunetas de Guatemala existe una excelente y actualizada recopilación de información realizada por César Castañeda. Según éste, en Guatemala hay aproximadamente 1,151 sistemas lacustres, que comprenden siete lagos, 365 lagunas y 779 lagunetas, con una superficie total de 1,207 km² de espejo de agua. El ochenta por ciento de estos sistemas se ubica en tierras bajas, a una altura de cero a doscientos metros sobre el nivel del mar, y más de la mitad (54 %) se encuentra en el departamento de Petén.

En la vertiente del Pacífico se encuentran cuatro lagos, 133 lagunas y 220 lagunetas; en la vertiente del golfo de Honduras, dos lagos, 25 lagunas y 71 lagunetas; y en la vertiente del golfo de México, un lago, 207 lagunas y 488 lagunetas.

Los sistemas lacustres que se ubican por encima de mil metros de altura tienen generalmente un origen tectónico-volcánico (lagos Atitlán, Amatitlán, Ayarza y Güija), mientras los demás son producto del paulatino levantamiento de la plataforma marina (lagos Izabal, Petén Itzá). Una tercera categoría corresponde a un cambio del curso de los ríos o a inundaciones (especialmente en las márgenes de los ríos de La Pasión, Usumacinta, San Pedro, Chixoy, Polochic, Motagua, Achiguate, Suchiate y Los Esclavos, en las planicies norte y sur del país).

El zambullidor es una especie única en el mundo que tiene como hábitat el lago Atitlán.

Los siete lagos de Guatemala son, por orden de extensión, el Izabal, el Atitlán, el Petén Itzá, el Golfete, el Amatitlán, el Güija y el Ayarza. Algunas fuentes no consideran a El Golfete como lago, sino como un gran ensanche del Río Dulce.

Los lagos Izabal y Atitlán

El lago Izabal es el más grande de Guatemala, con una superficie de 590 km². Se localiza en el departamento del mismo nombre, en la vertiente del golfo de Honduras, a una altura de sólo un metro sobre el nivel del mar. Al sur del lago se encuentra la sierra de Las Minas, y al norte las montañas de Santa Cruz. El origen del lago es tectónico (límite de la falla transcurrente lateral izquierda); su compleja cuenca está formada por una depresión que es producto de la separación entre las placas tectónicas de Norteamérica y del Caribe. El lago es alimentado por varios ríos, entre los que destaca el Polochic. El Río Dulce es su desagüe.

Habitan en el lago varias especies de peces, cocodrilos, lagartos y aves acuáticas. La especie del manatí (*Trichechus manatus*) es propia del lugar, pero corre serio peligro de extinción, a pesar de que se prohibió su caza desde 1959.

El lago Atitlán, con 126 km² de extensión, es el segundo lago de Guatemala. Se localiza en el Altiplano occidental, en jurisdicción del departamento de Sololá. El Atitlán es el lago que se encuentra a mayor altura, con 1,562 m sobre el nivel del mar, y tiene una profundidad máxima de 333 m. Su cuenca es una de las más importantes de la vertiente del Pacífico. Antiguamente se conocía con el nombre de Laguna de Panajachel (nombre del centro urbano y turístico más grande

El lago Izabal, con 590 km², es el mayor del país. Situado en la zona septentrional del territorio, es el vestigio de cuencas marinas secundarias y posteriormente de cuencas lacustres.

en la orilla del lago). Es famoso por su belleza extraordinaria, en sus orillas se encuentran muchas fuentes sulforosas y manantiales de agua mineral, y su superficie es agitada casi diariamente, en determinadas horas, por fuertes vientos que los lugareños —en su gran mayoría población maya— llaman *Xocomil*. Su origen es producto de una intensiva actividad volcánica en la zona, acompañada de fallamientos gravitacionales. La gran cavidad que alberga al lago es posiblemente una caldera. El Atitlán recibe varios ríos, pero no se le conoce desagüe (se presume que existe un escape en forma subterránea). El nivel de su espejo de agua cambia cíclicamente. Este lago es el hábitat del zambullidor *(Podilympus gigas)*, una especie de ave única en el mundo, que se encuentra solamente en este lugar y corre peligro de extinción.

Los lagos Petén Itzá y Amatitlán

El lago Petén Itzá se encuentra en la vertiente del golfo de México, en el norteño departamento de Petén. Tiene una extensión de 99 km² y se localiza a una altura de 110 m sobre el nivel del mar. La cabecera departamental, Flores, tiene su asentamiento en una isla del mismo nombre sobre el la-

go. Como todos los sistemas lacustres del norte del país, el Petén Itzá es consecuencia del levantamiento gradual de la plataforma marina y el posterior relleno de sus depresiones con agua.

El Amatitlán es uno de los lagos de la vertiente del Pacífico, tiene una extensión de 15.2 km², y se encuentra a una altura de 1,188 m sobre el nivel del mar (msnm). En documentos del siglo XVII se le menciona como lago de Atescate. Debido a su localización al sur de la ciudad de Guatemala, en el municipio de Amatitlán, este lago constituye uno de los principales centros recreativos para los capitalinos. Sin embargo, al mismo tiempo ha sufrido fuertes procesos de degradación por recibir los desagües de la cuenca sur (y parte de la cuenca norte) del área metropolitana, que constituyen sus únicos afluentes (principalmente a través del río Villalobos). Su desagüe hacia el sur es el río Michatoya. El origen del lago Amatitlán es tectónico-volcánico, y descansa en una depresión localizada en la base norte del complejo volcánico del Pacaya. Esta cavidad tiene una forma irregular, producto de diferentes factores durante el último millón de años y del colapso de sus paredes a causa de grandes erupciones.

Orígenes geológicos de los sistemas lacustres de Guatemala

Nombre	Localización	Origen	Características formativas
Atitlán	Sololá	Volcánico	Yace en una gran caldera, después de una voluminosa erupción que hizo explotar los volcanes
Ayarza	Santa Rosa	Volcánico	Depresión formada en el último millón de años cuando colapsaron dos cráteres volcánicos
Ipala	Chiquimula	Volcánico	Depresión en el cráter del volcán Ipala
Del Hoyo	Jalapa	Volcánico	Depresión en el cráter del volcán Tahual
Chicabal	Quetzaltenango	Volcánico	Depresión en el cráter del volcán Chicabal
Calderas	Escuintla	Volcánico	Depresión en el sistema volcánico formado por el volcán de Pacaya
Ixpaco	Santa Rosa	Volcánico	Depresión en el complejo del volcán Tecuamburro
Retana	Jutiapa	Volcánico	Depresión en el valle formado por el volcán Suchitán
Atescatempa	Jutiapa	Volcánico	Depresión en el valle formado por el volcán Chingo
Amatitlán	Guatemala	Tectónico-volcánico	Depresión formada por movimientos tectónico volcánicos del sistema del Pacaya
Petén Itzá y los de Petén y tierras bajas de Alta Verapaz	Petén y parte baja Alta Verapaz	Tectónico y kárstico	Depresiones formadas como consecuencia de levantamiento marino y disolución de calcáreo (kárstico)
Lagunetas del sur ubicadas a menos de 100 msnm	Escuintla, Jutiapa, San Marcos, Santa Rosa, Retalhuleu, y Suchitepéquez	Tectónico	Depresiones formadas como consecuencia de levantamiento marino y embalses por derrumbes de laderas
San Juan Acul y las márgenes de diferentes ríos	Petén, Quiché, Alta Verapaz, Izabal	Inundaciones o cambio de curso de los ríos	Formadas por cambio de curso de los ríos; en todo caso originadas en movimientos tectónicos; muchas, formadas estacionalmente
Izabal	Izabal	Tectónico	Cuenca formada por una depresión o espacio que dejó la separación entre la placa Norteamericana y la placa Caribe

El San Pedro, junto al Tolimán y al Atitlán, son volcanes surgidos de las aguas, que llenaron el cráter de un antiguo volcán en el que se originó el lago Atitlán.

En Santa Rosa se encuentra el lago Ayarza, el más pequeño del país. Considerado como una laguna, con 6 km de largo y de aguas muy frías, no recibe afluentes.

En la reducida costa atlántica del país, bañada por el mar Caribe, se encuentra el principal *puerto y capital del departamento de Izabal, Puerto Barrios, en la bahía de Amatique.*

Los lagos de Guatemala

Nombre	Departamento	Elevación (msnm)	Área (km²)
Amatitlán	Guatemala	1,188	15.20
Izabal	Izabal	1	90.00
Golfete	Izabal	1	61.80
Güija	Jutiapa	427	14.30
Petén Itzá	Petén	110	99.00
Atitlán	Sololá	1,562	25.70
Ayarza	Santa Rosa	1,409	14.00

Los lagos Güija y Ayarza

El Güija, como otros lagos de la vertiente del Pacífico, se encuentra a escasa altura, a tan sólo 427 m sobre el nivel del mar, en el oriental departamento de Jutiapa, municipio de Asunción Mita. Se ubica sobre la frontera entre Guatemala y El Salvador, si bien sólo una tercera parte del lago se encuentra en territorio guatemalteco, ocupando una extensión de 14.3 km² (su extensión total es de 44 km²). Su origen es tectónico-volcánico, producto de una intensa actividad que había en esa antigua región volcánica del oriente del país durante el Terciario.

El lago Ayarza, con sólo 14 km² de extensión, es el más pequeño de Guatemala; de hecho, muchos lo denominan como «laguna de Ayarza». Forma parte de la vertiente del Pacífico y se localiza en el departamento de Santa Rosa, entre los municipios de Casillas y San Rafael Las Flores. En altura es el segundo lago del país, con 1,409 m sobre el nivel del mar. Sus aguas son muy frías. No recibe ningún afluente y tampoco se le conoce desagüe visible, aunque se supone que da origen al río Ostúa. Su origen es volcánico: se debe al colapso de los volcanes de Santa Rosa. En su cráter se formó entonces el lago de Ayarza, al igual que otras lagunas y lagos de la región (por ejemplo, el de El Pino).

El espacio marítimo

Las aguas nacionales en los dos litorales, el Atlántico y el Pacífico, se definieron con el Decreto 20-76 del Congreso de la República; corresponden a la extensión de doce millas náuticas mar adentro. Como «zona económica exclusiva» se establecieron doscientas millas náuticas. Actualmente se están elaborando los términos de referencia para poder establecer tratados de límites marinos con los vecinos países de México, Honduras y El Salvador, así como para el caso específico de límites marinos con Belice.

El espacio marítimo de las dos costas de Guatemala es uno de los recursos del país más importantes, pero, al mismo tiempo, ha sido poco estudiado científicamente y también poco apreciado desde el punto de vista económico. En la actualidad, el recurso más explorado de los dos mares son los esteros, que se caracterizan por sus diferentes especies de manglares, y son utilizados principalmente para la pesca artesanal. Una gran cantidad de fauna utiliza los manglares como lugar de vida completo; otras especies los usan como refugio temporal.

34

Clima y medio natural

El clima

El medio natural

El Parque Nacional de Lachuá, creado en 1978, tiene una extensión de 10,000 hectáreas; convertido en un paraíso para la selva tropical, en él se encuentra la laguna Lachuá.

El clima

El clima es el conjunto de fenómenos meteorológicos que determinan el estado medio de la atmósfera de un lugar. Los elementos que definen el clima —estrechamente interrelacionados— son la temperatura del aire, la presión atmosférica, los vientos dominantes, la humedad y las lluvias. Estos elementos son modificados por factores geográficos, como son principalmente la latitud, la altitud, el tipo de relieve, la distancia al mar, los vientos locales y la vegetación.

Debido a la forma de la Tierra y a la inclinación de su eje, la insolación es diferente en las distintas latitudes. En consecuencia, las temperaturas son mayores cerca del ecuador y disminuyen hacia los polos. Estas variaciones de la temperatura modifican al mismo tiempo otros elementos del clima, como la presión atmosférica y el sistema de vientos predominantes. También el régimen térmico (la distribución de las temperaturas en el curso del año) y el régimen de lluvia dependen de la latitud. Con una latitud norte de 14 a 18 grados, Guatemala se localiza en la zona tórrida o intertropical, que se extiende en el hemisferio norte desde el Ecuador hasta el Trópico de Cáncer (23° 27'). El clima general en esta zona se clasifica como tropical. Es la única parte de la Tierra que recibe verticalmente los rayos del Sol, y por ello su temperatura media al nivel del mar es elevada. Otra de sus características es que la duración de los días y las noches prácticamente no cambia en el transcurso del año.

Aunque la variación local del clima en Guatemala es significativa, a partir de su posición geográfica se puede identificar un cuadro global que define las características principales.

El relieve abrupto y las diferentes altitudes marcan los cambios climáticos del país.

Régimen térmico, régimen pluvial y vientos

Según la temperatura media normal (TMN), predominan en Guatemala regímenes térmicos cálidos (superior a 20 °C) y templados (entre 10 y 20 °C).

La época más fría del año es diciembre-enero y la más calurosa, abril-mayo. No obstante, la oscilación térmica anual (OTA) es muy regular o equilibrada, pues la variación entre las temperaturas medias máximas y mínimas mensuales en las diferentes regiones del país no supera los 10 °C.

El régimen térmico del área metropolitana (capital) es representativo para la extensa área central del territorio nacional, cuyo clima ha dado lugar a que Guatemala sea conocido como el país de la «eterna primavera»: su temperatura media normal es de 18.2 °C, la media más baja (enero) es de 16.4 °C, la media más alta (abril-mayo) es de 19.7 °C, y los promedios de las temperaturas máximas y mínimas anuales son de 24.8 y 13.9 °C, respectivamente.

Debido a su posición en la zona de convergencia intertropical (ITCZ), las estaciones del año se marcan en Guatemala por el régimen pluvial, que está definido por dos grandes períodos: la época lluviosa, de mayo a octubre, y la época seca, que se prolonga de noviembre a abril.

La población guatemalteca denomina «invierno» a la estación lluviosa y «verano» a la estación seca. Sin embargo, climáticamente el período de lluvia corresponde al verano y el período seco, al invierno en el hemisferio norte.

En términos generales, las precipitaciones máximas se manifiestan en mayo-junio y septiembre-octubre, cuando los rayos solares caen verticalmente sobre el territorio nacional durante

Parámetros climáticos de estaciones seleccionadas

Estación (cabeceras departamentales)	Altitud (metros sobre el nivel del mar)	Temperatura media anual	Temperatura máxima (promedio)	Temperatura mínima (promedio)	Precipitación anual en mm (promedio)	Días de lluvia (promedio)
Puerto Barrios	1	28.2	31.9	24.3	3,075	174
Flores (Petén)	142	25.5	29.3	21.6	2,006	142
Zacapa	185	26.8	34.2	21.2	471	39
Escuintla	347	25.5	30.8	20.2	3,157	121
Jutiapa	906	22.3	26.8	17.9	1,146	96
Salamá	940	22.5	27.3	17.7	789	82
Cobán	1,317	19.1	23.7	13.1	2,368	217
Guatemala	1,592	18.2	24.8	13.9	1,265	119
Quetzaltenango	2,333	15.2	22.4	6.8	915	82

Fuente: INSIVUMEH

el recorrido del Sol entre el ecuador y el Trópico de Cáncer. En los meses de julio-agosto se produce un receso de lluvia, llamado canícula, debido al desplazamiento del Sol hacia el Trópico de Cáncer, más al norte. Durante más de una década la precipitación promedio anual en el territorio guatemalteco ha sido de 2,218 mm. La humedad relativa media anual se encuentra entre el setenta y el ochenta por ciento. El mes más húmedo del año es junio, y el más seco, marzo.

En la ciudad de Guatemala, la precipitación media anual es de 1,265 mm, con un promedio de 119 días de lluvia, así como una humedad relativa media del 79 por ciento.

Un elemento predominante del clima en Guatemala es la influencia de los vientos alisios del nordeste, que se originan aproximadamente a los treinta grados de latitud norte, en la zona de las altas presiones subtropicales. Soplan de forma constante durante todo el año en las capas bajas de la atmósfera, y su aire es cálido y húmedo.

La intensidad máxima de los vientos en Guatemala normalmente no sobrepasa los 75 u 80 km por hora.

La diversidad local del clima

Los elementos que determinan el clima de Guatemala, de acuerdo con su posición latitudinal, se modifican por factores geográficos locales, dando lugar a una amplia gama de expresiones climáticas específicas.

Además de la existencia de sistemas locales de vientos, las mayores variaciones se manifiestan en las temperaturas y en el comportamiento pluvial, debido ante todo a las diferentes formas del relieve, a los vientos predominantes (alisios) y a la presencia de dos litorales distintos.

Vientos locales

En varias regiones de Guatemala se registran sistemas locales de circulación de vientos. Se trata, por ejemplo, de las brisas mar-tierra en la costa del Pacífico o de brisas montaña-valle en las regiones altas. También en algunas cuencas importantes del país se originan vientos que soplan en forma paralela al curso del río, como es el caso del río Motagua en su parte baja o del río Polochic hacia la cañada que forman la sierra de Las Minas y la sierra de Chamá.

Zonas con períodos notorios de calma se encuentran sobre todo en el oriente del país; un caso particular lo constituyen los Llanos de La Fragua.

En las dos costas de Guatemala existe el riesgo de sufrir desastres por la penetración de huracanes. Sin embargo, la probabilidad es relativamente baja en comparación con otros países de la región, y la recurrencia de este fenómeno es más alta en la costa del Atlántico que en la del Pacífico.

Las variaciones de la temperatura

En las zonas situadas a una misma latitud, las temperaturas en lugares bajos son más calientes que en los elevados. Este fenómeno se debe al hecho de que la atmósfera se calienta de abajo hacia arriba. Asimismo, a mayor altura la capa de aire es más delgada y seca, es decir, con menor capacidad para absorber el calor.

El gradiente térmico medio para Guatemala, basado en la clasificación del clima de Thornthwaite, es de 176 m por 1 °C, es decir, con cada 176 m de altura sobre el nivel del mar, la temperatura media desciende en 1 °C. Las temperaturas medias al nivel del mar, como punto de partida, son las siguientes para los dos litorales presentes en el país: 27 °C en la costa del Pacífico y 28.2 °C en la bahía de Amatique (Atlántico), alcanzando en los meses de abril y agosto valores de 30 °C y 31.5 °C, respectivamente.

Además de clasificaciones muy específicas para los diferentes climas locales presentes en Guatemala, como la de Thornthwaite, comúnmente se aplica la que muestra la gran variedad de zonas climáticas a partir de las diferentes alturas del relieve y de las temperaturas medias presentes en el territorio nacional.

Las variaciones pluviales

También el régimen de lluvia varía dentro de un amplio espectro de valores en las diferentes regiones de Guatemala: en términos de precipitación anual entre 400 y más de 4,000 mm, y por días de lluvia al año entre 45 y más de 200.

La lluvia —a través de la formación de nubes— siempre se origina por un enfriamiento del aire y por la presencia de grandes cantidades de vapor de agua (humedad) que proceden de los mares, lagos y ríos, pero también de zonas con vegetación espesa (grandes bosques). Este proceso de enfriamiento puede tener diversos orígenes; de acuerdo con ello se habla de tres tipos princi-

El Río Dulce tiene su desembocadura en la pequeña bahía de Amatique, una ensenada se-micerrada al nordeste del territorio nacional, cuyas aguas se dirigen hacia la vertiente atlántica.

pales de lluvias: de convección, de relieve y de frente. En Guatemala se presentan todos estos tipos de lluvias, aunque con grandes variaciones en su intensidad y distribución territorial.

Las lluvias más comunes en Guatemala son las de convección. Ocurren casi todos los días en las zonas tórridas de la Tierra durante la época de mayor calentamiento, marcando la estación lluviosa. El aire que se calienta en el transcurso de la mañana forma corrientes de convección que suben hacia capas más frías, provocando la condensación del vapor de agua y con ello la formación de nubes del tipo cumulonimbo. La lluvia se precipita generalmente después del mediodía en forma de fuertes aguaceros, muchas veces acompañados de truenos y descargas eléctricas.

En Guatemala, el factor decisivo en la frecuencia de las lluvias de convección durante la época lluviosa es el nivel de humedad del aire que se calienta y eleva. Así, en el oriente del país, y principalmente en determinadas zonas de los departamentos de El Progreso, Jalapa, Chiquimula y Zacapa, la formación de nubes durante la estación lluviosa es muy limitada, por falta de grandes cuerpos de agua cercanos y de bosques

Clasificación de climas locales

- **Tierra caliente:** de 0 hasta 600 m sobre el nivel del mar, y con temperaturas medias superiores a 24 °C.
- **Tierra templada:** de 600 hasta 1,800 m sobre el nivel del mar, y con temperaturas medias entre 16 y 23 °C.
- **Tierra fría:** de 1,800 hasta 3,000 m sobre el nivel del mar, y con temperaturas medias inferiores a 16 °C.
- **Tierra helada:** a partir de 3,000 m sobre el nivel del mar, donde entre diciembre y marzo se presentan con regularidad heladas con temperaturas por debajo de 0 °C.

El biotopo del Quetzal (1,150 hectáreas), en la sierra de Las Minas, trata de preservar la selva húmeda de altura. Las temperaturas y las lluvias constantes cuidan una reserva natural única.

Los vientos húmedos alisios penetran en el país por el mar Caribe, provocando lluvias muy suaves y continuas a lo largo del año. En Alta Verapaz, éstas se conocen como «chipe-chipe».

extensos. En esta región llueve sólo de 45 a 60 días al año, y la precipitación anual oscila entre apenas 400 y 600 mm. Sin embargo, en la mayor parte del territorio guatemalteco se encuentran niveles de humedad del aire que permiten un régimen pluvial regular correspondiente a la estación de lluvia.

El relieve, junto con los sistemas de viento y la humedad del aire, es otro factor muy influyente en la intensidad y distribución de la lluvia en el territorio nacional. Las lluvias de relieve u orográficas se producen en las regiones cercanas a las costas, siempre y cuando existan montañas paralelas y vientos que soplen tierra adentro. Cuando estos vientos, cargados de humedad, chocan contra el relieve, ascienden y se enfrían, la humedad que transportan se condensa y se precipita en lluvias abundantes y prolongadas. Las vertientes expuestas a estos vientos reciben entonces fuertes precipitaciones, mientras que las que están situadas en el lado opuesto se mantienen secas.

En Guatemala los húmedos vientos alisios influyen considerablemente en el régimen pluvial de determinadas zonas. Soplando del nordeste, penetran con relativa constancia en el territorio guatemalteco desde el mar Caribe. Cargados de humedad, provocan lluvias o lloviznas durante la mayor parte del año cuando chocan con el relieve presente en la región costera del Atlántico, de las Verapaces y parte de Petén. Se trata ante todo de la Alta Verapaz, donde estas lluvias suaves y cons-

tantes son conocidas como «chipe-chipe». En la ciudad de Cobán, su cabecera departamental, llueve un promedio de 217 días al año. Sin embargo, por la intensidad relativamente baja de estas lluvias, la precipitación promedia anual no es extremadamente alta, con 2,368 mm.

Lluvias de relieve se producen también, aunque no de forma tan constante como en la zona costera del Atlántico, a causa de sistemas locales de vientos. Un ejemplo lo constituyen las brisas del mar a la tierra que soplan durante el día en la costa del Pacífico (en las noches soplan con dirección tierra-mar). Al encontrarse con la cordillera volcánica que se extiende paralela al litoral provocan en las partes altas del relieve una precipitación promedio anual de tres mil a cinco mil milímetros. En las zonas opuestas, es decir, en la parte interior del Altiplano, la precipitación anual disminuye hasta aproximadamente mil milímetros.

Las lluvias de frente se originan cuando chocan dos grandes masas de aire con temperatura y humedad diferentes. Aunque las lluvias de frente son características para latitudes medias y altas, ocurren en Guatemala cuando penetran frentes de aire frío que provienen del norte. Estas precipitaciones se manifiestan, como «casos de excepción», durante los meses más fríos de la estación seca, principalmente diciembre y enero. Se pueden prolongar durante días y su intensidad depende del grado de humedad de la masa de aire caliente que choca con el frente frío.

El medio natural

Guatemala presenta una gran variedad de suelos y climas que proporcionan al país un mosaico muy variado de paisajes tropicales y subtropicales, por lo que pueden encontrarse sabanas, selvas tropicales y pinares, manglares estuarinos, bosques nubosos, bosques secos, bosques áridos, humedales y hasta arrecifes de coral. Esta concentración de riqueza natural en un territorio relativamente pequeño es casi única en el mundo y significa un enorme potencial para el desarrollo agropecuario, forestal, pesquero y turístico. Asimismo, constituye una reserva de recursos genéticos que se valoran cada día más en todo el mundo.

Los distintos paisajes del país son el resultado de la diversidad de suelos y climas. En la imagen, el Río Dulce.

Según el Plan Maestro de Recursos Nacionales (SEGEPLAN, 1975), hay diez grandes sistemas de suelos en Guatemala: planicies costeras del Pacífico y Atlántico (que ocupan 20,693 km², y representan el 15.7 % del total, incluyendo el territorio de Belice); piedemonte volcánico (5,140 km², el 3.9 %); conos volcánicos (1,582 km², el 1.2 %); grava de pómez (4,086 km², el 3.1 %); Altiplano (34,136 km², el 25.9 %); tierras para manejo ambiental (5,272 km², el 4 %); planicie interior de Petén y Norte Bajo (28,205 km², el 21.4 %); tierras húmedas y pantanos (5,404 km², el 4.1 %); tierras kársticas (25,437 km², el 19.3 %); cayos de coral del Atlántico (1,845 km², el 1.4 %).

También deben tenerse en cuenta los fenómenos que inciden en el empobrecimiento de la tierra, como son la erosión y la contaminación de los suelos, así como la degradación de las cuencas hidrográficas, todo lo cual también incide negativamente en la agricultura.

Flora y fauna

La flora y la fauna no se pueden apreciar como una componente abstracta del medio natural, sino como parte viva de los diferentes ecosistemas o zonas de vida que constituyen su hábitat. Es común entonces hablar de la vida silvestre de Guatemala, que comprende la flora y la fauna de una región determinada.

Sin embargo, aunque existen listados muy amplios de diferentes especies de flora y fauna que se localizan en el territorio nacional, la gran biodiversidad que albergan los diferentes ecosistemas del país sólo está explorada, investigada y registrada en una pequeña proporción.

Guatemala cuenta con especies que no existen en otras partes del mundo y, por ejemplo, dentro de su territorio relativamente pequeño la variedad de la fauna es considerablemente mayor que en Estados Unidos. Asimismo, mientras en países como Canadá en una hectárea de superficie se encuentran seis o siete especies diferentes de plantas, en Guatemala pueden localizarse hasta más de trescientas.

La diversidad de especies registradas hasta la actualidad en el territorio nacional, según *World Resources 1994-95*, es la siguiente: 8,681 plantas superiores, 184 mamíferos, 231 reptiles, 88 anfibios y 480 aves.

Otras fuentes mencionan que solamente en los grupos de vertebrados silvestres (sin incluir la ictiofauna marina) existen en Guatemala casi 1,500 especies registradas.

Sólo como ejemplo de la gran diversidad de la fauna guatemalteca se puede citar que dentro del grupo de 231 reptiles se han identificado hasta ahora 109 especies de serpientes no venenosas,

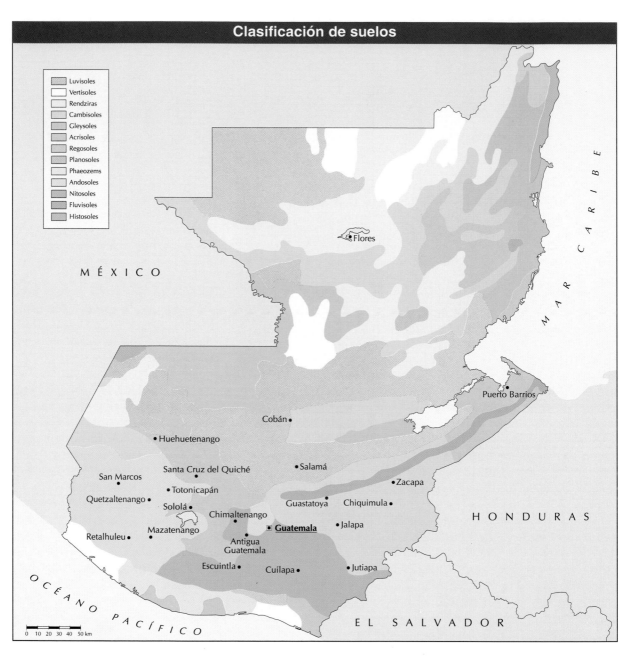

Clasificación de suelos

- Luvisoles
- Vertisoles
- Rendziras
- Cambisoles
- Gleysoles
- Acrisoles
- Regosoles
- Planosoles
- Phaeozems
- Andosoles
- Nitosoles
- Fluvisoles
- Histosoles

MÉXICO

MAR CARIBE

Flores

Puerto Barrios

Cobán

Huehuetenango

Santa Cruz del Quiché

Salamá

San Marcos

Zacapa

Totonicapán

Quetzaltenango

Sololá

Guastatoya

Chiquimula

HONDURAS

Chimaltenango

Guatemala

Retalhuleu

Mazatenango

Jalapa

Antigua
Guatemala

Escuintla

Cuilapa

Jutiapa

OCÉANO PACÍFICO

EL SALVADOR

0 10 20 30 40 50 km

veinte serpientes venenosas terrestres y dos serpientes venenosas marinas. Siendo Centroamérica
un pequeño puente entre los dos grandes bloques
del continente americano no es díficil concebir la
idea de que, en su constante proceso migratorio,
especies que venían del sur se fueron adaptando al
área y lo mismo sucedía con las que venían del
norte. Esta característica especial es sólo compara-
ble con el puente que conforman las Antillas en el
Caribe, pero, dado que no todas están unidas por
tierra, sólo especies de avifauna y de fauna marina
comparten este segundo puente. Así, en el área

centroamericana y específicamente en Guatemala
se encuentran especies que migraron del norte al
sur, como el venado de cola blanca (*Odocoileus virginianus*), que es norteamericano de origen y que
se extiende apenas hasta el sur del istmo centroamericano (característica que comparte con algu-
nas especies de flora como los pinos y otras coníferas). Por el contrario, especies sudamericanas
como el oso hormiguero (*Tamandua tamandua*)
apenas se extienden al norte del istmo centroamericano (en este caso comparte la migración con
especies de flora como el mangle, entre otros).

Entre los mamíferos más importantes del territorio se encuentran algunos primates como el mono aullador, el mico león o, en este caso, el mico araña, en su mayoría en vía de extinción.

En Guatemala se encuentran casi 480 especies de aves, entre las que destacan las guacamayas, conocidas como guacas, de plumas generalmente rojas y larga cola, y en peligro de extinción.

Si a este proceso migratorio se le agregan especies de flora y fauna de origen centroamericano y, en muchos casos, especies no migratorias, encontramos que Guatemala es un país en donde existe una gran riqueza o diversidad de especies.

Entre los órdenes de mamíferos más importantes se encuentran los siguientes: *Marsupialia* (tacuazines), *Xenarthra* (armadillos y osos hormigueros), *Chiroptera* (murciélagos), *Primates* (mico araña y mono aullador), *Carnivora* (coyotes, zorros, mapaches, pizotes, micos león, jaguares, ocelotes, margayes, pumas, nutrias, etcétera), *Cetacea* (delfín, tonina), *Perissodactyla* (tapir o danta), *Artiodactyla* (jabalí, coche de monte, venados), *Sirenia* (manatí), *Rodentia* (ratas y ratones) y *Lagomorpha* (conejos).

Entre las familias de aves más significativas se encuentran: *Podicipedidade* (el famoso pato poc), *Accipitridae* (halconcillos y águilas), *Falconidae* (cacaracaras, halcones, etcétera), *Cracidae* (chachas, pajuiles, pavo de cacho, pavas, etcétera), *Psittacidae* (loros, pericos, guacamayas), *Ramphastidae* (tucanes), *Trogonidae* (trogones, entre los que destaca el ave nacional, *Pharomacrus mocinno*), *Trochilidae* (gorriones), *Strigidae* y *Tytonidae* (lechuzas y tecolotes), y *Vireonidae* (la conforman varias aves migratorias). Se debe tener en cuenta que algunas de estas aves vuelan miles de kilómetros desde su lugar de anidación hasta el lugar donde se protegen de las temperaturas extremas (generalmente frías).

Muchas de las aves nativas son endémicas a la región, es decir que han evolucionado en diversos lugares con similares características climatológicas. Esto permite que la adaptación y la evolución de una misma especie se produzcan con algunas diferencias. Así sucede en el caso del pavo de cacho (*Oriophasis dervianus*), que se caracteriza por adaptarse a montañas muy altas (entre 2,000 y 3,000 m sobre el nivel del mar). Antes se creía originario de la Reserva del Triunfo, en Chiapas, y del volcán Tolimán, y hoy se encuentra también en los volcanes Tajumulco, Santa María, Atitlán y Acatenango, así como en la sierra de Las Minas y en las montañas de Tecpán.

Otros indicadores importantes de la biodiversidad de la fauna local son las clases *Amphibia* y *Reptilia*. La clase *Amphibia* incluye los órdenes *Anura* (ranas y sapos) y *Caudata* (salamandras). La clase *Reptilia* involucra los órdenes *Chelonia* (tortugas), *Crocodila* (cocodrilos y caimanes) y *Squamata* (serpientes y lagartijas), entre otros.

Para ilustrar la gran diversidad de flora basta mencionar que el país cuenta con más de cuatrocientas especies de árboles (otras fuentes hablan de más de quinientas), y el número registrado de especies arbustivas y herbáceas (terrestres, acuáticas y semiacuáticas) supera las dos mil.

La masa boscosa del país se compone en su mayor parte (88 %) de especies latifoliadas (de hoja ancha). Entre sus representantes más conocidos se encuentran árboles como caoba, rosul, cedro, matilishuate, palo blanco, teca, conacaste,

El Brosimum alicastrum *o árbol del Ramón, forma parte de la vegetación que caracteriza el bosque muy húmedo subtropical cálido y se extiende a casi la mitad del territorio nacional.*

acacia, eucalipto, san juan, sangre, etcétera. Las coníferas (23 especies) constituyen el 6.7 por ciento; los bosques mixtos, el 3.7 por ciento; y el 0.5 por ciento corresponde al mangle.

Las zonas de vida

La zona de vida constituye la división más grande del ambiente climático, donde los factores temperatura (altura), lluvia, humedad del aire y suelo determinan la formación y el desarrollo de agrupaciones particulares de flora y fauna.

El territorio de Guatemala se divide comúnmente en catorce zonas de vida, que corresponden a cuatro regiones climáticas principales. La base científica de esta sistematización configura el mapa ecológico (escala 1:500,000) que fue elaborado por L. H. Holdridge y sus colaboradores en 1952, y renovado por el mismo autor en 1974.

Según su extensión, las zonas de vida más importantes en Guatemala son: bosque muy húmedo subtropical (cálido), bosque húmedo subtropical (cálido), bosque húmedo subtropical (templado), bosque húmedo montano bajo, bosque muy húmedo montano bajo, bosque seco subtropical, bosque muy húmedo subtropical (frío).

Bosque muy húmedo subtropical (cálido)

Esta zona abarca una superficie total de 46,509 km^2, que corresponde al 43 por ciento del territorio nacional. Se localiza a lo largo de la costa del Pacífico en una franja de aproximadamente 45 kilómetros de ancho, así como en las tierras bajas de Izabal, Alta Verapaz, Quiché, Huehuetenango y Petén. La altitud de la zona varía entre 80 y 1,600 m sobre el nivel del mar, y la precipitación anual entre 2,100 y 4,300 mm. La vegetación natural indicadora son las especies *Orbignya cohume, Terminalia amazonia, Ceiba penthandra, Brosimum alicastrum, Enterolobium ciclocarpum* y *Andira inermis.*

Bosque húmedo subtropical (cálido y templado)

La zona del bosque húmedo subtropical cálido abarca una superficie de 25,417 km^2, el 23 por ciento del territorio nacional. Se encuentra en forma extensa en la costa del Pacífico, así como en el norte de Petén, a una altura muy baja, de 0 hasta 275 m sobre el nivel del mar. La precipitación anual promedio varía entre 1,160 y 2,000 mm en esta zona. Su vegetación natural indicadora son las especies *Sterculis apetala, Platymiscium dimorphandurm, Chlorofora tinctoria, Carola alliodora, Curatela americana* y *Bombax ellipticum.*

La zona del bosque húmedo subtropical templado, con una superficie total de 12,733 km^2, se localiza en un doce por ciento del territorio guatemalteco. A una altura de 650 hasta 1,700 m sobre el nivel del mar, y con precipitaciones anuales que varían entre 1,100 y 1,350 mm, esta zona de vida se encuentra en forma dispersa en la meseta central, así como en partes de los departamentos de Quiché, Huehuetenango, Zacapa, Santa Rosa, Jutiapa, Jalapa, Chiquimula e Izabal. Su vegetación natural indicadora la constituyen las especies *Pinus oocarpa, Curatella americana, Quercus sp.* y *Byrsonimis crassifolia.*

Bosque montano bajo (húmedo y muy húmedo)

El bosque húmedo montano bajo se localiza en una superficie de 9,547 km^2, que corresponde al nueve por ciento del territorio nacional. A una altura de 1,500 hasta 2,400 m sobre el nivel del mar, recibe precipitaciones pluviales anuales de 1,050 a 1,600 mm. Esta zona de vida se encuentra al noroeste de la capital (Mixco, San Juan Sacatepéquez) hasta Chimaltenango, así como en partes de Chichicastenango y Santa Cruz del Quiché. Su vegetación natural indicadora la constituyen las especies *Quercus sp., Pinus pseudostrobus, Pinus montezumae, Alnus jorulensis, Ostrya sp., Carpinus sp.* y *Arbustus Xalapensis.*

El bosque muy húmedo montano bajo, con 5,447 km^2 de superficie total, ocupa un cinco por ciento del territorio guatemalteco. Se localiza en forma muy dispersa en las regiones montañosas del país que presentan alturas de 1,800 hasta 3,000 m

Mapa de zonas de vida vegetal, de Holdridge

Bosque húmedo subtropical
Bosque seco subtropical
Bosque pluvial subtropical templado
Bosque muy húmedo subtropical templado
Bosque húmedo subtropical templado
Bosque muy húmedo tropical
Bosque muy húmedo subtropical cálido
Bosque húmedo subtropical cálido
Bosque pluvial montano bajo
Bosque muy húmedo montano bajo
Bosque húmedo montano bajo

sobre el nivel del mar, así como precipitaciones de dos a cuatro mil milímetros al año. Su vegetación natural indicadora son las especies *Cupressus lusitanica, Chirranthodendron pentadactylon, Pinus ayacahuite, Pinus rudis, Abies guatemalensis, Pinus pseudostrobus, Alnus jorulensis* y *Quercus sp.*

Bosque subtropical (seco y muy húmedo)
Con una superficie total de 4,011 km², el bosque seco subtropical abarca el cuatro por ciento del territorio nacional. Se caracteriza por precipitaciones pluviales muy bajas, de 500 a 850 mm al

año. A una altura de 400 hasta 1,200 m sobre el nivel del mar, se encuentra en una faja angosta en el litoral del Pacífico, en el valle del río Motagua y partes de la Baja Verapaz, así como en algunos valles del nordeste de Huehuetenango. Su vegetación natural indicadora la constituyen las especies *Cochlospermun vitifolium, Suitenia humilia, Alvaradoa almorphides, Sabal mexicana, Phylocarpus septentrionalis, Ceiba aesculifolis, Albizzia carbaea, Rhizophora mangle* y *Avicenni nitida*.

El bosque muy húmedo subtropical (frío) abarca una superficie total de 2,330 km², que

El Cochlospermum vitifolium, *vegetación típica del bosque subtropical seco, abarca una reducida extensión: valles del río Motagua, Baja Verapaz, Huehuetenango y litoral del Pacífico.*

corresponde al 2 por ciento de la superficie del país. Con precipitaciones pluviales anuales que oscilan entre 2,000 y 2,500 mm, se localiza a una altitud de 1,100 hasta 1,800 m sobre el nivel del mar. Se encuentra en áreas delimitadas alrededor de Cobán, en la Alta Verapaz, en la sierra de Las Minas, en el cerro Montecristo y en el volcán Chingo. Su vegetación natural indicadora la constituyen las especies *Liquidambar styraciflua, Myrica sp., Pinus pseudostrobus, Persea schiedeana, Repanea ferrugines* y *Persea donnell smithil.*

Riesgos ambientales

En 1986 (Decreto 68-86 del Congreso de la República) se aprobó en Guatemala la Ley de Protección y Mejoramiento del Medio Ambiente, y se creó la Comisión Nacional del Medio Ambiente (CONAMA) como dependencia de la Presidencia de la República. Sin embargo, a pesar de este fortalecimiento institucional y legal en la materia, así como una creciente conciencia frente al problema dentro de la población, los procesos de deterioro ambiental en el país se han acelerado significativamente en las últimas décadas.

Pérdida de la cobertura boscosa

El riesgo ambiental más grave es la deforestación, con todos sus efectos como son, principalmente, la erosión de los suelos, la disminución de la lluvia, la degradación de fuentes y caudales de agua, así como la pérdida de la biodiversidad con la extinción de especies de flora y fauna. Es decir, las selvas y demás bosques constituyen el patrimonio natural más importante en Guatemala, pero también el más amenazado.

La tasa de la pérdida de bosques en Guatemala está entre las más rápidas del mundo, pues en la actualidad desaparecen cada año aproximadamente 900 km^2 de cobertura boscosa, que apenas son restituidos en un 12 por ciento mediante programas de reforestación. En 1960, la cubierta forestal del país era del 77 por ciento; en 1970, del 47 por ciento; y para 1985 ya se redujo al 33 por ciento. En 1990, el Plan de Acción Forestal para Guatemala estableció, por medio de imágenes del satélite LANDSAT, una cobertura para ese año de un 23 por ciento.

En las dos últimas décadas, la mayor deforestación se ha producido en las Tierras Bajas del norte (Franja Transversal, Petén) y en la sierra de

En los últimos tiempos la deforestación se ha acelerado significativamente. A ésta ha contribuido el hecho de que en las zonas rurales se utilice como principal combustible la leña.

Las Minas. En el Altiplano occidental, donde los bosques constituyen un recurso vital para la protección de las cuencas hidrográficas más importantes del país, la deforestación ha avanzado a un ritmo menor, a pesar de la alta presión demográfica sobre la región. La principal razón es el uso y manejo sostenible de los bosques —ante todo en Totonicapán— por parte de comunidades mayas que todavía conservan una cosmovisión congruente con la preservación del medio natural.

Una de las causas para la deforestación en Guatemala es el hecho de que la leña es todavía la fuente de combustible más importante, sobre todo dentro de la población rural, que constituye el 65 por ciento de la población total en el país. Sin embargo, el mayor peligro para los bosques del país se deriva del cada vez más acelerado avance de la frontera agrícola sobre tierras de vocación eminentemente forestal.

Degradación de las cuencas hidrográficas

En términos de sostenibilidad energética y productiva del país, de salubridad de la población y de protección de la biodiversidad, la progresiva degradación de la mayoría de las cuencas hidrográficas aparece como uno de los mayores riesgos ambientales en la actualidad.

Especies en vías de extinción

Entre las mayores especies vegetales en vías de extinción se encuentran el palo colorado *(Engelhordtia guatemalensis)*, el hormigo marimbo *(Platymiscium dimorphandrum)*, el granadillo *(Platymiscium yucatenum)*, varias orquídeas —entre ellas la monja blanca *(Lycaste virginalis* var. *alba)*, flor nacional—, el pinabete *(Abies guatemalensis)* y el cipresillo *(Podocarpus guatemalensis)*. Entre las especies animales en peligro de extinción se encuentra en primer lugar el quetzal *(Pharomachrus mocinno)*, ave nacional de Guatemala, seguido por el águila *(Harpia sp.)*, el carpintero *(Compehilus imperialis)*, el guan *(Oreophasis derbianus)*, la cordoniz *(Colinus virginianus* y *Gyrtomix sp.)*, la grulla *(Grus americana)*, el pock —el pato zambullidor del lago de Atitlán— *(Podilymbus gigas)*, la cotorra *(Phynohptta sp.)* y la guacamaya *(Ara macao* y *Ara militaris)*. Además de estas aves, se encuentran en vías de extinción el mono aullador *(Alouatta villosa)*, el mono araña *(Ateles geoffroyi)*, el mono cara blanca *(Cebus capuccinus)*, la nutria marina *(Enhydra nutris)*, el puma *(Felis concolor)*, los tigrillos *(Felis pardalis* y *Felis wiedii)*, el jaguar *(Panthera onca)*, el danta *(Tapirus bairdaii)* y el manatí *(Trichechus monatus)*. De la clase reptil, varios lagartos *(Crocodylos moreleti* y *Crocodylus acutus)*, el caimán de anteojos *(Alligatoridae sp.)*, la iguana *(Iguana rinophala)* y la mazacuata *(Boa constrictor)*.

Son prioridad básica los Parques Nacionales que conserven el medio natural y preserven las especies en peligro de extinción. En la imagen, tigrillo (Felis pardalis).

El biotopo Chocón-Machacas, reserva natural que toma el nombre de los dos ríos que la cruzan, cubre 7,200 hectáreas de selva tropical húmeda, manglares, lagunas y ríos de corriente lenta.

Este proceso —en gran parte resultado de la deforestación— se manifiesta principalmente en el aumento de los niveles de erosión, la reducción de los caudales y la pérdida de potencialidades de uso del agua para el consumo humano, industrial y agropecuario (riego). Asimismo, en las cuencas bajas de los ríos se registra un constante aumento de inundaciones por progresivos niveles de sedimentación a causa de la erosión en las cuencas altas.

A tales procesos de deterioro hay que agregar los alarmantes niveles de contaminación de los cuerpos de agua por desechos líquidos y sólidos (muchos altamente tóxicos), que provienen del consumo doméstico, de las industrias y de las actividades agropecuarias. Las aguas servidas, como también la basura, se depositan todavía en la gran mayoría de casos sin los tratamientos establecidos para su manejo.

Pérdida de biodiversidad

En Guatemala, un gran número —si no la mayoría— de especies vegetales y animales están en peligro de extinción, debido básicamente al deterioro o la destrucción de sus hábitat, como son los bosques, lagos y ríos. Pero también la cacería descontrolada o la extracción selectiva, el uso desmedido de insecticidas y herbicidas, y la contaminación por desechos sólidos y líquidos contribuyen a este proceso. En 1989 un estudio de USAID señalaba que todos los bosques tropicales que quedan en Guatemala pueden ser considerados hábitat críticos de especies amenazadas y endémicas. Hay muchas especies o ecotipos que están perdiendo su variabilidad, especialmente en la Costa Sur. La mayoría de especies a proteger están localizadas en los bosques del Petén, la Franja Transversal del norte y la sierra de Las Minas, que son las regiones donde se ha producido la mayor deforestacion en el país en los últimos veinte años.

La conservación del patrimonio natural

El aire, el agua, la tierra, los paisajes con su flora y fauna, y la biodiversidad en general son bienes comunes que constituyen el patrimonio natural o ecológico de Guatemala. Su protección y conservación resultan vitales, tanto para la sostenibilidad del desarrollo económico del país, que depende en alto grado de la disponibilidad de estos recursos naturales, como para la supervivencia humana en general.

Frente a las crecientes presiones sobre estos bienes comunes naturales, que conducen a su paulatina destrucción, en años recientes se han tomado en Guatemala una serie de iniciativas para su protección, conservación y uso sostenible. El fortalecimiento del sistema nacional de áreas protegidas representa uno de los pasos más importantes en esta dirección.

Los Parques Nacionales

En Guatemala, el primer mecanismo para la protección de determinados espacios naturales y arqueológicos fue la creación de Parques Nacionales a partir del Acuerdo Presidencial del 26 de mayo de 1955. Entonces se trataba de áreas con bellos paisajes y de interés turístico, sin embargo no se tenía una idea clara de cuál podía ser su función, como tampoco se llevó a cabo su legalización. La mayoría de ellos entró posteriormente en deterioro y algunos se han convertido en centros recreativos populares. Los principales Parques Nacionales, según el año de su creación, son los siguientes: Atitlán (1955), que comprende la cuenca del lago de Atitlán en el departamento de Sololá, así como las faldas de los volcanes adyacentes; Río Dulce (1955), en el departamento de Izabal, que comprende toda la cuenca del río, desde el castillo de San Felipe en la margen del lago de Izabal hasta su desembocadura en la bahía de Amatique; Cerro del Baúl o Tecún Umán (1955), en el municipio de Quetzaltenango, que engloba los terrenos municipales adyacentes al cerro; El Reformador (1955), en los terrenos municipales del mismo nombre, en el departamento de El Progreso; Laguna El Pino (1955), que comprende los terrenos de la finca Viñas, en el municipio de Barberena, en el departamento de Santa Rosa; Los Riscos de Momostenango (1955), en el municipio de Momostenango, departamento de Totonicapán; Los Aposentos (1955), que se extiende por los terrenos y bosques municipales de Chimaltenango, en el departamento del mismo nombre; Naciones Unidas (1955), en el municipio de Amatitlán, departamento de Guatemala; Cerro Miramundo (1956), en el municipio de Zacapa, departamento del mismo nombre; Las Grutas de Lanquín (1956), que comprende el contorno a las grutas, en el municipio de Lanquín, departamento de Alta Verapaz; Las Cuevas de Silvino (1961), en el municipio de Morales, departamento de Izabal; Tikal (acuerdos gubernativos de 1955 y 1962), que comprende el contorno al sitio arqueológico Tikal, en el municipio de Flores, departamento de Petén; Volcán de Pacaya (1963), que comprende el contorno del volcán, en el departamento de Escuintla, al sur de la ciudad de Guatemala. Otros Parques Nacionales son Las Victorias (1955), Bahía de Santo Tomás (1956), Santa Rosalía (1956), Sipacate-Naranjo (1969), Laguna Lachuá (1978) y El Rosario (1980).

Los Parques Nacionales, como el de Los Riscos de Momostenango (1955), en el departamento de Totonicapán, son básicos para la protección de los espacios naturales del país.

La laguna Lachuá posee una gran riqueza natural en su entorno y cuenta con numerosas especies acuáticas, lo cual convierte a este Parque Nacional en un paraíso ecológico.

El río Semuc-Champey discurre por Alta Verapaz, y constituye sólo una pequeña muestra de las grandes bellezas naturales que pueden hallarse en el llamado «corazón verde del país».

Áreas de protección cultural y biotopos

En las décadas de 1970 y 1980 se crearon bajo la administración del Instituto de Antropología e Historia (IDAEH) una serie de Áreas de Protección Cultural, que se convirtieron en parques con un alto valor arqueológico. Se trata principalmente de las áreas de Iximché (1974), Machaquilá (1974), Quiriguá (1979), Ixcún (1979), Naj-Tunich (1979), Ceibal (1984), Dos Pilas (1987) y Aguateca (1987).

En el mismo período se establecieron también los primeros biotopos, manejados por el Centro de Estudios Conservacionistas de la Universidad de San Carlos (CECON), y en parte por el Instituto Guatemalteco de Turismo (INGUAT). Los principales biotopos que se establecieron entonces, con objetivos de conservación y educación ecológica, son Monterrico (1976), en la costa del Pacífico; El Quetzal o Mario Dary (1981), en la

Baja Verapaz; Chocón-Machacas (1987), en Izabal; así como Cerro Cahui (1981) y San Miguel-El Zotz (1989), en Petén.

El Sistema de Áreas Protegidas

Fue en 1989 cuando el Congreso de la República emitió el Decreto 4-89, que declaró 44 lugares del país como áreas protegidas y creó al mismo tiempo el Consejo Nacional de Áreas Protegidas (CONAP) con la obligación de establecer el Sistema Guatemalteco de Áreas Protegidas (SIGAP).

Hasta 1997 se habían establecido en Guatemala setenta áreas protegidas declaradas, y otras 135 áreas se encuentran en fase de propuesta. Además, el SIGAP ya forma parte del Sistema Centroamericano de Áreas Protegidas (SICAP), y existe la iniciativa de implementar el sistema de corredores ecológicos.

Con la nueva legislación de áreas protegidas, parte de los antiguos Parques Nacionales recibieron un reconocimiento legal para que pudieran cumplir una función ecológica, al mismo tiempo que se creaban nuevos parques, como los de Sierra de Lacandón, Laguna del Tigre, El Mirador y Río Azul, en Petén (1990). Asimismo, se integraron al Sistema Guatemalteco de Áreas Protegidas nuevos Parques Arqueológicos, como Uaxactún, Abaj-Takalik, Altar de los Sacrificios y El Ceibal. Algunas formaciones naturales o paisajes muy particulares fueron declarados Monumento Nacional, como la sierra de Santa Cruz; la cumbre de María Tecún, en Totonicapán; o Semuc-Champey, en Alta Verapaz. Además de estas categorías de manejo para las áreas protegidas, existen otras como reserva biológica, reserva forestal, refugio de vida silvestre, reserva marina y reserva de la biosfera.

Reservas de la Biosfera

El concepto de Reserva de la Biosfera es reciente y forma parte de los sistemas de áreas protegidas. Las Reservas de la Biosfera comprenden un sistema internacional de áreas manejadas para proteger la naturaleza, aportando al mismo tiempo beneficios al ser humano. Este mecanismo ayuda a los países participantes a proteger ejemplares de la naturaleza como patrimonio global.

En 1990, mediante el Decreto 5-90 del Congreso de la República se creó en Guatemala la Reserva de Biosfera Maya (RBM), que protege 1.5 millones de hectáreas de bosques y comprende toda la región norte de Petén. Como ecosiste-

El clima tropical húmedo de Petén ha dado lugar a una vegetación de selva tropical (caoba, cedro, hule, capomo, amate) y a una vegetación higrófila en las orillas de los abundantes lagos.

mas específicos, su territorio incluye sabanas, bosques húmedos subtropicales, bosques pluviales subtropicales y humedales. Es el área protegida más extensa del país, y colinda con la Reserva de la Biosfera de Calakmul, en México, y con la de Río Bravo, en Belice. Junto con éstas, la RBM integra la quinta reserva mundial de bosque tropical. Además, es una de las reservas más importantes de germoplasma de América, y enlaza los continentes de América del Norte y América del Sur. También la combinación de grandes extensiones de bosque con cientos de lugares arqueológicos hace que la RBM sea única en el mundo. Por su tamaño, la reserva representa la mayor esperanza para la supervivencia de la guacamaya, el jaguar y otras especies que ya han desaparecido de la mayor parte de Centroamérica.

En el ámbito internacional, la RBM está reconocida por las Naciones Unidas como Reserva de la Biosfera y como Sitio de Patrimonio Mundial (Tikal). Bajo el Convenio para la Conservación de la Biodiversidad de América Central se la considera como una de las áreas más importantes para la conservación en toda la región. De forma específica, sus humedales están reconocidos entre los más importantes del mundo. En total, la RBM ocupa un área de 21,130 km^2, equivalente al 19 por ciento del territorio nacional. Contiene la mayor parte del bosque tropical que aún queda en Guatemala y la mitad de la superficie boscosa del país.

Para su manejo específico, la reserva se divide en diferentes zonas. Las ocho «Zonas Núcleo» de la RBM son áreas donde la fauna y la flora están estrictamente protegidas. Sin embargo, se permite investigación científica y turismo de bajo impacto. Estas zonas son declaradas como Biotopo (Dos Lagunas, El Zotz, parte de Laguna del Tigre) y Parques Nacionales (El Mirador, Río Azul, Tikal, Laguna del Tigre, Sierra del Lacandón).

La «Zona de Uso Múltiple» es un área donde se permiten diversos usos de suelo y actividades extractivas, siempre y cuando se lleven a cabo de manera sostenible y con un mínimo de daño al medio natural.

La sierra de Las Minas atraviesa los departamentos de Alta Verapaz y Zacapa, tiene una
orientación sudoeste-nordeste y está limitada
por los ríos Polochic y Motagua.

La «Zona de Amorti-
guamiento» forma una
franja de 15 km de ancho
sobre el margen sur de la
RBM, donde se promue-
ven actividades que conservan el bosque y apoyan
la función del área como amortiguador para la
reserva en sí.

El ente responsable para el manejo de la
Reserva de la Biosfera Maya es el Consejo Nacional de Áreas Protegidas (CONAP), en coordinación con el Instituto de Antropología e Historia
(IDAEH) y el Centro de Estudios Conservacionistas de la Universidad de San Carlos (CECON).

La sierra de Las Minas, una de las cadenas
montañosas más espectaculares de Centroamérica, fue declarada Reserva de Biosfera en 1990 (decreto gubernativo
49-90). Su administración legal
está a cargo de la Fundación Defenso-
res de la Naturaleza, una organización
privada sin fines de lucro.

El aislamiento geográfico de esta
reserva, las diversas elevaciones y la
variedad de hábitat han permitido

el desarrollo de una im-
presionante variedad de
flora y fauna en sus grandes extensiones de bos-
que. En la sierra de Las
Minas están representadas por lo menos cinco
zonas de vida con sus distintos tipos de vegetación, desde bosque seco hasta bosque nuboso.
Aquí se encuentra el setenta por ciento de todas
las especies de mamíferos, aves y reptiles registrados en el país. Además, su bosque nuboso es uno
de los últimos refugios del quetzal, ave nacional
de Guatemala.

Esta reserva de biosfera es asimismo la fuente
más grande de agua de todo el país, pues el bosque nuboso de la sierra de Las Minas funciona
como una esponja: en su enorme cantidad de
hojas se condensa la humedad de las nubes que
atraviesan la zona.

El agua captada por la espesa vegetación no
sólo alimenta los 63 ríos permanentes del
área, sino también los acuíferos subterráneos que constituyen la principal fuente de agua de muchas
localidades del país.

Los departamentos

La división administrativa del territorio

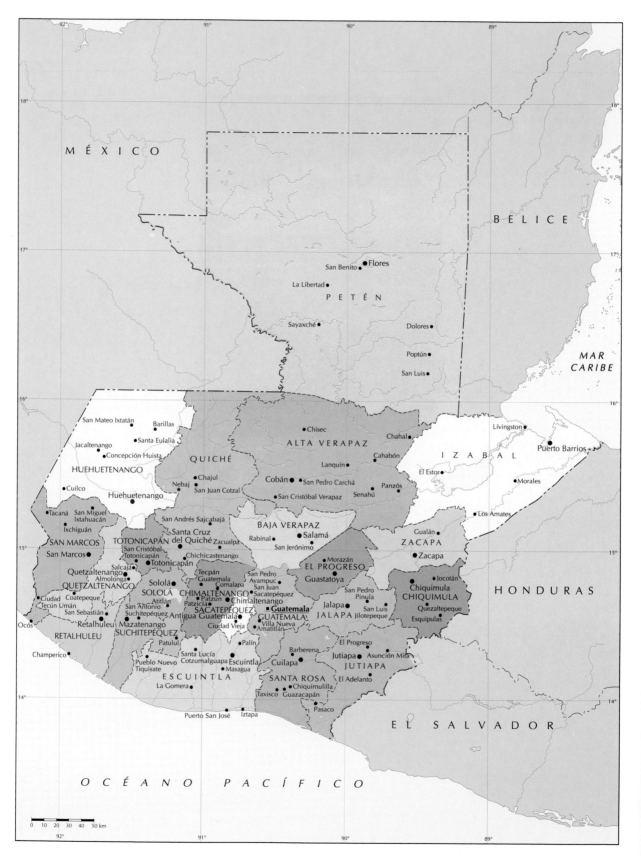

La división administrativa del territorio

 partir de la primera Constitución guatemalteca de 1825, el territorio de la República de Guatemala se dividió, para su administración, en departamentos y éstos en municipios. El número y la delimitación de los departamentos y sus municipios han variado mucho en el transcurso del tiempo, así como también sus regímenes administrativos. En la última Constitución política de Guatemala, redactada en 1985, se dispuso, como una tercera dimensión de administración territorial, el establecimiento de regiones de desarrollo que podrán estar constituidas por uno o más departamentos. Sus autoridades también son nombradas por el gobierno central. De acuerdo con esta disposición, la Ley Preliminar de Regionalizacón de 1986 (decreto 70-86) delimitó ocho regiones con sus respectivos Consejos de Desarrollo (decreto 52-87).

En la actualidad, el país está dividido en 22 departamentos con un total de 330 municipios. Los gobiernos departamentales son nombrados por el presidente de la República, mientras el

El municipio de San Pedro La Laguna, próximo al lago Atitlán, gana, día a día, interés turístico.

régimen municipal es autónomo y los alcaldes son electos por la población.

Departamento de Alta Verapaz

El departamento de Alta Verapaz fue creado por el decreto ejecutivo número 81, del 4 de mayo de 1877. Anteriormente —a partir de la Constitución de 1825— formaba, junto con Baja Verapaz, el departamento único de Verapaz. En la actualidad tiene quince municipios: Cahabón, Chahal, Chisec, Cobán, Fray Bartolomé de las Casas, Lanquín, Panzós, San Cristóbal Verapaz, Santa Cruz Verapaz, San Juan Chamelco, San Pedro Carchá, Senahú, Tactic, Tamahú y Tucurú.

Según el censo de 1994, tiene una extensión de 8,686 km^2 y 543,777 habitantes, con una densidad promedio de población de 63 habitantes por km^2. Desde 1970, la Alta Verapaz se convirtió en una región atractiva para los inmigrantes, debido a la expansión de la frontera agrícola en las tierras bajas del norte del país. Es el segundo departamento en crecimiento de población, después de

Región	Nombre	Departamentos
El sistema de regionalización en Guatemala (a partir de 1986)		
I	Metropolitana	Guatemala
II	Norte	Alta Verapaz, Baja Verapaz
III	Nororiental	Izabal, Chiquimula, Zacapa, El Progreso
IV	Sudoriental	Jalapa, Jutiapa, Santa Rosa
V	Central	Sacatepéquez, Chimaltenango, Escuintla
VI	Sudoccidental	Sololá, Totonicapán, Quetzaltenango, Suchitepéquez, Retalhuleu, San Marcos
VII	Noroccidental	Huehuetenango, Quiché
VIII	Petén	Petén

Cobán, cabecera del departamento de Alta Verapaz, con un censo de 33,996 habitantes, muchos procedentes de Baja Verapaz, es la cuarta ciudad de mayor crecimiento demográfico del país.

Petén, con el que limita al norte. El 84 por ciento de los habitantes del departamento son población rural y la población indígena (90 %) es mayoritaria. Pertenecen sobre todo a las etnias kekchí *(q'eqchi')* y pokomchí *(poqomchi')*.

El relieve es muy complejo, con altiplanicies y terrenos quebrados en las partes centrales y tierras bajas en las zonas límites del norte y sudeste (hacia Izabal). Esta región se caracteriza por la presencia de numerosos ríos subterráneos y grutas, y las cuevas de Lanquín y los balnearios naturales en el vecino Semuc-Champey son importantes atracciones turísticas. Las temperaturas del departamento varían, según la altura, desde zonas templadas hasta zonas calientes. El régimen de lluvia en la Alta Verapaz tiene características propias, pues no se manifiestan estaciones bien marcadas como en el resto del país, sino una lluvia suave y casi constante, que los lugareños llaman «chipe-chipe». Este fenómeno se explica por los húmedos vientos alisios que soplan desde la costa del Atlántico, provocando lluvias cuando se encuentran con los relieves altos en la Verapaz. Los bosques húmedos del departamento son famosos por su gran variedad de orquídeas, entre ellas la Monja Blanca, flor nacional de Guatemala.

La cabecera Cobán es, con un censo de 33,996 habitantes en 1994, la cuarta ciudad del país, y se encuentra a una altura de 1,317 m sobre el nivel del mar. En la actualidad es la ciudad con mayor crecimiento de población después de Flores en Petén.

Departamento de Baja Verapaz

Al igual que la Alta Verapaz, el departamento de Baja Verapaz fue creado mediante el decreto ejecutivo número 81 en 1877, y está formado por ocho municipios: Cubulco, El Chol, Granados, Purulhá, Rabinal, Salamá, San Miguel Chicaj y San Jerónimo.

El departamento alcanza una extensión de 3,124 km^2 y tiene 155,480 habitantes, según el censo de 1994. La densidad promedio de población es de 50 habitantes por km^2, una de las más bajas del país. Es una región que expulsa población, en parte hacia la vecina Alta Verapaz, y su crecimiento demográfico es muy bajo. La población rural constituye la gran mayoría (79 %), y el 44 por ciento de sus habitantes son indígenas, pertenecientes a las etnias kekchí, pokomchí, cak-

Los mercados tradicionales, como el del municipio de Patzún, en el departamento de Chimaltenango, reflejan la dependencia de la economía de la República con respecto a las actividades primarias.

El estilo colonial de la arquitectura del país está presente en el Santuario de Esquipulas, departamento de Chiquimula, donde se venera al famoso Cristo Negro, de Quirio Cataño.

chiquel *(kaqchikel)* y achí *(achi')*. La Baja Verapaz, desde el punto de vista geográfico, constituye una zona transitoria entre la Alta Verapaz y el oriente del país, con un clima relativamente cálido y seco (99 días de lluvia al año). En el límite norte del departamento se encuentra, como atracción turística, el biotopo del Quetzal, llamado así por la presencia del ave nacional de Guatemala.

La cabecera del departamento es Salamá, con 10,430 habitantes en 1994, y está situada a 940 m sobre el nivel del mar.

Departamento de Chimaltenango

El departamento de Chimaltenango fue creado por decreto de la Asamblea Constituyente del Estado de Guatemala, el 12 de septiembre de 1839. En la actualidad tiene 16 municipios: Acatenango, Chimaltenango, Comalapa, El Tejar, Parramos, Patzicía, Patzún, Pochuta, Santa Apolonia, San Andrés Itzapa, Santa Cruz Balanyá, San José Poaquil, San Martín Jilotepeque, Tecpán Guatemala, Yepocapa y Zaragoza.

Con una extensión de 1,979 km² y 314,813 habitantes (censo de 1994), su densidad de población es bastante alta (159 habitantes por km²). El departamento es una zona de tránsito entre la región metropolitana y el Altiplano occidental indí-

gena. Tiene una proporción relativamente alta de población urbana (42 %) y la población indígena de la etnia cakchiquel constituye el 78 por ciento. Su relieve es muy variado, en parte quebrado y lleno de barrancos profundos, pero también existen valles hermosos y anchas llanuras con suelos muy fértiles. El clima del departamento en general es templado. La cabecera Chimaltenango tiene 26,465 habitantes según el censo de 1994, y se encuentra a una altura de 1,800 m sobre el nivel del mar. Ya era una ciudad importante del reino cakchiquel, llamada Boko', y su posterior fundación española, atribuida al capitán Pedro de Portocarrero, data del año 1526.

Departamento de Chiquimula

Conocido durante la colonia como Corregimiento de Chiquimula de la Sierra, era uno de los siete departamentos que se crearon al promulgarse la primera Constitución del Estado de Guatemala, con fecha del 4 de noviembre de 1825. Hasta 1871, Zacapa formaba parte del departamento de Chiquimula. En la actualidad tiene once municipios: Camotán, Chiquimula, Concepción Las Minas, Esquipulas, Ipala, Jocotán, Olopa, Quezaltepeque, San Jacinto, San José La Arada y San Juan Ermita.

La religión, que combina las tradiciones católicas y las costumbres ancestrales prehispánicas,

tiene su manifestación en templos como el de San Cristóbal Acasaguastlán, en El Progreso.

El volcán de Pacaya (2,522 m), en el límite de los departamentos de Escuintla y Guatemala,

pertenece, junto al volcán de Agua, al eje volcánico que se extiende paralelo a la costa del Pacífico.

Chiquimula tiene una extensión de 2,376 km² y 230,767 habitantes, según el censo de 1994. Su densidad de población es de 97 habitantes por kilómetro cuadrado. Aunque pertenece al oriente del país, donde predomina la población ladina, en Chiquimula se encuentran comunidades de la etnia chortí *(ch'orti')*, y la población indígena en general constituye el 30 por ciento. La población rural representa el 75 por ciento. La altura en el departamento es variada, pues desde Jalapa penetra un brazo de la Sierra Madre, el cual forma, de sur a norte, la Sierra o Montaña del Merendón, marcando el límite entre Guatemala y Honduras. En sus cumbres se encuentran altiplanicies y terrenos quebrados. La temperatura varía con la altura, pero predominan las zonas cálidas.

La cabecera del departamento es Chiquimula, cuenta con 27,644 habitantes (censo de 1994) y se encuentra a una altura de 424 m sobre el nivel del mar. Otra ciudad importante del departamento es Esquipulas, muy famosa por su templo con la venerada imagen del Cristo de Esquipulas (o Cristo Negro).

Departamento de El Progreso

La primera creación del departamento de El Progreso está fechada el 13 de abril de 1908 , según el decreto número 683. En 1919 (decreto del 25 de diciembre) cambió su nombre por el de «Estrada Cabrera». En 1920 se suprimió este departamento, volviéndose a crear nuevamente bajo el nombre original por medio de decreto legislativo 1965 del 3 de abril de 1934. En la actualidad tiene ocho municipios: El Jícaro, Guastatoya, Morazán, Sansare, Sanarate, San Antonio La Paz, San Agustín Acasaguastlán y San Cristóbal Acasaguastlán.

La extensión de El Progreso es de 1,922 km² y tiene una población de 108,400 habitantes, según el censo de 1994. Su densidad demográfica es moderada, con 56 habitantes por km². El 74 por ciento es población rural y es un departamento netamente ladino (98 %). Situado al nordeste del departamento de Guatemala, sobre la carretera al Atlántico, su clima es templado hasta cálido y varía, según el relieve, que desciende de oeste a este.

La cabecera departamental es Guastatoya, con 5,145 habitantes en 1994, y se localiza a una altura de 517 m sobre el nivel del mar.

Departamento de Escuintla

Escuintla es uno de los departamentos más antiguos, creado por decreto de la Asamblea Constituyente del 4 de noviembre de 1825. En la actualidad tiene trece municipios: Escuintla, Guanagazapa,

Iztapa, La Democracia, La Gomera, Masagua, Nueva Concepción, Palín, San José, Santa Lucía Cotzumalguapa, San Vicente Pacaya, Siquinalá y Tiquisate.

Ubicado al sur del departamento de Guatemala, sobre la carretera del Pacífico, su extensión es de 4,384 km² y cuenta con 386,534 habitantes (censo de 1994). La densidad de población es de 88 habitantes por km². Escuintla forma la parte central de la costa sur del país, tiene un 63 por ciento de población rural y el 94 por ciento de sus habitantes son ladinos. El departamento se extiende desde la cordillera volcánica del país, en cuyo territorio se encuentra el activo volcán de Pacaya, hasta la orilla del océano Pacífico. En las partes bajas el clima es caliente, y en las partes altas, desde templado hasta fresco. En el departamento se encuentra el puerto Quetzal (al este del antiguo puerto de San José), el principal de la costa del Pacífico. La cabecera Escuintla es, con 49,026 habitantes, la tercera ciudad del país y se localiza en la bocacosta, a una altura de 347 m sobre el nivel del mar.

Departamento de Guatemala

El departamento de Guatemala fue creado el 4 de noviembre de 1825, por decreto de la primera Asamblea Constituyente. En la actualidad, el departamento de Guatemala está formado por 17 municipios.

La ciudad de Guatemala, centro político, social, cultural y económico de la República, fue fundada en 1776 para reemplazar la Antigua Guatemala, destruida por el terremoto de 1773.

Los municipios del departamento de Guatemala	
Municipio	**Habitantes 1994**
Guatemala	823,301
Santa Catarina Pinula	38,628
San José Pinula	24,471
San José del Golfo	4,213
Palencia	34,239
Chinautla	63,463
San Pedro Ayampuc	20,260
Mixco	305,207
San Pedro Sacatepéquez	21,009
San Juan Sacatepéquez	88,766
San Raymundo	15,082
Chuarrancho	7,091
Fraijanes	17,166
Amatitlán	54,930
Villa Nueva	192,069
Villa Canales	62,334
Petapa	41,506

Con una extensión de 2,126 km² y 1,813,825 habitantes (censo de 1994), es el departamento más densamente poblado del país y corresponde a la región metropolitana. Aunque se encuentran todavía municipios netamente rurales, sobre todo en la parte norte del departamento, el 71 por ciento de sus habitantes es calificado como población urbana. La población indígena constituye el 13 por ciento, entre inmigrantes y grupos propios de la región, cakchiquel y pokomam *(poqomam)*. La topografía de la parte norte, correspondiente a cordones montañosos del sistema de la Sierra Madre, es bastante accidentada, mientras que la parte sur presenta relieves menos abruptos y valles amplios. El clima en general es templado, pero varía según la altura.

Su cabecera es la ciudad de Guatemala, capital de la República, con 823,301 habitantes según el censo de 1994. Está situada en la parte central del departamento, que constituye el valle de la Ermita (también llamado de las Vacas o de la Asunción), a una altitud media de 1,500 m sobre el nivel del

La ciudad de Huehuete-
nango, al pie de la sierra
de los Cuchumatanes,
está situada en una ex-
tensa llanura. Es célebre
su mercado cubierto que
reúne a gente de toda la
provincia.

mar. En términos geológicos, el valle es un graben
que parte de la Sierra Madre de Guatemala y está
limitado, en sus extremos oriental y occidental,
por dos cadenas de montañas con una altura de
aproximadamente 1,900 m sobre el nivel del mar,
aunque algunas cumbres alcanzan los 2,500 m.
La capital también está localizada exactamente
sobre la línea divisoria de las vertientes hidrográficas del Atlántico y del Pacífico, que divide el valle en dos cuencas que drenan hacia el norte y el
sur. Debido al material volcánico que rellenó el
graben durante miles de años, el cual se erosiona
fácilmente, en el valle se formó un sistema de
profundos barrancos que fue determinante en el
desarrollo urbano de la capital y del área metropolitana.

Departamento de Huehuetenango
Huehuetenango apareció por primera vez como
departamento del Estado de Los Altos (decreto
del 2 de noviembre de 1839), pero ya en 1840
fue disuelto. En 1866, por decreto del 8 de mayo,
se convirtió definitivamente en departamento. En
la actualidad tiene 31 municipios: Aguacatán, Barillas, Chiantla, Colotenango, Concepción Huista,
Cuilco, Huehuetenango, Ixtahuacán, Jacaltenan-
go, La Democracia, La Libertad, Malacatancito,
Nentón, San Antonio Huista, San Gaspar Ixchil,
San Juan Atitán, San Juan Ixcoy, San Mateo Ixtatán, San Miguel Acatán, San Pedro Necta, San Rafael La Independencia, San Rafael Petzal, San Sebastián Coatán, San Sebastián Huehuetenango,
Santa Ana Huista, Santa Bárbara, Santa Eulalia,
Santiago Chimaltenango, Soloma, Tectitán y Todos Santos Cuchumatán.

El departamento de Huehuetenango tiene una
extensión de 7,400 km² y 634,374 habitantes, según el censo de 1994, con una densidad de población de 86 habitantes por km². Es un departamento netamente agrícola, con un 85 por ciento
de población rural. La población indígena constituye el 64 por ciento y está formada por las etnias
acateco (akateko), aguacateco (awakateko), chuj,
quiché, mam, poptí (popti'), kanjobal (q'anjob'al)
y tektiteco (tektiteko). El territorio del departamento forma parte del Altiplano occidental del
país y es atravesado por la Sierra Madre. En su
complejo relieve se encuentran cumbres muy altas, llanuras dilatadas, quebradas y profundos barrancos. La temperatura varía según la altura, que
oscila entre tres mil y trescientos metros sobre el
nivel de mar.

La cabecera Huehuetenango tiene una población de 19,922 habitantes según el censo de 1994
y se encuentra a 1,902 m sobre el nivel del mar.

Departamento de Izabal
Este departamento de la costa Atlántica fue creado
por el acuerdo gubernativo del 8 de mayo de 1866,
y está formado por cinco municipios: El Estor, Lívingston, Los Amates, Morales y Puerto Barrios. Izabal tiene una extensión de 9,038 km² y una población de 253,153 habitantes (censo de 1994). Su
densidad de población, con 28 habitantes por km²,
es la más baja en el país después de Petén. En un 80
por ciento su población es rural y el 23 por ciento
del total corresponde a población indígena de la etnia kekchí, que llegó allí desde las Verapaces. En el
departamento se encuentra también el grupo garífuna de origen afrocaribeño que vive en la costa, sobre todo en Lívingston. Izabal se caracteriza por ser
una de las regiones más atractivas para el turismo,
gracias al paisaje único del Río Dulce y a las ruinas
precolombinas de Quiriguá.

La cabecera del departamento es Puerto Barrios, con 29,095 habitantes según el censo de

En Petén, el departamento más grande del país, se puede encontrar la segunda selva tropical mayor del continente después de la Amazonia, con 30,000 km² en la zona norte del territorio.

1994, y está situada en la orilla de la bahía de Amatique. Era el puerto principal de la costa del Atlántico, hasta que se construyó, en la década de 1950, el nuevo puerto de Santo Tomás de Castilla.

Departamento de Jalapa

El oriental departamento de Jalapa se creó a través del decreto 106 del 26 de noviembre de 1873. En la actualidad está formado por siete municipios: Jalapa, Mataquescuintla, Monjas, San Carlos Alzatate, San Luis Jilotepeque, San Manuel Chaparrón y San Pedro Pinula. Jalapa tiene una extensión de 2,063 km² y 196,940 habitantes, según el censo de 1994. Su densidad de población es de 96 habitantes por km². El 73 por ciento de la población es rural y el 37 por ciento indígena del grupo pokomam. Su territorio es montañoso y quebrado, con un ramal de la Sierra Madre en el sur, aunque también se encuentran altiplanicies y hermosos valles. En general, el clima es templado, y más frío en las partes altas.

La cabecera, Jalapa, tiene 23,884 habitantes (1994) y se localiza a una altura de 1,362 m sobre el nivel del mar.

Departamento de Jutiapa

Jutiapa, uno de los departamentos orientales de Guatemala, fue creado a través del acuerdo gubernativo del 8 de mayo de 1852. En la actua-
lidad está formado por 17 municipios: Agua Blanca, Asunción Mita, Atescatempa, Comapa, Conguaco, El Adelanto, El Progreso, Jalpatagua, Jerez, Jutiapa, Moyuta, Pasaco, Quesada, San José Acatempa, Santa Catarina Mita, Yupiltepeque y Zapotitlán.

El departamento tiene 3,219 km² de extensión y 307,491 habitantes (censo de 1994), con una densidad promedio de 96 habitantes por km². El 80 por ciento de su población es rural y el 95 por ciento, ladino. Predominan mesetas de altura mediana y el clima es templado y seco, con sólo 49 días de lluvia al año.

La cabecera es Jutiapa, con 14,642 habitantes en 1994, y se localiza a una altura de 906 m sobre el nivel del mar.

Departamento de Petén

El norteño departamento de Petén (o El Petén) se creó a través del acuerdo gubernativo del 8 de mayo de 1866 y en la actualidad tiene doce municipios: Dolores, Flores, La Libertad, Melchor de Mencos, Poptún, San Andrés, San Benito, San Francisco, San José, San Luis, Santa Ana y Sayaxché. Con una extensión de 35,854 km², es el departamento más grande del país y al mismo tiempo el más periférico. En 1994 tenía 224,884 habitantes y la densidad de población es, con seis habitantes por km², la más baja en el país. Sin embargo, Petén es el departamento que manifiesta el más al-

Quetzaltenango, conocida todavía con el nombre quiché Xelajú, es la segunda ciudad del país.

En ella se entremezclan construcciones suntuosas con edificaciones de carácter rural.

En la población guatemalteca se pueden distinguir dos grandes grupos: indígenas (55 %) y ladinos (42 %). En la imagen, mujeres y niños de la etnia quiché, del departamento de Sololá.

to crecimiento de población, por una masiva inmigración provocada por la expansión de la frontera agrícola hacia el norte del país. También el turismo hacia Petén ha aumentado considerablemente, debido a su gran riqueza en sitios arqueológicos (en primer lugar destaca Tikal como Patrimonio de la Humanidad), así como su atracción paisajística, ya que es una de las más grandes reservas de bosque tropical de Latinoamérica. El 83 por ciento de la población petenera es rural, y los habitantes indígenas constituyen el 26 por ciento. En gran parte se trata de etnias inmigradas (mam, kekchí), pero también de grupos propios de la región, como el itzá *(itzaj)* y el mopán *(mopan)*.

La cabecera Flores, aunque sólo cuenta con 9,330 habitantes (censo de 1994), es la ciudad con más alta tasa de crecimiento en Guatemala, con un aumento del 532 por ciento en su población entre 1973 y 1994.

Departamento de Quetzaltenango

El departamento de Quetzaltenango se creó según el decreto de la Asamblea Constituyente del 16 de septiembre de 1845. En la actualidad tiene 24 municipios: Almolonga, Cabricán, Cajolá, Cantel, Coatepeque, Colomba, Concepción Chiquirichapa, El Palmar, Flores Costa Cuca, Génova, Huitán, La Esperanza, Olintepeque, San Juan Ostuncalco, Palestina De Los Altos, Quetzaltenango, Salcajá, San Carlos Sija, San Francisco La Unión, San Mateo, San Martín Sacatepéquez, San Miguel Sigüilá, Sibilia y Zunil.

Su extensión es de 1,951 km^2 y, según el censo de 1994, tiene 503,857 habitantes. La densidad de población es muy alta, con 258 habitantes por kilómetro cuadrado, debido ante todo a una concentración relativamente alta de población urbana en el departamento (40 %). La población indígena constituye el 60 por ciento (principalmente del grupo mam). Aunque la mayor parte del departamento pertenece al Altiplano occidental de Guatemala, se extiende hasta la boca costa del Pacífico. El clima varía con la altura, desde frío hasta templado y cálido. La cabecera Quetzaltenango, también conocida con el nombre Xelajú, es la segunda ciudad del país, con 90,801 habitantes en 1994. Se localiza a una altura de 2,333 m sobre el nivel del mar y es el principal centro urbano de la región del Altiplano.

Departamento de Quiché

El departamento de Quiché (o El Quiché) se creó por decreto 72 del 12 de septiembre de 1872, y está formado por 21 municipios: Canillá, Chajul, Chicamán, Chiché, Chinique, Chichicastenango,

Cunén, Ixcán, Joyabaj, Nebaj, Pachalum, Patzité, Sacapulas, San Antonio Ilotenango, San Andrés Sajcabajá, San Bartolomé Jocotenango, San Juan Cotzal, San Pedro Jocopilas, Santa Cruz del Quiché, San Miguel Uspantán y Zacualpa. Tiene una extensión de 8,378 km² y 437,669 habitantes según el censo de 1994, con una densidad promedio de 52 habitantes por kilómetro cuadrado. El 85 por ciento de la población es rural, y la presencia indígena es del 84 por ciento. Como grupos étnicos, en este departamento encontramos los ixil, quiché, pokomchí, kekchí, sacapulteco *(sakapulteko)* y uspanteco *(uspanteko)*. El Quiché, que limita al norte con México, se encuentra todavía en una posición periférica y con poca comunicación con el resto del país. Su relieve es muy variado y predominan los climas fríos y templados, aunque cuenta con algunas zonas cálidas. La cabecera del departamento es Santa Cruz del Quiché, con 14,352 habitantes en 1994, y se encuentra a una altura de 2,021 m sobre el nivel del mar.

Departamento de Retalhuleu
El departamento de Retalhuleu fue creado según el decreto 194 del 16 de octubre de 1877. Tiene nueve municipios: Champerico, El Asintal, Nuevo San Carlos, Retalhuleu, San Andrés Villa Seca, San Felipe, San Martín Zapotitlán, San Sebastián y Santa Cruz Muluá.

Su extensión es de 1,856 km², tiene 188,764 habitantes según el censo de 1994 y una densidad promedio de 102 habitantes por kilómetro cuadrado. El 72 por ciento de la población es rural y el 33 por ciento son indígenas, sobre todo de los grupos mam y quiché. Es un departamento de la costa sur, con relieve poco accidentado y clima caliente. La cabecera Retalhuleu tiene 27,563 habitantes (1994) y se encuentra a una altura de 239 m sobre el nivel del mar.

Departamento de Sacatepéquez
El departamento fue uno de los primeros que creó la Asamblea Constituyente del 4 de noviembre de 1825. En la actualidad tiene 16 municipios: Alotenango, Antigua Guatemala, Ciudad Vieja, Jocotenango, Magdalena Milpas Altas, Pastores, San Antonio Aguas Calientes, Santa Catarina Barahona, Santa María de Jesús, San Bartolomé Milpas Altas, San Lucas Sacatepéquez, San Miguel Dueñas, Santiago Sacatepéquez, Santa Lucía Milpas Altas, Santo Domingo Xenacoj y Sumpango.

Desde la ciudad de Antigua, cabecera del departamento de Sacatepéquez, donde las viviendas son de colores vivos, se puede admirar la figura del volcán de Agua, con 3,766 m de altura.

Con una extensión de sólo 465 km², es el departamento más pequeño de Guatemala, pero tiene una población de 180,647 habitantes. En consecuencia, con 389 habitantes por km², es el departamento más densamente poblado, luego de la región metropolitana, con la cual colinda al este. Su proporción de población urbana es muy alta, con un 71 por ciento, y la población indígena (sobre todo del grupo cakchiquel) constituye el 42 por ciento. El departamento se encuentra en las mesetas superiores de la Sierra Madre y su clima es templado.

Su cabecera es la ciudad de Antigua, situada a una altura de 1,530 m sobre el nivel del mar, y con 16,357 habitantes según el censo de 1994. Asentada en el valle de Panchoy, Antigua fue, de 1543 a 1775 (cuando se abandonó a raíz de los terremotos de Santa Marta de 1773), la capital del entonces Reyno de Guatemala, bajo el nombre de Santiago de los Caballeros de Guatemala. En 1566 recibió del rey Felipe II el título de Muy Noble y Muy Leal Ciudad. Hoy es Monumento Nacional y Patrimonio de la Humanidad, además de una gran atracción para turistas de todo el mundo.

El departamento de San Marcos, de población mayoritariamente mestiza, se caracteriza por un relieve de grandes alturas. Al fondo, el volcán Tacaná (4,092 m), que aún hoy está activo.

Departamento de San Marcos

El departamento de San Marcos se creó el 8 de mayo de 1866, y tiene 29 municipios: Ayutla, Catarina, Comitancillo, Concepción Tutuapa, El Tumbador, El Rodeo, El Quetzal, Esquipulas Palo Gordo, Ixchiguán, La Reforma, Malacatán, Nuevo Progreso, Ocós, Pajapita, Río Blanco, San Antonio Sacatepéquez, San Pedro Sacatepéquez, San Cristóbal Cucho, San Marcos, San Miguel Ixtahuacán, San José Ojetenam, San Lorenzo, San Pablo, San Rafael Pie de la Cuesta, Sibinal, Sipacapa, Tacaná, Tajumulco y Tejutla.

Con una extensión de 3,791 km^2 y 645,418 habitantes en 1994 , su densidad de población es de 170 habitantes por km^2. La población rural constituye el 87 por ciento y la población indígena el 43 por ciento, compuesta por los grupos mam y sipacapense *(sipakapense)*. Predominan las grandes alturas, como parte del Altiplano occidental, y el clima va desde templado hasta frío. Sin embargo, la parte sur de su territorio se extiende hasta la cálida costa del Pacífico.

La cabecera San Marcos tiene 8,851 habitantes (1994) y se encuentra a una altura de 2,398 m sobre el nivel del mar.

Departamento de Santa Rosa

El departamento de Santa Rosa se creó por acuerdo gubernativo del 8 de mayo de 1852 y está formado por catorce municipios: Barberena, Casillas, Chiquimulilla, Cuilapa, Guazacapán, Nueva Santa Rosa, Oratorio, Pueblo Nuevo Viñas, San Juan Tecuaco, San Rafael Las Flores, Santa Cruz Naranjo, Santa María Ixhuatán, Santa Rosa de Lima y Taxisco.

Santa Rosa tiene una extensión de 2,955 km^2, una población de 246,698 habitantes (1994) y una densidad demográfica de 84 habitantes por km^2. La población rural representa la mayoría, con el 76 por ciento, y es un departamento netamente ladino (97 %). La geografía del departamento es variada, con valles profundos, eminencias y altiplanicies, y el clima demuestra la misma variedad, entre templado y cálido. La cabecera es Cuilapa, con 8,495 habitantes en 1994, y se encuentra a una altura de 893 m sobre el nivel del mar.

Departamento de Sololá

El departamento de Sololá se creó el 4 de noviembre de 1825, y tiene 19 municipios: Concepción, Nahualá, Panajachel, Santiago Atitlán, San

Al aire libre se celebran multitud de mercados, como el de Sololá, donde pueden observarse la gran riqueza y variedad de los productos que ofrecen las tierras de Guatemala.

En la ciudad de Totonicapán, dedicada básicamente a la artesanía y al comercio, se concentran cerca de 7,146 habitantes, reflejo de la ulta densidad de población del departamento.

Antonio Palopó, San Andrés Semetabaj, San Lucas Tolimán, San Marcos La Laguna, San Juan La Laguna, San Pablo La Laguna, San Pedro La Laguna, San José Chacayá, Santa Catarina Ixtahuacán, Santa Catarina Palopó, Santa Clara La Laguna, Santa Cruz La Laguna, Santa Lucía Utatlán, Santa María Visitación y Sololá.

Su extensión es de 1,061 km², con 222,094 habitantes en 1994 (censo). La densidad de población es de 209 habitantes por km². El 67 por ciento de su población es rural y las etnias cakchiquel, quiché y tzutujil *(tz'utujil)* constituyen el 94 por ciento. El departamento, en su totalidad, forma parte del Altiplano de Guatemala. Predomina el clima templado y sus pueblos rodean el lago de Atitlán, que constituye una gran atracción turística por su especial paisaje. La cabecera, Sololá, con 7,573 habitantes en 1994, se encuentra a una altura de 2,113 m sobre el nivel del mar.

Departamento de Suchitepéquez

El departamento se creó el 4 de noviembre de 1825, y tiene veinte municipios en la actualidad: Chicacao, Cuyotenango, Mazatenango, Patulul, Pueblo Nuevo, Río Bravo, Samayac, San Antonio Suchitepéquez, San Bernardino, San Francisco Zapotitlán, San Gabriel, San Juan Bautista, San José El Ídolo, San Lorenzo, San Miguel Panán, San Pablo Jocopilas, Santa Bárbara, Santo Domingo Suchitepéquez, Santo Tomás La Unión y Zunilito. Con una extensión de 2,510 km² y 307,187 habitantes (1994), es el departamento más densamente poblado de la Costa Sur (122 habitantes por km²). Cuenta también con la proporción más alta de población indígena de la región (57 %), que pertenece sobre todo a los grupos tzutujil, quiché y cakchiquel. La población rural constituye el 70 por ciento del total. El norte de Suchitepéquez, colindando con Sololá, forma parte de las elevadas mesetas del Altiplano, con un clima templado, descendiendo el relieve en forma suave hasta la orilla del Pacífico, donde registra temperaturas más elevadas. Su cabecera es Mazatenango (30,350 habitantes en 1994) y se encuentra a 371 m sobre el nivel del mar.

Departamento de Totonicapán

Al igual que Sololá, Totonicapán se creó el 4 de noviembre de 1825 y está formado por ocho municipios: Momostenango, San Andrés Xecul, San Bartolo, San Cristóbal Totonicapán, San Francisco El Alto, Santa Lucía La Reforma, Santa María Chiquimula y Totonicapán. Totonicapán tiene una extensión de 1,061 km² y 272,094 habitantes

(1994). Su densidad de población (257 habitantes por km^2), es muy alta para un departamento con un 90 por ciento de población rural, que vive dispersa en un gran número de aldeas y caseríos. La etnia quiché constituye el 95 por ciento de los habitantes. El departamento se encuentra en la parte central del Altiplano occidental, en sitios a gran altitud donde predomina el clima frío. La cabecera es Totonicapán, con 7,146 habitantes, y se encuentra a una altura de 2,495 m sobre el nivel del mar.

Departamento de Zacapa

Zacapa se creó el 10 de noviembre de 1871, por el decreto 20, que dividió el oriental departamento de Chiquimula en dos. En la actualidad tiene diez municipios: Cabañas, Estanzuela, Gualán, Huité, La Unión, Río Hondo, San Diego, Teculután, Usumatlán y Zacapa. El departamento tiene una extensión de 2,690 km^2 y 157,008 habitantes (censo de 1994). La densidad de población es de 58 habitantes por kilómetro cuadrado. La población rural representa el 72 por ciento del total y la ladina el 96 por ciento. Desde el punto de vista geográfico Zacapa comienza en el norte, en la sierra de Las Minas, en la parte central está formada por el extenso valle del río Motagua, y en el sur por un complejo de cerros y hondonadas. El clima en general es cálido y muy seco, debido en parte a la alta deforestación en la región.

Su cabecera es Zacapa, con 16,386 habitantes en 1994, y se encuentra a una altura de 185 m sobre el nivel del mar.

El caso de Belice

Entre Guatemala y Belice existe un conflicto territorial que data de la época colonial. La disputa entre España e Inglaterra por la ocupación de la costa de Belice por parte de esta última, surgió en el siglo XVIII y se prolongó hasta la independencia de Guatemala, en 1821. Durante estos casi dos siglos, se firmaron y rompieron más de una docena de tratados entre las dos potencias. El último tratado fue celebrado en 1814 (tratado de Madrid), definiendo límites dentro del territorio beliceño a los ingleses para la extracción del palo de tinte, que era su principal interés de aquella época. Sin embargo, estas delimitaciones nunca fueron acatadas por los ingleses, que siguieron expandiendo las fronteras de la concesión.

Desde mediados del siglo XIX, Estados Unidos y el Reino Unido se disputaban el control de América Central. En 1850 se firmó el tratado Clyton-Bulwer, y en 1856 el tratado Dallas-Clarendon, donde se acordaba, entre otros asuntos, que Inglaterra debía arreglar los términos de sus posesiones en Belice. Se iniciaron entonces las negociaciones entre el Reino Unido y Guatemala, y el 30 de abril de 1859 se firmaba la Convención o el Tratado de Límites, en el que Guatemala concedía, a su Majestad Británica, el territorio de Belice en su actual extensión. El Reino Unido se comprometía a la construcción de una carretera dirigida desde la capital guatemalteca hasta el Atlántico. Aunque Guatemala lo reclamó en diferentes ocasiones, el Reino Unido nunca cumplió con el acuerdo (artículo VII del tratado de 1859). Guatemala reconoció la soberanía del Estado de Belice, que logró su independencia del Reino Unido en 1981, pero exigió un nuevo convenio de límites que contemplara su derecho al mar. El 8 de septiembre de 1997, la Corte de Constitucionalidad de Guatemala declaró la caducidad y nulidad del tratado de 1859, y con esta sentencia la solución del proceso corresponde ahora a la Corte Internacional de Justicia de La Haya.

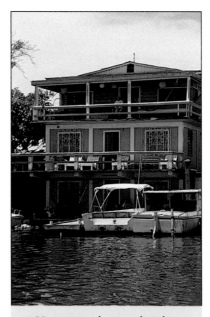

Una casa en la costa de Belice, que tiene 4,205 km^2 y 228,695 habitantes (estimación oficial para 1997).

Población y ciudades

La población

Las ciudades

Guatemala, al igual que otros países en desarrollo, se caracteriza por tener un alto índice de población joven. En la imagen, dos jóvenes tzutujiles del municipio de Atitlán (Sololá).

La población

Cuando iniciaba su andadura el Estado guatemalteco independiente, la población del país ascendía a 512,120 habitantes, según el documento *División administrativa, civil y eclesiástica del Estado de Guatemala en la República Federal de Centroamérica, y número de sus habitantes, año 1825*. A finales del siglo XIX (censo nacional de 1893), la población ya había aumentado hasta 1,364,678 habitantes. En las siguientes seis décadas la población siguió creciendo de forma moderada, hasta alcanzar en 1950 la cifra de 2,790,868 habitantes (según datos del censo). A partir de entonces Guatemala entró en un proceso de transición demográfica con un acelerado crecimiento vegetativo de la población. Podemos observar este fenómeno en las elevadas cifras de los censos de 1964 y 1973 (4,287,997 y 5,160,221 habitantes, respectivamente).

La ruptura en el comportamiento demográfico fue producto de un descenso rápido en las hasta entonces muy altas tasas de mortalidad, mientras las también elevadas tasas de natalidad se mantenían casi estables. Guatemala alcanzó la mayor dinámica en su crecimiento poblacional durante las décadas de 1970 y 1980, con una tasa promedio anual del 3.2 por ciento; sólo a partir de la década de 1990 se registra un leve descenso. En la actualidad, la tasa promedio anual de crecimiento demográfico en el país es del 2.9 por ciento. La actual tasa global de fecundidad (número promedio de hijos que una mujer tendría durante su vida fértil) es de 5.4 hijos por mujer para 1990-1994. Sin embargo, existe una clara diferencia entre la tasa promedio de fecundidad por población rural (6.2 hijos) y la urbana

El incremento del número de nacimientos se ha mantenido constante en los últimos años.

(3.8 hijos). En el ámbito departamental, Guatemala (3.6 hijos) registra la tasa de fecundidad más baja y Jutiapa (6.6 hijos), la más elevada. Con tasas muy altas destacan también San Marcos (6.5 hijos), Totonicapán (6.5 hijos), Petén (6.4 hijos), Sololá (6.4 hijos), Huehuetenango (6.4 hijos), Jalapa (6.2 hijos), Baja Verapaz (6.2 hijos) y Quiché (6.1 hijos).

Con estas cifras, Guatemala manifiesta una de las mayores dinámicas de población de toda Latinoamérica, aunque es de esperar que muestre pronto una tendencia descendente.

Según el Censo Nacional de 1994, la población total del país es de 8,331,874 habitantes, cifra menor a las proyecciones que indicaron más de diez millones para la actualidad. Asimismo, la tasa anual de crecimiento intercensal 1981-1994, un 2.5 por ciento, se sitúa considerablemente por debajo de la tasa estimada (2.9 %). Asumiendo que la tasa de omisión del censo de 1994, con un 11.8 por ciento, es incluso inferior a la del censo de 1981 (13.8 %), este crecimiento más bajo de lo estimado ofrece tres ámbitos de explicación: una desaceleración en el crecimiento vegetativo de la población, impactos del conflicto armado interno y el surgimiento de la migración masiva hacia el exterior desde la década de 1980.

Las principales características estructurales

Desde el punto de vista demográfico, el género y la edad constituyen importantes características de una población. La mejor manera para examinar ambas variables es a través de una pirámide de edades.

Desarrollo demográfico desde 1825

Habitantes

En el caso de Guatemala, esta pirámide muestra la forma clásica, debido a las muy altas tasas de natalidad, tasas de mortalidad bajas (por la baja edad promedio de la población) y una esperanza de vida al nacer también relativamente baja (64.8 años).

La relación entre población masculina y femenina ha mostrado en los censos anteriores (1950-1981) un leve sobrepeso de hombres, mientras el censo de 1994 indica 103 mujeres por 100 hombres. Es de suponer que este cambio es producto del conflicto armado interno y de la mayor participación de los hombres en la migración hacia el exterior a partir de la década de 1980.

La estructura por grupos de edad muestra un gran sobrepeso de niños y jóvenes, frente a una población muy pequeña en edad avanzada. En cifras concretas aparecen las siguientes proporciones según el censo de 1994: el grupo que comprende las edades entre 0 y 14 años representa el 44 por ciento de la población total; el grupo de 15 a 64 años, el 52 por ciento; y el grupo de mayores de 65 años, apenas el 3.8 por ciento. En consecuencia, la relación de dependencia es de 91.6 (número de dependientes por cien adultos). Otro componente importante de la población es su caracterización según actividades económicas. En Guatemala, la Población Económicamente Activa (PEA) constituye el 38 por ciento (de la población de 7 años y más de edad). Según el Censo Nacional de 1994, la PEA trabaja todavía en un 53 por ciento en la agricultura, fenómeno estrechamente vinculado con la alta proporción de población rural (65 %) en el país. Siguen en importancia las ramas de industria (13 %), de comercio y gastronomía (9 %), de servicios (7 %) y de construcción (6 %). En cuanto a los sectores económicos, el 56 por ciento de la PEA corresponde al sector primario, el 18 por ciento al secundario, y el 26 por ciento al terciario. Hay que mencionar también que existe una gran diferencia entre la participación económica de los hombres y las mujeres. Mientras que, dentro de la población masculina, la PEA constituye el 63 por ciento, las mujeres sólo son económicamente activas en un 14 por ciento. Estas cifras representan una de las tasas más bajas del mundo en cuanto a la incorporación de la mujer al trabajo.

Los niveles de educación constituyen igualmente una de las principales características de la población. En Guatemala, en primer lugar destaca un alto grado de analfabetismo, aunque su índice ha descendido en los últimos años. Según el censo de 1994, la proporción global de analfabetismo (dentro de la población de 7 y más años de edad) es del 35 por ciento. Sin embargo, existen marcadas diferencias entre la tasa de analfabetismo en la población urbana (17 %) y la población rural (46 %), así como entre hombres (30 %) y mujeres (40 %). El nivel más alto (53 %) se encuentra en las mujeres que viven en las zonas rurales. Completaron la educación primaria el 21 por ciento de la población (de 7 años y más); la educación mediana, un 6 por ciento; y la educación superior, sólo un 0.2 por ciento.

La composición étnica

Un rasgo muy particular de la población en Guatemala es su carácter multiétnico, multilingüe y pluricultural. Con alrededor de cinco millones de habitantes, los diferentes grupos indígenas constituyen aproximadamente la mitad de la población total, y dentro de la población rural el 80 por ciento. Aunque en la actualidad habitan en casi todas las regiones del país, los indígenas tradicionalmente han estado concentrados en el Altiplano de Guatemala —donde constituyen todavía más del 90 por ciento de la población total—, así como la región baja del norte fronterizo con México.

La dispersión de la población en las áreas rurales ha determinado un alto nivel de analfabetismo, en contraste con las áreas urbanas. En la imagen, una familia camino de San Francisco El Alto.

Comúnmente se habla de población ladina e indígena en Guatemala. El término ladino fue utilizado originariamente para designar a personas descendientes de uniones entre español(a) y mestizo(a), pero en la actualidad se aplica a toda la población «no indígena», sin una identidad étnica específica. Mientras tanto, la población indígena se identifica como miembro de los grupos maya, garífuna y xinca.

El grupo maya forma 21 comunidades etnolingüísticas principales, cada una con su propia cultura y tradiciones, que no sólo se expresan en sus trajes típicos, sino sobre todo en su cosmovisión y formas de convivencia. Históricamente practican la agricultura, y el maíz es uno de sus símbolos más sagrados. Asimismo, la artesanía y el comercio ocupan un lugar importante en sus actividades económicas. Sin embargo, a lo largo de la historia, sobrevivieron en condiciones de alta precariedad y marginación; sólo recientemente conquistaron importantes espacios en la vida nacional, ante todo en el campo político y cultural.

Los grupos maya de mayor importancia son el quiché *(k'iche')*, mam *(mam)*, cakchiquel *(kaqchikel)* y kekchí *(q'eqchi')*, que representan en conjunto más de cuatro millones de habitantes.

Tasas de crecimiento vegetativo desde 1930 (en %)

Período	Natalidad	Mortalidad	Crecimiento
1930-1934	5.1	2.6	2.5
1945-1949	5.1	2.3	2.8
1955-1959	4.9	2.1	2.8
1965-1969	4.5	1.6	2.9
1975-1979	4.4	1.2	3.2
1985-1989	4.1	0.9	3.2
1990-1994	3.9	0.8	3.1
2005-2010	3.1	0.6	2.5
2020-2025	2.3	0.5	1.8

Fuente: Instituto Nacional de Estadística/CELADE.

Es innegable la presencia de dos grupos de habitantes en el país, indígenas y ladinos, con diferentes rasgos sociales y culturales. En la imagen, la grada de un estadio de fútbol.

La población «morena» o garífuna, de origen afro-caribeño, se concentra en la costa atlántica y más concretamente en el municipio de Lívingston, en el departamento de Izabal.

La población garífuna es de origen afro-caribeño y habita en la costa del Atlántico, principalmente en el municipio de Lívingston. El grupo xinca *(xinka)* constituye una comunidad muy pequeña en el oriente del país, con orígenes todavía no esclarecidos.

El fenómeno de inmigración extranjera desde finales del siglo XIX, factor importante en la composición étnica de algunos países de Latinoamérica, se dio en Guatemala de forma muy limitada. Se formaron algunas pequeñas comunidades extranjeras, como los alemanes en la Alta Verapaz, para invertir en el sector agroexportador (café) o en empresas de infraestructura. Sin embargo, según el censo de 1921, la población extranjera constituía apenas el 0.8 por ciento de la población total del país. En la capital, su presencia era mayor con un 3.2 por ciento, pero casi la mitad de los extranjeros provenía de países vecinos, como México, El Salvador y Honduras. Para 1938, esta proporción no había aumentado.

La distribución territorial

El cuadro global de la distribución y concentración de población en Guatemala corresponde todavía a un patrón histórico, estrechamente vinculado con modos tradicionales de asentamiento y de organización económico-social del espacio. En la actualidad (censo de 1994), la población guatemalteca vive distribuida en 20,485 lugares poblados, el 85 por ciento de los cuales corresponde a aldeas y caseríos de menos de mil habitantes cada uno. Es decir, predomina todavía un asentamiento disperso, mientras que la concentración de población en centros urbanos constituye la excepción en el paisaje primordialmente rural. La densidad poblacional promedio en Guatemala es de 77 habitantes por kilómetro cuadrado. Empero, esta cifra oculta las grandes variaciones que existen entre diferentes regiones del país. Por un lado, se encuentra la región selvática de Petén, que corresponde a casi una tercera parte del territorio nacional, donde vive en la actualidad sólo el 2.7 por ciento de la población total del país, con un promedio de 6 habitantes por kilómetro cuadrado. En el otro extremo figura la región metropolitana (departamento de Guatemala) con 853 habitantes por kilómetro cuadrado, donde se concentra, en el 2 por ciento del territorio, el 22 por ciento de la población total. En el municipio de Guatemala (capital), la densidad aumenta hasta 4,474 habitantes por kilómetro cuadrado.

El departamento menos poblado es Petén, con algo más de un cuarto de millón de habitantes

y con cerca de un tercio del territorio nacional. En la imagen, una carretera en Tikal.

Ciudad de Guatemala absorbe cerca de una quinta parte de la población del país y alrededor

de unos dos tercios de la urbana. En la imagen, vista aérea de la capital en dirección sur.

Aparte del fenómeno común de más baja densidad de población en regiones selváticas y más alta en áreas metropolitanas, Guatemala presenta un rasgo muy particular respecto a la distribución de población. Es el caso del Altiplano occidental como zona de más alta concentración de población después de la región metropolitana. La parte más poblada del Altiplano corresponde aproximadamente al 10 por ciento del territorio nacional, pero alberga más del 20 por ciento de la población del país. Según el censo de 1994, las cifras más elevadas de densidad de población, después del departamento de Guatemala, se registran en los departamentos altenses de Sacatepéquez (389 hab./km²), Quetzaltenango (258 hab./km²), Totonicapán (257 hab./km²), Sololá (209 hab./km²), San Marcos (170 hab./km²) y Chimaltenango (159 hab./km²).

En esta región, cerca del 80 por ciento de la población habita en áreas rurales y la gran mayoría es indígena. La alta densidad poblacional en el Altiplano del país no se debe entonces a la presencia de grandes centros urbanos (con excepción de la ciudad de Quetzaltenango, cuya población representa el 20 por ciento de los habitantes en el departamento), sino a la tradicional gran concentración de campesinos indígenas en la región. Así, a finales del siglo XIX (censo de 1893), los departamentos de Totonicapán (96 hab./km²) y Sacatepéquez (74 hab./km²) eran los más densamente poblados del país, y el departamento de Guatemala —con la capital— (71 hab./km²) ocupaba sólo el tercer lugar.

Una tercera región con concentración relativamente alta de población es la planicie de la costa del Pacífico, específicamente los departamentos de Suchitepéquez (122 hab./km²) y Retalhuleu (102 hab./km²). El aumento de población en esta región se manifestó desde finales del siglo XIX, y se vincula con la expansión de la agricultura de exportación.

En el oriente del país, así como en la Alta y Baja Verapaz, la concentración de población es bastante equilibrada, pues en una extensión que corresponde aproximadamente a una cuarta parte del territorio nacional se concentra el 25 por ciento de la población total, con densidades que oscilan entre cincuenta y cien habitantes por kilómetro cuadrado. Una densidad de población relativamente baja, con 28 habitantes por kilómetro cuadrado, caracteriza al departamento de Izabal, en la costa del Atlántico.

Las tendencias migratorias

Las grandes corrientes migratorias, como expresión de la dinámica espacial de la población, generalmente son resultado de situaciones socioeconómicas que propician condiciones de expulsión y atracción en determinadas regiones del país. Se trata de procesos que cambian paulatinamente el patrón de distribución de la población en el territorio.

En Guatemala, el patrón tradicional de migración se caracterizó por dos corrientes predominantes: hacia la Costa Sur, a partir de la expansión de la agricultura de exportación desde finales del siglo XIX, y hacia la región metropolitana, a partir de la década de 1950, con el inicio de una relativa industrialización y la expansión del sector terciario en la capital del país.

En cuanto a regiones de expulsión, desde finales del siglo XIX hasta la década de 1960 en el Altiplano occidental se originaron los mayores volúmenes de emigración, cuyo destino fueron principalmente las grandes plantaciones de agro-

exportación en la costa del Pacífico. En 1950, el 75 por ciento de los migrantes permanentes hacia la Costa Sur provenía todavía del Altiplano. Sin embargo, dos décadas más tarde fueron las migraciones del oriente las más importantes del país en valores absolutos y relativos. El contingente migratorio constituyó el 32 por ciento de la población residente en la región oriental, según el censo de 1973. El 50 por ciento de los migrantes se dirigía entonces hacia el área metropolitana con mayor centro de absorción.

Es decir, el modelo de desarrollo válido hasta la década de 1970 se caracterizó por cierto equilibrio respecto a condiciones de expulsión en determinadas regiones (minifundio de subsistencia en el Altiplano y el oriente) y la demanda de mano de obra como atracción en otras (desarrollo de la agroexportación en la Costa Sur, y, luego, de la industria y del sector terciario en el área metropolitana).

En la actualidad siguen vigentes como principales regiones de expulsión el Altiplano y el oriente del país, debido al deterioro productivo que

Distribución, densidad y crecimiento de población por departamentos

Departamentos	Extensión (km²)	Habitantes (censo de 1994)	Densidad (hab/km²)	Crecimiento (%) total 1973-1994
Guatemala	2,126	1,813,825	853	64
El Progreso	1,922	108,400	56	48
Sacatepéquez	465	180,647	389	81
Chimaltenango	1,979	314,813	159	62
Escuintla	4,384	386,534	88	40
Santa Rosa	2,955	246,698	84	39
Sololá	1,061	222,094	209	75
Totonicapán	1,061	272,094	257	63
Quetzaltenango	1,951	503,857	258	61
Suchitepéquez	2,510	307,187	122	52
Retalhuleu	1,856	188,764	102	48
San Marcos	3,791	645,418	170	75
Huehuetenango	7,400	634,374	86	72
Quiché	8,378	437,669	52	47
Baja Verapaz	3,124	155,480	50	45
Alta Verapaz	8,686	543,777	63	93
Petén	35,854	224,884	6	251
Izabal	9,038	253,153	28	49
Zacapa	2,690	157,008	58	48
Chiquimula	2,376	230,767	97	46
Jalapa	2,063	196,940	96	67
Jutiapa	3,219	307,491	96	32
Total República	**108,889**	**8,331,874**	**77**	**62**

En las áreas rurales predomina la migración masculina, tanto de ladinos como de indígenas, aunque aquéllos tienden a migrar a mayores distancias. En la imagen, carretera a Nebaj.

sufren estas zonas donde predomina el minifundio. Sin embargo, los tradicionales centros de atracción ya no ofrecen condiciones favorables para la absorción de la creciente fuerza de trabajo excedentario de las zonas rurales como en las tres décadas anteriores. En consecuencia, a partir de la década de 1980, la Costa Sur y la región metropolitana ya no muestran el crecimiento casi explosivo de población de los años de 1950 hasta 1970.

Como efecto de esta situación, en años recientes se han manifestado —en forma masiva y determinante— dos corrientes migratorias nuevas: la migración laboral hacia el exterior (ante todo Estados Unidos) y la migración por acceso a la tierra hacia las zonas selváticas en el norte de Guatemala (expansión de la frontera agrícola).

Las cifras siguientes confirman claramente estas tendencias: en el período intercensal 1973-1994, el número de habitantes en el departamento de Guatemala aumentó en un 64 por ciento, casi al mismo ritmo que la población a nivel nacional (62 %). Mientras tanto, la población del norteño departamento de Petén manifestó, con un 251 por ciento, el crecimiento más alto en el país. Alta Verapaz, que colinda con Petén, ocupa el segundo lugar en cuanto a crecimiento de población, con un aumento del 93 por ciento. En lo que respecta a los municipios, se encuentran tasas de inmigración extremadamente altas en el sur de Petén y en el norte de Alta Verapaz. Así, por ejemplo, el número de habitantes en La Libertad (Petén) aumentó en un 1,090 por ciento entre 1973 y 1994, y en Chisec (Alta Verapaz) en un 460 por ciento.

Los departamentos de la Costa Sur, como son Escuintla, Retalhuleu y Suchitepéquez, demuestran un crecimiento de población por debajo del promedio nacional, lo que indica una pérdida relativa de habitantes debido a la emigración.

Se puede resumir entonces que en Guatemala la migración rural-rural por la expansión de la frontera agrícola manifiesta en la actualidad una mayor dinámica que la migración del campo hacia los centros urbanos, y específicamente hacia el área metropolitana. Como fenómeno nuevo, aparece desde finales de la década de 1980 la migración laboral masiva, desde los centros urbanos y zonas rurales, hacia Estados Unidos. Los guatemaltecos residentes en Estados Unidos, según censos de este país, aumentaron de 63,073 en 1980, a 225,739 en 1990, y estimaciones recientes ya mencionan la existencia de más de un millón. Otro indicio son las cifras proporcionadas por el Banco de Guatemala: las remesas como ingreso dentro de la balanza de pagos internacionales aumentaron de 64 millones de dólares en 1989, a 417 millones en 1995. En la actualidad, los ingresos por remesas ya ocupan el segundo lugar, después del café, como principal producto de exportación.

Las ciudades

Según el censo de 1994, la población urbana (2,914,687 habitantes) constituye en Guatemala el 35 por ciento de la población total, al igual que hace dos décadas (censo de 1973). Es decir, en comparación con el promedio de población urbana en América Latina y el Caribe (74 %), Guatemala presenta un nivel muy bajo de urbanización.

Mientras que la población total del país creció entre 1973 y 1994 a un ritmo promedio anual del 2.9 por ciento, la población rural aumentó en una tasa del 3.1 por ciento, y la población urbana lo hizo en sólo un 2.6 por ciento.

Otro factor a tomar en consideración es la calificación de lo «urbano» en Guatemala. Aunque estadísticamente las 330 cabeceras municipales existentes se clasifican como «zonas urbanas», en la mayoría de los casos se trata de poblados que carecen de características urbanas, en términos de concentración de población, actividades económicas y funciones centrales para la región. Así, por ejemplo, en 29 cabeceras municipales su población es inferior a mil habitantes, y en cinco casos, inferior a quinientos. La relatividad de lo urbano se revela también cuando se toma en cuenta que una cuarta parte de los hombres económicamente activos dentro de la población urbana trabaja todavía en la rama de la agricultura (censo de 1994).

Empero, estas indicaciones no significan que el crecimiento de los centros urbanos se haya estancado, pues aunque el porcentaje de población urbana no aumentó, en términos absolutos creció en más de un millón de habitantes durante las últimas dos décadas. Una tercera parte de este aumento corresponde al departamento de Guate-

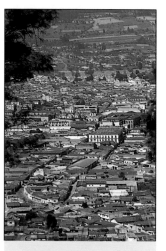

Quetzaltenango se ha convertido en la segunda ciudad más poblada del país.

mala (región metropolitana), y el resto, a los centros urbanos del interior de la República.

Asimismo, el número de centros urbanos con más de diez mil habitantes ha ido aumentando en forma constante. En 1921 había dos ciudades de este tamaño (la capital y Quetzaltenango), 5 en 1950, 14 en 1964, 23 en 1973, y para 1994 su número había llegado hasta 39.

La ciudad de Guatemala

La actual ciudad de Guatemala se fundó como cuarta capital del Reino de Guatemala, a consecuencia de la destrucción de Santiago de Guatemala (hoy Antigua) por los terremotos de Santa Marta del 29 de julio de 1773. Con la Real Cédula de 21 de septiembre de 1775 se aprobó el traslado de la capital guatemalteca; por Real Orden de 23 de mayo de 1776 recibió el nombre oficial de Nueva Guatemala de la Asunción. Con la proclamación de la Independencia en 1821, se convirtió en la capital de la Federación Centroamericana hasta 1834. A partir de entonces es la capital de la República de Guatemala, cabecera del departamento de Guatemala y municipio del mismo nombre.

El traslado y nueva fundación de la capital guatemalteca en las postrimerías de la Colonia constituye un experimento único. Este proyecto tan radical no solamente se explica como consecuencia de los terremotos, sino en el contexto de la política borbónica de la segunda mitad del siglo XVIII. Debido a la fuerte oposición eclesiástica y popular ante el traslado y falta de recursos, la consolidación de la nueva ciudad y recuperación del número de habitantes que tenía Santiago en 1773 se retrasó hasta la década de 1820.

En su diseño, así como en su segregación social, se adaptó todavía al patrón urbano de la ciudad española. La declaración de la Independencia de España en 1821 no marca ningún cambio sustancial en el proceso urbano. Al contrario, el medio siglo siguiente se caracteriza por un estancamiento en el desarrollo urbano, debido a la inestabilidad política y a los altibajos que vive el desenvolvimiento económico del país.

Con las Reformas Liberales, a partir de 1871, se inició una nueva fase en la dinámica urbana, que se caracterizó por la implementación de los servicios básicos para la comercialización del café, con una expansión planificada del área urbana y la construcción de edificios públicos representativos. Sin embargo, los cambios urbanos se llevaron a cabo conforme al tradicional patrón de centro funcional de una sociedad agraria-comercial, y en la estructura socioeconómica y dinámica poblacional de la ciudad no se manifestaron rupturas trascendentales.

Una serie de fuertes sismos en diciembre de 1917 y enero de 1918 destruyó gran parte de la ciudad, en la que desaparecieron los palacios coloniales alrededor de la plaza central, así como también los edificios representativos del fin del siglo XIX. La reconstrucción, que se prolongó durante toda la década de 1920, fue lenta, debido a la gran inestabilidad política y económica. La reconstrucción del sector público a través de la edificación de obras monumentales, como el actual Palacio Nacional y los edificios de Correos

Área Metropolitana de Guatemala

La definición censal considera como «zonas urbanas» a los poblados con categoría oficial de ciudades, villas y pueblos (cabeceras departamentales y municipales), y asimismo las colonias y asentamientos que tuvieran continuidad al casco urbano, definido por cada municipio.

En los años cincuenta se produjo una expansión espacial de la ciudad de Guatemala, formándose así el Área Metropolitana de Guatemala. El crecimiento poblacional en la mayoría de los municipios comprendidos en la región urbana central superó en mucho la dinámica del propio municipio de Guatemala en el período 1950-1973, con tasas de crecimiento extremo en Mixco (oeste), Chinautla (norte) y Villa Nueva (sur). A partir de 1973, dejaron de manifestarse tasas tan altas de crecimiento en los municipios del área metropolitana, y ganaron mayor importancia los municipios situados al sur de la ciudad, es decir, Villa Nueva, Petapa, Villa Canales y Fraijanes.

Cuando se produjo este crecimiento, la gestión metropolitana no tenía unos límites claramente definidos, ya que históricamente había estado repartida entre la Municipalidad de Guatemala (Ayuntamiento) y el Gobierno central (Ejecutivo), hasta que se optó por un sistema administrativo más complejo y eficaz que todavía no ha dado los resultados esperados.

Desde mediados del siglo XX, la capital rompió definitivamente el cuadro urbano tradicional y entró en su fase de expansión metropolitana. En la imagen, el Trébol Bulevar Liberación.

y de la Policía Nacional, se desarrolló hasta la dictadura de Jorge Ubico (1931-1944). A partir de la década de 1950 se rompió con el tradicional patrón poscolonial de dinámica urbana. La ciudad entró desde entonces en un proceso de metropolización que se caracteriza por el alto crecimiento poblacional y la expansión espacial, así como por los cambios sustanciales que han ocurrido en las funciones urbanas.

La dinámica de la metropolización

En 1825, la capital guatemalteca tenía 30,775 habitantes; en ella se concentraba el 6 por ciento de la población total del país. La segunda ciudad de Guatemala era entonces Cobán con 12,237 habitantes, seguida por Quetzaltenango (10,738), Totonicapán (9,482), Antigua Guatemala (8,892), San Juan Sacatepéquez (8,589) y Patzún (7,888).

A finales del siglo XIX (censo de 1893), la concentración de población en la capital disminuyó hasta el 5 por ciento, debido al auge de la economía rural a través del cultivo de café. En 1921, aparece prácticamente la misma situación, con el 5.6 por ciento de la población total del país viviendo en la capital. Es a partir de la década de 1950 cuando se manifiesta un proceso acelerado de concentración de población en la capital.

Durante la primera década, el crecimiento de población fue absorbido todavía en gran parte por el mismo municipio de Guatemala (capital), pero desde entonces cada año ganaron más importancia los municipios vecinos como receptores de los migrantes —que provenían de las zonas rurales y centros urbanos secundarios del interior de la República—, formándose así el Área Metropolitana de Guatemala (AMG).

Mientras la «región metropolitana» —como parte del sistema nacional de regionalización para el desarrollo— abarca todo el departamento de Guatemala, el «área metropolitana» corresponde específicamente a la zona de expansión de la ciudad de Guatemala hacia la jurisdicción de municipios colindantes. Sin embargo, hasta la actualidad no existe una delimitación oficial del territorio que constituye el AMG, sino que cada institución o proyecto lo delimita según sus propios criterios. Aunque en algunos casos se adjudican al AMG hasta 11 de los 17 municipios que forman el departamento de Guatemala, comúnmente se acepta que está formado por los municipios de Guatemala, Mixco, Villa Nueva, Petapa, Santa Catarina Pinula, así como parte de los municipios de Chinautla, Villa Canales y Fraijanes.

Con un crecimiento promedio anual extremadamente alto en el período intercensal de 1950-1973 destacan los municipios de Mixco (44 %) al oeste, Chinautla (25 %) al norte y Villa Nueva (20 %) al sur de la ciudad de Guatemala, mientras la ciudad de Guatemala misma sólo creció con un ritmo anual del 6 por ciento.

En el período 1973-1994, la tasa anual de crecimiento de la capital (municipio de Guatemala) bajó hasta el 0.8 por ciento, en tanto que la expansión metropolitana —debido a las características fisiográficas del valle de Guatemala— se extendió más hacia el sur (zonas populares e industrias) y las laderas al este (zonas residenciales de clase alta). En consecuencia, los municipios de más alto crecimiento para este período son Petapa, con una tasa anual del 20 por ciento, Villa

Nueva (17 %) y Santa Catarina Pinula (10 %). No obstante, en términos globales, la dinámica de metropolización por inmigración se ha desacelerado. La tasa anual de aumento de población en el departamento de Guatemala (región metropolitana), que era del 6.6 por ciento entre 1950 y 1973, decreció hasta el 3 por ciento en el período 1973-1994.

Todavía no existe un plan de desarrollo urbano ni de estrategias sectoriales viables de las cuales puedan surgir los marcos reglamentarios para la urbanización y el uso del suelo ordenados.

Un sistema urbano desequilibrado

En la actualidad, el 28 por ciento del total de la población urbana se concentra en el municipio de Guatemala (capital) y el 44 por ciento en el departamento de Guatemala (región metropolitana). A la par que la ciudad de Guatemala, con 823,301 habitantes, no existe otra ciudad grande con más de cien mil habitantes. Quetzaltenango, la segunda ciudad del país, tiene todavía 90,801 habitantes según el censo de 1994, aunque recientemente manifiesta una tendencia hacia la metropolización. En tercer lugar figura la ciudad de Escuintla (49,026 habitantes) y en cuarto lugar Cobán (33,996 habitantes).

Desarrollo demográfico del departamento de Guatemala			
Municipio	*1950-1973 (promedio anual %)*	*1973-1994 (promedio anual %)*	*Habitantes 1994 (según censo)*
Guatemala	6.0	0.8	823,301
Santa Catarina Pinula	6.5	9.5	38,628
San José Pinula	3.0	4.0	24,471
San José del Golfo	1.9	1.3	4,213
Palencia	2.0	3.9	34,239
Chinautla	24.4	4.5	63,463
San Pedro Ayampuc	1.8	4.4	20,260
Mixco	43.6	6.4	305,297
San Pedro Sacatepéquez	3.5	4.6	21,009
San Juan Sacatepéquez	2.3	5.0	88,766
San Raimundo	1.4	3.0	15,082
Chuarrancho	1.9	0.1	7,091
Fraijanes	2.8	5.9	17,166
Amatitlán	5.5	5.1	54,930
Villa Nueva	20.3	17.0	192,069
Villa Canales	2.5	4.6	62,334
San Miguel Petapa	12.0	19.7	41,506
Total Departamento	**6.6**	**3.0**	**1,813,825**

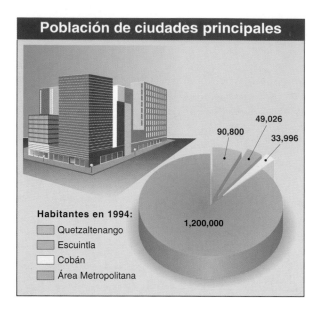

Población de ciudades principales

49,026

90,800

33,996

Habitantes en 1994:
- Quetzaltenango
- Escuintla
- Cobán
- Área Metropolitana

1,200,000

El departamento de Totonicapán está densamente poblado y son indígenas un 90 por ciento de sus habitantes, que se hallan dispersos por el territorio. En la imagen, un sector de la ciudad de Totonicapán.

En consecuencia, el índice de primacía de la primera ciudad en relación a la segunda es, con 9.1 por ciento, extremadamente alto. Teniendo en cuenta la población total del área de expansión de la ciudad de Guatemala (aproximadamente 1,200,000 habitantes), el índice aumenta hasta el 13.2 por ciento.

Llama la atención también que sólo en el municipio de Mixco —el más conurbanizado del área metropolitana— vive un número de habitantes que sobrepasa considerablemente la suma de la población de todas las ciudades secundarias del país. Asimismo, se encuentran grandes diferencias territoriales en términos globales de urbanización fuera de la región metropolitana.

Destaca con un 71 por ciento de población urbana el departamento de Sacatepéquez, al oeste de la región metropolitana. Sin embargo, este caso es muy específico, pues se trata de un gran número de municipios (16) en el departamento más pequeño del país (465 km^2) y su población reside sobre todo concentrada en las cabeceras municipales, todas consideradas como área urbana.

El otro extremo lo representan los departamentos de Totonicapán (11 % de población urbana), San Marcos (13 %), Huehuetenango (15 %) y Quiché (15 %), todos parte del Altiplano occidental. Aunque densamente poblados, sus habitantes viven en forma dispersa sin la presencia de centros urbanos grandes y funcionales para las respectivas regiones. En la mayoría de los casos, el tamaño de población en sus respectivas cabeceras no llega a diez mil habitantes.

La dinámica de las ciudades secundarias

Aunque globalmente las ciudades secundarias en Guatemala se caracterizan por bajas cifras absolutas de población, en la actualidad se pueden identificar diferentes tendencias respecto a la dinámica de crecimiento.

Se manifiesta una menor dinámica en las ciudades secundarias que mostraron un crecimiento muy alto a partir de la década de 1950. Se trata ante todo de los centros urbanos en las regiones de intensiva agroexportación (café, algodón, azúcar) en las costas del Pacífico y del Atlántico (banano). Así, por ejemplo, Escuintla se expandió de 9,760 habitantes en 1950 a 33,205 en 1973, con una tasa promedio de crecimiento anual del 10.4 por ciento. Sin embargo, para el período de 1973-1994 su tasa de crecimiento anual bajó hasta el 2.3 por ciento. La misma tendencia se encuentra en los demás centros principales de la Costa Sur, como son Mazatenango, Retalhuleu, Santa Lucía Cotzumalguapa y Tiquisate, y también para Puerto Barrios en Izabal.

Sin embargo, 12 de los 39 centros urbanos con más de diez mil habitantes en 1994 han mostrado una dinámica mayor a la estimada. Tan sólo en

Población urbana por departamentos y ciudades cabeceras

Departamentos	Población urbana	Cabecera	Habitantes en cabecera
Guatemala	71 %	Ciudad de Guatemala	823,301
El Progreso	27 %	Guastatoya	5,145
Sacatepéquez	71 %	Antigua Guatemala	16,357
Chimaltenango	42 %	Chimaltenango	26,465
Escuintla	37 %	Escuintla	49,026
Santa Rosa	24 %	Cuilapa	8,495
Sololá	33 %	Sololá	7,573
Totonicapán	11 %	Totonicapán	7,146
Quetzaltenango	40 %	Quetzaltenango	90,801
Suchitepéquez	30 %	Mazatenango	30,350
Retalhuleu	28 %	Retalhuleu	27,563
San Marcos	13 %	San Marcos	8,851
Huehuetenango	15 %	Huehuetenango	19,922
Quiché	15 %	Santa Cruz del Quiché	14,352
Baja Verapaz	21 %	Salamá	10,430
Alta Verapaz	16 %	Cobán	33,996
Petén	27 %	Flores	9,330
Izabal	20 %	Puerto Barrios	29,095
Zacapa	29 %	Zacapa	16,386
Chiquimula	25 %	Chiquimula	27,644
Jalapa	27 %	Jalapa	23,884
Jutiapa	20 %	Jutiapa	14,642
Total República	**35 %**		

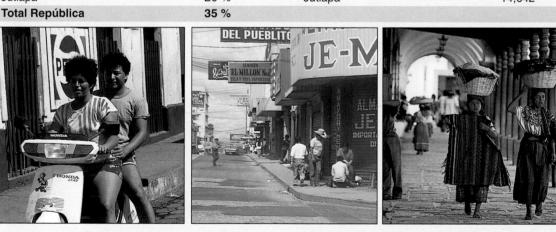

dos casos se trata de cabeceras departamentales: Cobán, con una tasa de crecimiento promedio anual del 9.4 por ciento, y Chimaltenango, con una tasa del 5.1 por ciento. El aumento de población en Cobán, como ciudad cabecera, corresponde a la creciente migración hacia el departamento de Alta Verapaz por la expansión de la frontera agrícola hacia el norte del país. Chimaltenango, a unos cincuenta kilómetros de distancia de la capital y con rápida conexión a través de la carretera Interamericana, se ha desarrollado en años recientes como «ciudad dormitorio» para capas sociales de medianos y bajos ingresos que trabajan en el área metropolitana o en el creciente número de industrias maquiladoras surgidas en el departamento mismo.

Hay que agregar una tercera cabecera departamental con crecimiento explosivo de población,

La isla de Flores, en el lago Petén Itzá, ha sufrido en los últimos años un desmesurado aumento de población, debido, sobre todo, a la migración interna que ha recibido.

aunque todavía no ha alcanzado los diez mil habitantes. Se trata de Flores (Petén). En 1973 vivían apenas 1,477 habitantes en esta ciudad, para 1990 se proyectó una población de 3,359 habitantes, pero en el censo de 1994 resultó con 9,330 habitantes. Es decir, la ciudad de Flores creció a un ritmo anual del 25 por ciento. Esto se explica, al igual que en el caso de Cobán, por la alta migración hacia la respectiva región norteña.

Los restantes diez centros urbanos con alta dinámica en su crecimiento han surgido en el interior de los departamentos. Se trata principalmente de ciudades fronterizas —como Esquipulas y Tecún Umán— o cabeceras municipales en la región metropolitana y las zonas de su influencia.

Proyecciones de población hasta el 2050

El Instituto Nacional de Estadística (INE) ha revisado las estimaciones de la fecundidad y la mortalidad para el período 1950-2050. Para ello ha tenido en cuenta estudios anteriores (como las proyecciones realizadas a partir del Censo de 1981) y los resultados del Censo de 1994, y ha formulado una serie de hipótesis entre las que se hallan las hipótesis medias o recomendadas. Se ha llegado a la conclusión, por ejemplo, de que en el quinquenio 1995-2000 la tasa global de fecundidad será de 4.93 hijos por mujer, mientras que en el quinquenio 2035-2040 llagará a 2.10, manteniéndose este nivel hasta el final de la proyección.

Estos datos representan un descenso de la fecundidad —para todo el período de la proyección— del 61 por ciento. Por otra parte, las proyecciones sobre mortalidad infantil apuntan hacia un descenso considerable debido, sobre todo, a los programas de salud.

Antes de realizarse el Censo de 1994, las proyecciones de población para ese año daban la cifra de 9,666,621 habitantes, o sea, un 13.8 por ciento más del total de población que después resultó censada. La proyección recomendada del crecimiento de la población en el período 1995-2050, indica que Guatemala, para el año 2000, llegará a tener 11.4 millones de habitantes, ascendiendo a cerca de 20 millones de habitantes en el 2025 y a algo más de 27 millones en el 2050.

Actividades económicas

Evolución histórica
de la economía

Los sectores productivos
en la actualidad

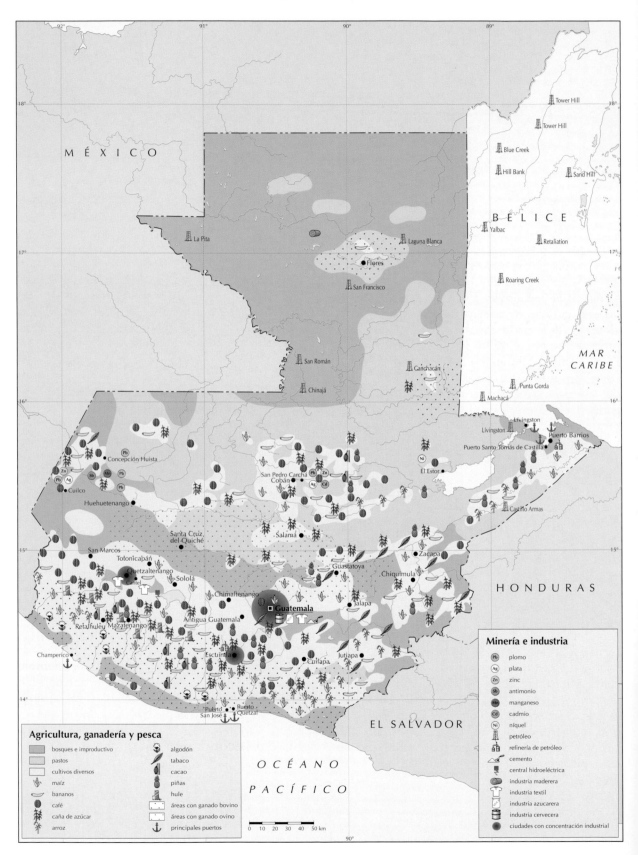

Minería e industria

- Pb   plomo
- Ag   plata
- Zn   zinc
- Sb   antimonio
- Mn   manganeso
- Cd   cadmio
- Ni   níquel
- petróleo
- refinería de petróleo
- cemento
- central hidroeléctrica
- industria maderera
- industria textil
- industria azucarera
- industria cervecera
- ciudades con concentración industrial

Agricultura, ganadería y pesca

- bosques e improductivo
- pastos
- cultivos diversos
- maíz
- bananos
- café
- caña de azúcar
- arroz
- algodón
- tabaco
- cacao
- piñas
- hule
- áreas con ganado bovino
- áreas con ganado ovino
- principales puertos

0 10 20 30 40 50 km

Evolución histórica de la economía

La base de la economía guatemalteca es la producción agrícola, destinada en su mayor parte a la exportación. Los rasgos estructurales de la agricultura de Guatemala se remontan a los primeros mayas, quienes cultivaban principalmente el maíz (que en la actualidad se produce para consumo interno). Posteriormente, durante el período colonial, se inició la configuración del actual sistema productivo: grandes extensiones de tierra que producen para la exportación y pequeñas propiedades cuya producción vital se destina exclusivamente al autoconsumo.

La vital importancia del maíz en la economía y la cultura del país se ha mantenido a través de los tiempos.

La economía precolombina

Para los pueblos precolombinos el cultivo del maíz era una actividad vital cuya importancia, como también sucede en la actualidad, trascendía a la vida religiosa. Además del cultivo de este cereal, desde el año 1500 a.C. los mayas desarrollaron otros como el del cacao, el frijol y el güicoy. Junto a los sistemas de quema y roza, en los sitios ceremoniales de gran importancia se utilizaron técnicas de cultivo más avanzadas, tales como el uso de terrazas (bloques de tierra preparada especialmente para sembrar, de unos 50 cm aproximadamente).

La transformación de productos se reducía a una industria de tipo familiar: tejidos, alfarería, cestería y jarcia, o transformación de metales (oro, plata y cobre) y de piedras (como el jade). Estas actividades eran más que nada un complemento a la labor agrícola.

La producción agrícola o artesana se utilizaba en transacciones según su valor, ya que el comercio se realizaba por medio del trueque. También se sabe que existían sitios determinados para el intercambio y la compra y venta de mercancías. A estos centros ceremoniales se les llamaba «mercados». La venta de productos casi siempre la realizaban los propios artesanos o recolectores. El pago del tributo, que era una obligación civil y religiosa, más que económica, también se hacía por medio de objetos o especias que tuvieran un alto valor de cambio. Aunque los indígenas ya conocían el oro y la plata y tenían noción de su valor, no les concedían importancia como medios monetarios para las transacciones cotidianas. Sin embargo, llegaron a establecer un sistema de compra y venta basado en el cacao como moneda principal, con sus correspondientes subdivisiones para facilitar la medida de su valor de cambio, al igual que hicieron con otros bienes de complicada fabricación o difícil obtención (telas de algodón, plumas de quetzal y oro en polvo).

Algunos estudios suponen que existió un sistema de intercambio comercial entre las Tierras Altas y las Tierras Bajas mayas. Los habitantes de la región de Petén, en el norte del país, habrían abastecido de productos —como, por ejemplo, conchas de mar— a los mayas del Altiplano, en el oeste, y éstos, a su vez, a aquéllos, de sal, obsidiana, jade, pirita y otras piedras.

Sistema económico colonial

Después de la Conquista, la Corona española se constituyó en propietaria universal de todas las tierras conquistadas en América. El rey delegó las propiedades recién adquiridas, en calidad de usufructo, uso o propiedad. Entre los españoles se utilizó el sistema de repartimientos —es decir, el

La encomienda

La actividad económica de la Colonia se desarrolló en forma de encomienda, que era un modo de agrupar a los indígenas para que realizaran las actividades de producción y así recaudar la cuota que debían tributar a la Corona, representada por un español o encomendero. Al principio la encomienda tuvo un carácter esclavista, pues los indígenas prácticamente pertenecían al encomendero a tiempo completo, para trabajar y hacer producir la tierra a la cual estaban asignados. Más tarde, sin embargo, este régimen fue modificado debido a que la principal herramienta de producción (la mano de obra) iba mermando. La nueva fórmula consistió en agrupar a la población maya en «pueblos de indios», cada uno de los cuales disponía de tierras para cultivar productos de subsistencia, como maíz y frijol, y otros que se destinaban a la venta o al intercambio para pagar el correspondiente tributo que se tasaba de antemano. Pero tampoco esta fórmula tuvo éxito, debido a los abusos que se cometían en la tasación de tributos, y porque muchos encomenderos no respetaron el nuevo régimen y continuaron sometiendo a trabajos forzados a la población encomendada. Si bien el establecimiento de encomenderos tuvo consecuencias religiosas y sociales negativas, desde el punto de vista económico significó un fuerte impacto, ya que la organización territorial y el uso de mano de obra gratuita (los indios) permitieron el incremento de la producción agrícola y minera, hasta el punto de que incluso algunas formas de trabajo subsistieron en la época independiente.

derecho de usufructo de las tierras repartidas—, la encomienda, las reducciones y el peonaje por deuda.

En cuanto al derecho de posesión reconocido a los indígenas, la propiedad de la tierra se mantuvo de acuerdo a un sistema comunal, con un régimen organizado de división del trabajo. No obstante, esto no fue así desde el comienzo.

La agricultura se extendió al cultivo del cacao (iniciado en la década de 1580), y hacia finales del siglo XVI éste producía importantes ingresos por exportación. Más tarde, en 1610, se empezó a cultivar el añil, que se transformaba en tinta para el textil y que posteriormente sustituyó al cacao en ingresos por exportación. En cambio, la caña de azúcar, cuya materia se extraía en trapiches y se convertía en panela o bebida fermentada, y el trigo solamente eran comercializados en áreas próximas.

La actividad industrial urbana empezó a cobrar gran importancia económica. Se formaron hábiles artesanos que trabajaban el oro y la plata así como también pequeñas industrias dedicadas a la fabricación de jabón, zapatería, sastrería y tejidos, además de molinos que procesaban el trigo. Los trabajadores se organizaron en gremios, con una estructura muy similar a la adoptada por los artesanos europeos de la Edad Media.

Los españoles introdujeron las técnicas y herramientas europeas, por entonces bastante desarrolladas, y las mismas fueron aprovechadas para la producción en las industrias artesanales y en la minería. No sucedió de la misma manera en el campo, ya que allí los indígenas continuaron utilizando los mismos procedimientos rudimentarios de cultivo.

La crianza y el comercio de ganado no se desarrollaron hasta la llegada de los españoles. El ganado vacuno y caballar era abundante y se exhibía para su compra y venta en las llamadas «ferias de ganado», actividad que aún se sigue realizando en muchos pueblos de Guatemala actualmente.

El tráfico comercial se producía entre los pueblos más importantes y en sus transacciones los indígenas seguían trocando productos por objetos, sobre todo el cacao y el algodón, pese a que la institución de moneda fue una acción casi inmediata de los españoles, que ya en 1543 establecieron la Casa de la Fundición y, unos dos siglos más tarde (en 1731), la Casa de la Moneda.

En la Colonia existió también el «mercado» para comercializar bienes de consumo inmediato.

Los indígenas se instalaban en una plaza para intercambiar mercancías. Desde entonces, el «mercado» se convirtió en una práctica que continúa vigente en todos los pueblos de Guatemala.

El comercio exterior tenía principalmente tres destinos: la Nueva España (hoy México), por vía terrestre; España y el Caribe, por vía marítima; y Perú, a través del océano Pacífico. La navegación constituyó una actividad importante, y en los inicios de la época colonial se permitía el comercio entre colonias. Por otra parte, el comercio de importación, que llegó a convertirse en la actividad más lucrativa, consistía en el ingreso de artículos procedentes sobre todo de Europa y China.

Hacia finales del siglo XVIII, el comercio exterior se fue deteriorando debido a los conflictos napoleónicos en Europa y al auge de la piratería. En cuanto al interior, la situación económica fue decayendo como consecuencia del excesivo intervencionismo de la Corona.

En términos generales, la organización económica de la Colonia se basó en una reglamentación estatal, municipal y gremial. Los principales ingresos provenían de la agricultura y la ganadería, y aunque la minería alcanzó un gran desarrollo en esa época, nunca constituyó una fuente generadora de riquezas.

Después de la Independencia

Una vez consumado el proceso de Independencia (1821), el régimen de propiedad de la tierra y el sistema de relaciones de trabajo, al igual que el conjunto del sistema económico colonial fueron modificados parcialmente. Aunque continuaron las prácticas heredadas de la Colonia, paralelamente se intentó hacer frente a problemas tales como la distribución de la propiedad de la tierra y la insuficiente actividad comercial.

Las principales actividades productivas, como la minería y el cultivo de cacao y añil, habían ido decayendo desde finales de la Colonia hasta arruinarse definitivamente debido a la crisis de la Casa de la Moneda. La grana o cochinilla (especie de gusano que se procesaba para producir tintes) sustituyó a los anteriores, pues era un cultivo muy apropiado para las condiciones de la época, porque no necesitaba mucha mano de obra ni grandes extensiones de terreno. La cochinilla se criaba en nopales que podían crecer en los solares o patios de las casas. Esta actividad logró extenderse y ocupar a un gran número de trabajadores.

El control de las importantes cosechas de la cochinilla para la exportación, fortaleció a la élite peninsular-criolla guatemalteca. En la imagen, un indígena recoge la cochinilla con una colita de venado.

La industria, aunque fue estimulada con exoneraciones de impuestos, no prosperó lo suficiente en relación a las demandas de la época.

Auge del café y el banano

En la segunda mitad del siglo XIX, la demanda de cochinilla en el mercado europeo fue sustituida por los tintes elaborados con productos químicos. Se desarrolló entonces la industria cafetera, que aún hoy constituye el principal producto de exportación, recibiendo un gran impulso durante el gobierno liberal (1871), que creó y consolidó la empresa agrícola capitalista, y permitió la inversión de capitales extranjeros (ingleses y alemanes), para la producción de café en las regiones de la Costa Sur y la Verapaz, aprovechando la mano de obra de la numerosa población indígena.

A finales del siglo XIX, el banano cobró impulso producido por compañías transnacionales como la United Fruit Company (UFCO), en grandes extensiones de tierra ubicadas en Izabal (costa

Recolectoras de café, con sus canastos y escaleras, cortando y trasladando el fruto hacia el lugar en que debía ser medido. Fotografía de E. Muybridge, tomada en la finca San Isidro en 1875.

del Atlántico) y Escuintla (Costa Sur). Hoy se sigue cultivando y en algún momento Guatemala llegó a tener una de las plantaciones más importantes del mundo de este producto. Aunque la UFCO se retiró en 1964, las plantaciones continúan explotándose por productores locales.

El progreso de la industria cafetalera supuso la ruina de otros cultivos importantes, ya que gran parte de las energías se canalizaron hacia el cultivo del café. De modo que productos como el trigo, el tabaco y otros de primera necesidad fueron decayendo.

Ferrocarril, ganadería, industria, banca

La construcción de vías de comunicación fue paralela al desarrollo agrícola. En 1880 se inauguró el primer ferrocarril, que cubría la ruta entre San José y Escuintla, y en 1884 se abrió el tramo entre Escuintla y Nueva Guatemala. El Ferrocarril Verapaz no se inauguró hasta 1896.

La ganadería resurgió a principios del siglo XX, pero no con la pujanza de la época colonial ni con igual dinamismo que el resto de las actividades económicas del país.

También creció el sector industrial durante este período. En 1881 se inició la industria cervecera, en 1882 se fundó la primera fábrica —una fosforera—, y en 1883, la primera fábrica de tejidos de capital nacional que utilizó maquinaria industrial.

La historia de la banca en Guatemala se inicia en el período liberal, en el cual se comienzan a institucionalizar los entes reguladores para el funcionamiento de la economía monetaria. Se fundan entonces los primeros bancos emisores y hacia finales del siglo XIX estaban establecidos el Banco Internacional, el Banco Colombiano, el Banco de Occidente, el Banco Americano, el Banco Agrícola Hipotecario y el Banco de Guatemala. Más adelante, entre 1924 y 1926, se sentaron las bases para estabilizar el tipo de cambio de la moneda (entonces era el peso), creándose el Banco Central de Guatemala, como institución emisora. Finalmente, se instituyó el quetzal como moneda nacional, con un valor equivalente al dólar.

Después de 1944

Con las medidas gubernamentales de política económica que fueron aplicadas a partir de 1945, el país recibió uno de los mayores impulsos económicos de su historia.

La estructura de la propiedad de la tierra experimentó grandes cambios debido a la reforma agraria impulsada por el Gobierno entre 1951 y 1954. La propiedad y producción minifundistas fueron impulsadas al amparo del Decreto 900 o Ley de Reforma Agraria, que suspendía algunos privilegios de los que disfrutaban las compañías extranjeras. Asimismo el Estado otorgó propiedades a muchos campesinos.

A partir de 1950 la economía guatemalteca experimentó un dinamismo generado por la exportación de productos tradicionales (café, algodón, banano, azúcar y carne), así como por la producción de manufacturas para el mercado interno y el mercado centroamericano. Fue entonces cuando se puso en marcha un modelo agroexportador de productos básicos y de sustitución de importaciones. Esto último fue posible debido a la integración de Guatemala en el Mercado Común Centroamericano, lo que permitió reemplazar el consumo de productos importados de otros países por bienes fabricados en el resto de Centroamérica. A la vez se incentivó la producción interna primándola con altos aranceles.

El cultivo de caña de azúcar existió desde la época colonial para consumo, procesamiento y comercialización interna y regional. A partir de 1960 se intensificó para responder a la demanda de Estados Unidos, que requirió otros mercados proveedores debido al cese de sus relaciones comerciales con Cuba. Por entonces, se instalaron grandes plantaciones de caña en la región de la Costa Sur. Este producto aún se cultiva en forma extensiva y constituye una importante fuente de divisas por exportaciones. No obstante, en la actualidad la demanda del mercado internacional tiende a decrecer en favor de sustitutos químicos del azúcar, que tienen menos costos de producción.

El cultivo intensivo del algodón para la exportación se inició alrededor de 1950, con inversiones japonesas. Llegó a ser una de las principales exportaciones guatemaltecas, pero actualmente sólo se produce para consumo interno.

La producción de chicle, que se extrae del árbol llamado chicozapote, fue también hasta 1950 uno de los principales productos de exportación. Aunque aún se exporta a los Estados Uni-

La agroindustria azucarera, después de una mejora en la productividad, se convirtió a partir de la década de 1980 en una de las principales fuentes de generación de divisas para el país.

dos, y Guatemala se sitúa en segundo lugar como exportador mundial, la demanda ha disminuido debido a la aparición de sustitutos artificiales en la elaboración de este producto.

A partir de la segunda mitad del siglo XX se introdujo el abono químico, lo cual permitió que los agricultores obtuvieran mayor rendimiento por unidad de terreno en sus cosechas de maíz. Esto contribuyó a disminuir la migración estacional de mano de obra agrícola hacia la Costa Sur.

Aunque en 1947 se emitió la Ley de Fomento Industrial (que coincidió con el inicio de la industrialización en Latinoamérica), la industria guatemalteca no se desarrolló hasta la década de 1960, cuando se integró en el Mercado Común. Entonces, el Gobierno destinó la mitad de las inversiones al sector manufacturero y permitió la entrada de capitales extranjeros.

La minería, un sector que se hallaba estancado desde finales de la época colonial, intentó resurgir

Puerto Barrios, que tuvo el único muelle de aguas profundas, continúa siendo un importante centro comercial del país, a pesar de haber perdido importancia en favor de Sto. Tomás de Castilla.

en 1965 con la instalación de una planta de tratamiento de níquel a orillas del lago de Izabal (en las proximidades de la costa del Atlántico). Diez años más tarde comenzó a exportarse. En esa época también se inició la explotación de petróleo en el departamento de Alta Verapaz.

En el plano macroeconómico, las tres décadas que abarcan desde 1950 hasta 1980 representaron el período de mayor bonanza económica de la historia de Guatemala. La producción geográfica bruta fue siempre ascendente y el consumo de la población en general aumentó, a la par que la inversión y las exportaciones. Asimismo se mantuvieron los niveles más bajos de deuda externa de toda Latinoamérica. Este ritmo de crecimiento acelerado obedeció al incremento constante de la inversión y al crecimiento del Mercado Común Centroamericano, que implicaba una mayor demanda de bienes industriales.

Sin embargo, en la primera mitad de la década de 1980 se inició un período de recesión económica y, al mismo tiempo, de inestabilidad financiera. El Mercado Común Centroamericano fracasó, los ingresos por exportaciones perdieron fuerza debido a la disminución en la demanda de los principales productos de exportación, y el valor de las importaciones aumentó. Una consecuencia de esta depresión fue el aumento acelerado de la deuda externa, que provocó la devaluación del quetzal. Esto obligó a realizar una serie de políticas de ajuste, como el subsidio del tipo de cambio para mantener la paridad con el dólar. Sin embargo, pronto hubo que abandonar el tipo de cambio fijo, perdiéndose dicha paridad.

El sector manufacturero también experimentó un período de recesión debido a la pérdida de la demanda de bienes industriales de Centroamérica y del mercado interno, esto último a consecuencia de la inflación.

El cultivo de productos agrícolas no tradicionales se desarrolló en la década de 1980. Desde entonces ha tenido un crecimiento constante y hoy representa una proporción importante en el ingreso de divisas. El éxito de esta alternativa de producción se atribuye al implemento de una estrategia de desarrollo basada en las exportaciones, con el apoyo de agencias internacionales, que permitió la expansión de cultivos hasta entonces reservados al abastecimiento de mercados locales: flores, frutas, melón, arveja china, bróculi y miniverduras.

Los sectores productivos en la actualidad

Una parte de la producción agrícola de los pequeños productores abastece los mercados locales.

Guatemala es el país con mayor capacidad y volumen de producción de Centroamérica. Es incluso el mayor exportador y, en la región del Caribe, uno de los países con más y mejores recursos naturales. Sin embargo, el producto interno bruto (PIB) per cápita sólo representa 1,340 dólares (menor que los de Costa Rica y El Salvador) y su distribución es desigual: la quinta parte de la población más pobre produce el 10 por ciento de la cifra promedio del PIB y la quinta parte de la población más rica reporta el triple del promedio del PIB.

Población económicamente activa

La población económicamente activa (PEA), es decir, la fuerza laboral disponible, concentra a más de la tercera parte de los guatemaltecos. En el caso de Guatemala, la PEA incluye a las personas de diez o más años de edad que se encuentran ocupadas o están en busca de trabajo.

A pesar de que la agricultura absorbe a la mayoría de la población, la proporción de la PEA ocupada en este sector tiende a disminuir como consecuencia de la migración del campo hacia la ciudad capital. Este fenómeno, agudizado desde finales de la década de 1970 a consecuencia del recrudecimiento del conflicto armado interno (ahora ya finalizado), obedece a la atracción que ofrece la metrópoli por las mejoras salariales y de condiciones de trabajo, así como a la diversidad de servicios, actividades y oportunidades.

Casi la cuarta parte de la PEA se dedica a actividades agrícolas. En éstas se incluyen la ganadería, la silvicultura, la caza y la pesca, y el cultivo de café, caña de azúcar, banano, cardamomo,

maíz, frijol y arroz, principalmente. Los otros sectores dinámicos corresponden a la industria manufacturera, el comercio y los servicios, que crecen a un ritmo cada vez mayor. Una actividad económica importante es la producción y el procesamiento de alimentos, pues abarca la mayor proporción de espacio geográfico del país y ocupa a más cantidad de personas, siendo mayoría de población la que se sostiene con estas actividades. En menor escala, también son importantes las actividades de construcción, transporte y comunicaciones, minería y servicios. En este último sector trabaja la mayoría de la población activa y se halla en constante expansión.

La PEA concentra a más de la tercera parte de los guatemaltecos, de los cuales casi un 44 por ciento está integrado por población maya del sudoeste, noroeste y norte del país. Respecto a la ocupación, aproximadamente un 30 por ciento de la PEA está empleada en el sector formal y el 40 por ciento se encuentra en situación de desempleo y subempleo.

La economía doméstica

En una familia maya, generalmente el papel masculino difiere del papel de la mujer en cuanto a las actividades económicas: el padre de familia tiene la obligación de proveer al hogar de maíz, frijol y leña para el sustento diario; mientras la esposa realiza algún trabajo para poder comprar otros bienes de consumo como azúcar, café, sal, jabón e hilo para tejer. Esto implica que la mujer se involucre en otros trabajos para completar el ingreso familiar: crianza de animales, elaboración y venta de tejidos, y comercio.

Mi tierra

Madre tierra, madre patria,
aquí reposan los huesos
y memoria de mis antepasados,
en tus espaldas se enterraron
los abuelos, los nietos y los hijos.

Aquí se amontonaron
huesos tras huesos de los tuyos,
los huesos de las lindas patojas de esta tierra,
abonaron el maíz, las yucas,
las malangas, los chilacayotes,
los ayotes, los güicoyes y los güisquiles.

Aquí se formaron mis huesos.
Aquí me enterraron el ombligo
y por eso me quedé aquí,
años tras años,
generaciones tras generaciones.

Tierra mía, tierra de mis abuelos,
tus manojos de lluvias,
tus ríos transparentes,
tu aire libre y cariñoso,
tus verdes montañas
y el calor ardiente de tu sol
hicieron crecer y multiplicar
el sagrado maíz
y formó los huesos de esta nieta.

Tierra mía, madre de mis abuelos,
quisiera acariciar tu belleza,
contemplar tu serenidad
y acompañar tu silencio,
quisiera calmar tu dolor,
llorar tu lágrima al ver tus hijos
dispersos por el mundo,
regateando posada en tierras lejanas,
sin alegría, sin paz,
sin madre, sin nada.

Rigoberta Menchú Tum

Cuando se trata de gastos mayores (educación y ropa para los hijos, compra de algún terreno), éstos se comparten entre los cónyuges.

En los últimos años, con los cambios económicos este patrón también se ha modificado. Ahora las mujeres intervienen más en las tareas agrícolas, ya sea con la familia completa o como asalariadas independientes. Además, cuando el esposo debe migrar solo hacia trabajos temporales en otras plantaciones, la esposa se responsabiliza de las siembras propias.

El sector agropecuario

Guatemala se ha caracterizado por una economía agrícola, que ha generado empleo para más de la mitad de su población. Aunque en los últimos años ha bajado el ritmo de crecimiento del sector en relación a otros, representa la cuarta parte de la producción nacional y el 70 por ciento del total de las exportaciones.

La producción agrícola

La producción agrícola de Guatemala se puede clasificar en tres tipos según su destino: la de subsistencia, en la que básicamente se produce maíz, frijol, hortalizas y patatas; la comercial, que abastece a los mercados locales; y la de exportación, que produce café, banano, caña de azúcar, algodón, ajonjolí, cardamomo, plantas ornamentales, frutas, arveja china, bróculi y miniverduras para comercializar fuera del país. Esta última representa el 44 por ciento de la producción agrícola total.

La población maya es la productora de la mayor cantidad de granos básicos y legumbres que se consumen en el país. Por ejemplo, de la producción total de maíz, un 40 por ciento proviene de departamentos habitados por mayas y un 20 por ciento, de regiones en las que éstos habitan como migrantes (Costa Sur). El 30 por ciento del frijol se cultiva en departamentos con mayoría de población maya y un 12 por ciento lo cultivan mayas migrantes. Con el trigo la situación es similar, pues casi en su totalidad se produce en departamentos habitados por mayas (occidente de Guatemala).

Los cultivos destinados a la exportación son el café, la caña de azúcar, el maíz, el cardamomo, el hule, el banano y las hortalizas. También se cultivan otros granos, cereales y productos para consumo industrial. Por áreas, la producción agrícola está distribuida de la siguiente manera: región oriental (departamentos de Zacapa, El Progreso y Chiqui-

Los minifundios se hallan en la región de los altiplanos occidental y central y en las partes altas de la región oriental. En ellos se cultivan granos, fruta y hortalizas para la subsistencia familiar.

mula), melón, sandía, tomate y tabaco; Altiplano (occidente del país), bróculi, arveja china, patata, frambuesa, fresa, manzana, pera y melocotón; región central, café, hortalizas y plantas ornamentales; región sur (departamentos de Santa Rosa, Escuintla, Suchitepéquez y Retalhuleu), caña de azúcar, hule, café, mango, zapote, piña y cítricos; las Verapaces, cardamomo, café, plantas ornamentales, bosques y bróculi; Petén, maderas, chicle, xate y bosques.

En la década de 1970, la crisis de mercado de los productos tradicionales que Guatemala exportaba (principalmente algodón) suscitó la necesidad de introducir cultivos alternativos que generaran divisas. Así se inició el cultivo de productos no tradicionales que ya en 1986 significaban un apartado importante de las exportaciones. En la actualidad Guatemala exporta diversos productos agrícolas: especias (ajonjolí, pimienta gorda y nuez moscada), flores (aves del paraíso, claveles, crisantemos, pompones y rosas), frutas (fresas, mangos, melones, moras, piñas y sandías), follajes (*leather leaf*, xate), plantas ornamentales (dracaenas, izotes y ponies), verduras (arveja china, arvejas, bróculi, col de bruselas, coliflor, ejotes, espárragos y miniverduras) y otros (cacao, ajo y jengibre).

La propiedad de la tierra

En Guatemala, la distribución de la propiedad de la tierra presenta el contraste entre minifundios y latifundios: el 65 por ciento del total de la tierra cultivable está en manos del 2.3 por ciento del total de fincas. Esta situación se concentra en los departamentos del Altiplano: Totonicapán, Quetzaltenango, San Marcos, Huehuetenango, Quiché y Chimaltenango, en los que abundan los minifundios. La previsión de la distribución per cápita, para el año 2000, es de 0.5724 manzanas de tierra agrícola por cada habitante.

En los minifundios, cuya extensión promedio es de 2.1 manzanas, se practica una agricultura de subsistencia y se producen granos alimenticios básicos (maíz, sorgo, trigo, frijol y arroz), hortalizas y frutas. Son unidades de carácter familiar, con una agricultura de tipo intensivo y lenta o nula innovación tecnológica. El destino de la producción es el autoconsumo y, si queda algún excedente, se vende en los mercados locales.

El maíz es el principal cultivo en las extensiones pequeñas de tierra. Según la región, pueden obtenerse una o dos cosechas anuales. El primer caso se da en el Altiplano y en parte de la región norte (zonas de clima frío y húmedo) y el segun-

Las grandes fincas, en especial las dedicadas a productos de exportación, como la caña de azúcar, el algodón o el banano, se encuentran dotadas de los mejores avances de la tecnología moderna.

do, en la Costa Sur y oriente del país (regiones de clima cálido).

La producción minifundista se enfrenta a una serie de problemas internos como la falta de eficiencia técnica y la dificultad de acceso a los recursos productivos. En los últimos años, una solución a estos problemas ha sido la creación de cooperativas agrícolas orientadas principalmente al cultivo de productos no tradicionales. Por otra parte, las unidades de tierra disponibles no han aumentado al mismo ritmo que el crecimiento demográfico, por lo que algunos campesinos se ven en la necesidad de arrendar terrenos para cultivar productos para el autoconsumo. El arrendamiento, en este caso, puede pagarse en efectivo, en trabajo (el arrendante trabaja para el dueño del terreno una cantidad de tierra equivalente al espacio que se le prestó) o en especie (el arrendante concede al dueño de la tierra una parte de la cosecha).

Cuando la producción agrícola local no es suficiente, muchas veces el propietario de una finca pequeña trabaja además fuera de su propiedad para completar los ingresos familiares, ya sea en la misma región o emigrando temporalmente hacia otros departamentos del país.

Los latifundios son grandes unidades de cultivo caracterizadas por una producción extensiva, dan empleo a miles de familias y generalmente producen para la exportación productos como café, caña de azúcar, banano, cardamomo, ajonjolí y hule. Estas fincas, cuya extensión es mayor de 64 manzanas, ocupan el 65 por ciento de la superficie cultivable del país y se encuentran principalmente en la Costa Sur y en parte del departamento de Alta Verapaz.

Aunque históricamente la agricultura ha sido el sector más productivo para la economía del país, no ha comportado un aumento substancial en la productividad, empleo e ingreso. Esta situación puede explicarse, entre otras, por las siguientes causas: concentración de pequeños agricultores y familias sin tierra en algunas regiones del país; atomización de la propiedad de la tierra; acceso restringido a otros sectores productivos; falta de una infraestructura complementaria.

La actividad en el campo
En el medio rural se dan dos formas de producción principales: la agricultura familiar tradicional y la agricultura capitalista comercial, las cuales mantienen relaciones de compra y venta de mano

de obra y producción. Además, ha surgido un tipo de producción familiar a pequeña escala, que también constituye una importante fuente de divisas y ocupación de mano de obra.

La actividad tradicional en el campo es la agricultura familiar, que predomina en la región del Altiplano. Su organización se basa en una pequeña unidad familiar que produce básicamente para el autoconsumo y algún excedente para comercio local. El cultivo principal son los granos básicos, con pequeña intervención de mano de obra y casi ninguna tecnología. De este modo de producción depende más de la mitad de la fuerza de trabajo rural de Guatemala, sobre todo en las categorías de trabajador familiar y trabajador por cuenta propia.

Otra forma de producción es la agricultura de tipo capitalista comercial, principalmente en actividades pecuarias y en cultivos de café y, en menor escala, caña y algodón. Genera empleo a gran escala para la mano de obra del país, como trabajo permanente o estacional, y es también fuente de divisas.

La agricultura comercial congrega al 28.5 por ciento de la fuerza laboral del campo y está organizada básicamente en forma de trabajo asalariado. En el caso del sector pecuario, la mano de obra ocupa, en gran escala, la unidad familiar de producción.

Una tercera forma de producción, más reciente, es el cultivo en pequeña escala de productos de elevado valor comercial para abastecer al mercado interno y para la exportación. La base de la organización de este sistema es la mano de obra asalariada y la participación de la familia del productor. En su mayoría, los que se dedican a esta forma de producción agrícola se han asociado, ya sea en cooperativas o como nuevas asociaciones de productores. En esta modalidad se incluyen los casos de comunidades que se han especializado en el cultivo de hortalizas o frutas, en las tierras más fértiles y cercanas al pueblo en que viven los asociados debido a que este sistema demanda mayor inversión en fertilizantes, abonos y mano de obra. La cosecha sirve para abastecer el consumo de la región, y en el caso de localidades fronterizas se vende al por mayor a intermediarios de Tapachula (México), Honduras y El Salvador. Aunque no dejan de cultivar maíz, lo

Mano de obra estacional

La producción agrícola para exportación en Guatemala, que se concentra en fincas de la Costa Sur y en parte de los departamentos de Alta Verapaz, San Marcos, Huehuetenango e Izabal, necesita mucha mano de obra, sobre todo durante la época de cosecha. Para cubrir esta demanda, muchos trabajadores del Altiplano se trasladan cada año hacia las grandes fincas para trabajar durante un lapso de tiempo. Se estima que la mano de obra estacional incluye más de cuatrocientos mil guatemaltecos, entre hombres, mujeres y niños.

Los trabajadores son contratados a través de un intermediario, quien visita las comunidades para reclutar mano de obra por uno, dos y hasta tres meses. Algunas veces el trabajador recibe un anticipo de dinero para cubrir los gastos del viaje o

de la familia, si ésta se queda. Luego, en camiones o autocares, se trasladan a las fincas, donde se acomodan en «galeras» (especie de construcciones improvisadas; son habitaciones grandes, construidas con madera y techo de lámina; algunas veces con piso de tierra) colectivas. En algunas fincas los trabajadores reciben raciones de alimentos y, a veces, se les proporciona servicios médicos y escuelas. La introducción de tecnología y los servicios de asesoría y crédito al pequeño productor, que en los últimos años han prestado instituciones como cooperativas agrícolas, organizaciones no gubernamentales e, incluso, el Gobierno, han fomentado la producción en los minifundios, lo cual ha provocado que la mano de obra estacional tienda a decrecer.

Distribución de la producción pecuaria y avícola

- 15 %
- 13 %
- 2 %
- 19 %
- 51 %

- ■ Carne bovina
- ■ Carne de ave
- ■ Huevos
- ■ Carne porcina
- ■ Leche

la Sierra Madre (occidente de Guatemala), por ejemplo, se crían rebaños de ovejas que producen lana para textiles, que generalmente abastecen a las fábricas de la región. El ganado bovino produce carne para los mercados locales y para exportación, así como para el consumo y procesamiento de leche. Se cría principalmente alrededor del municipio de Guatemala, en el departamento de Escuintla y en las Verapaces, y la producción de carne se concentra en los departamentos de Izabal, Santa Rosa y Petén, donde últimamente se han concentrado grandes extensiones de tierra para la ganadería, en detrimento de las áreas de Escuintla y Suchitepéquez.

La actividad avícola ha aumentado en los últimos años, abasteciendo de carne y huevos no sólo a los consumidores locales sino también exportando carne hacia el mercado centroamericano. La mayor producción se registra en el Altiplano y en los alrededores del departamento de Guatemala.

hacen en terrenos más alejados, pues requiere menores cuidados. Si el destino del cultivo es alguna empresa agroexportadora, el producto debe cumplir con los requisitos de calidad exigidos en el mercado extranjero, por lo que la cosecha corre el riesgo de ser rechazada.

Los grupos en los que se dan los mayores índices de pobreza coinciden con la agricultura como principal actividad económica. Se calcula que el 87 por ciento de la población rural se encuentra en situación de pobreza. Esta proporción es diferente entre los diversos grupos étnicos: en el grupo indígena alcanza el 89.5 por ciento y en el no indígena, el 74.2 por ciento.

La actividad económica de las familias campesinas no siempre es suficiente para satisfacer las necesidades básicas, lo que las obliga a buscar otras fuentes de ingresos como el trabajo asalariado en fincas grandes (que implica migraciones temporales), el comercio a pequeña escala y la elaboración de artesanías.

La producción pecuaria

El sector pecuario integra un poco más de la tercera parte de la producción bruta de Guatemala y es un importante generador de divisas. La actividad ganadera guatemalteca incluye ganado bovino, porcino, caprino, ovino y aves y produce tanto para consumo interno como para exportación de carne. La ganadería es una actividad diversificada: en la región de los Cuchumatanes y

La pesca

El sector pesquero produce principalmente pescado, camarón y langosta, que se capturan en la Costa Sur, sobre todo en el departamento de

Rasgos estructurales del desarrollo agrario

- Concentración de la propiedad en pocas manos, frente a un gran número de pequeños propietarios.
- Incremento sostenido de la agroexportación, paralelo a un decremento relativo de la producción para consumo interno.
- Importación de productos manufacturados, frente a exportación de materias primas.
- Zonas de alta productividad y despobladas, dedicadas a la agroexportación, a la vez que susbsisten zonas de suelos pobres, densamente pobladas, dedicadas a la producción de subsistencia.
- Incrementos de productividad, paralelos al aumento del desempleo y subempleo.
- Incorporación de tecnología «sofisticada» y relaciones de producción modernas, conviviendo con relaciones y métodos atrasados de producción.
- Desarrollo macrocefálico y, a la vez, estancamiento del área rural.

Escuintla. Los tipos de pesca practicados en Guatemala se clasifican en dos: pesca marítima y de aguas continentales, y piscicultura.

La fauna marina se aprovecha de diversas maneras, sobresaliendo la pesca artesanal. Ésta se realiza en pequeñas embarcaciones, generalmente menores de diez metros de eslora, que operan cerca de las costas marítimas o también en los lagos de agua dulce (Petén Itzá, Atitlán, Ayarza, El Pino, Izabal y Atescatempa) y varios ríos de la República. Algunos pescadores se han asociado para integrar cooperativas, lo cual les permite sistematizar y mejorar la producción y el mercado.

La mayor parte de pesca marítima es aprovechada por barcos pesqueros que operan frente a las costas, principalmente del océano Pacífico, y se internan hasta veinte kilómetros mar adentro. Pertenecen a compañías transnacionales y casi toda la producción es destinada al mercado internacional. Debido a que estas compañías tienen controlada la distribución del producto, los pescadores artesanales realizan actividades pesqueras únicamente con fines de subsistencia, sin mayores oportunidades para vender los excedentes que las que ofrecen los mercados locales.

Aunque las mayores capturas son de pescado (en Guatemala se produce casi ocho veces más pescado que camarón y langosta juntos), la principal exportación es el camarón (producto preferencial). Se calcula que por cada libra de camarón capturado se cosechan simultáneamente diez libras de pescado, que se devuelve al mar. Sin embargo, también se exportan otras especies como cangrejo, peces, moluscos y calamares.

La producción pesquera marítima en Guatemala tiene un alto potencial que no se ha explotado en su totalidad. La mayoría de inversionistas son extranjeros. Se estima que la captura promedio por kilómetro de costa explotada es de siete toneladas métricas: una intensidad baja si se compara con México (casi el cuádruple), Brasil (ocho veces más) o Chile (cuarenta veces el rendimiento de Guatemala). Este rendimiento, sin embargo, va en ascenso, pues se estima que la captura de recursos marinos aumenta en un 2 por ciento anual.

Otro tipo de producción pesquera desarrollado en Guatemala es la piscicultura, que consiste en la explotación de estanques especiales en que se cultivan peces para abastecer áreas donde no se cuenta con fuentes naturales. En casi todas las regiones del país existen varias estaciones piscícolas, las cuales cuentan con asistencia técnica de

La explotación de la enorme riqueza forestal del país ha supuesto una desmesurada destrucción de la cubierta boscosa. En la imagen, interior de selva lluviosa en Petén.

varias instituciones internacionales como la Cooperativa Americana de Remesas al Exterior (CARE) y el Cuerpo de Paz, así como también de instituciones gubernamentales como el Instituto Técnico de Capacitación y Productividad (INTECAP) y el Ministerio de Agricultura.

Los recursos forestales

Los bosques densos cubren el 40 por ciento de la superficie del país (43,226 km²), predominando en las regiones de Petén (que abarca casi la mitad de los recursos forestales), Izabal y el norte de Quiché y Alta Verapaz.

La materia prima forestal se utiliza con fines industriales o para uso doméstico: de ella se obtiene leña, carbón, chicle, pimienta gorda, xate y madera. Esta última es principalmente de caoba, cedro y pino, representa el 2 por ciento del producto interno bruto y se utiliza sobre todo para la fabricación de muebles.

Cobertura forestal por departamento

Departamento	Porcentaje
Alta Verapaz	8.62
Baja Verapaz	3.68
Chimaltenango	2.75
Chiquimula	1.04
El Progreso	0.82
Escuintla	0.45
Guatemala	1.04
Huehuetenango	7.53
Izabal	4.21
Jalapa	0.59
Jutiapa	0.32
Petén	48.03
Quetzaltenango	1.20
Quiché	13.04
Retalhuleu	0.17
Sacatepéquez	0.28
San Marcos	1.87
Santa Rosa	0.52
Sololá	0.49
Suchitepéquez	0.35
Totonicapán	1.59
Zacapa	1.41
Total	**100.00**

En varias ocasiones se ha intentado captar pulpa de madera para la elaboración de papel e incluso al inicio de la década de 1980 se instaló una fábrica exclusivamente con este propósito (Celulosas de Guatemala, S.A. —CELGUSA—). Pero el proyecto fracasó y en la actualidad Guatemala produce madera e importa papel.

La leña se ha utilizado como recurso energético, sobre todo en el área rural, donde constituye el principal combustible para cocinar. El uso comercial de este producto es mínimo, pues mujeres y niños suelen recolectar ramas y troncos que quedan como residuo de podas y talas en los bosques y cultivos, y sólo se comercializa para utilizarla en caleras (lugares donde se quema piedra caliza durante tres días y tres noches consecutivos, para obtener cal que se emplea en la construcción y para cocinar maíz), y en algunas panaderías y pequeñas industrias rurales.

A pesar de la existencia de suelos con vocación forestal, la explotación de estos recursos no ha sido la adecuada. En los últimos años las importaciones de productos forestales y derivados han sido mayores que las exportaciones. Esto se explica, parcialmente, por la depredación de bosques y el contrabando de madera, sobre todo en el norte de Guatemala.

El sector manufacturero

La actividad industrial se desarrolló fuertemente a partir de 1960, con la apertura del Mercado Común Centroamericano, continuando hasta finales de la década de 1970. Hacia 1990, experimentó una crisis causada principalmente por la caída del mercado regional centroamericano. A pesar de ello, en los últimos años este sector se ha recuperado y actualmente constituye una importante fuente de empleo para el país, representando casi el 15 por ciento del PIB.

La producción de artesanías es un sector que se ha incrementado paralelamente al descenso del trabajo agrícola como actividad principal. Aunque la producción actual evidencia las influencias coloniales, su origen se remonta a la época prehispánica.

La producción industrial

La producción industrial, que no es muy diversificada, corresponde a las siguientes industrias: alimentaria, textil, tabacalera, maderera, talabartera y metalúrgica. También, con menos producción pero igualmente dinámicas, hay manufacturas de madera, caucho, corcho, papel, productos minerales así como construcción de maquinaria, equipo de transporte, artículos eléctricos y trabajos de imprenta.

La distribución geográfica del sector industrial puede dividirse en cuatro áreas principales: la zona central (departamento de Guatemala), la zona nororiental (departamento de Zacapa), la zona sur (departamento de Escuintla) y la zona occidental (departamento de Quetzaltenango).

La producción de alimentos es un subsector que ha crecido constantemente desde sus inicios. Consiste en la transformación de la materia prima pecuaria o agrícola en productos industriales para consumo humano. Es una de las industrias que utilizan fundamentalmente las materias primas agrícolas del país y representa más de la quinta parte de los ingresos por exportaciones. La manufactura de alimentos y bebidas constituye casi el 42 por ciento del volumen total del sector manufacturero.

La industria alimentaria en Guatemala utiliza parte de la producción agropecuaria nacional. Incluye el procesamiento, empaque y distribución de camarón y langosta; preparados de carne, pescado y crustáceos; preparados de cereales; azúcares y artículos de confitería y bebidas, alcoholes y vinagres. También se procesan productos lácteos (leche pasteurizada, crema, queso, mantequilla y yogur) para abastecer el mercado nacional, principalmente en los departamentos de Escuintla, Santa Rosa, Quetzaltenango, Guatemala, Jutiapa y Alta Verapaz.

La fabricación de textiles es otro subsector que mantiene intensa actividad productiva manufacturando telas, calzado, prendas de vestir y otros artículos como bolsas y accesorios. Los ingresos que genera constituyen el 10 por ciento de la producción industrial del país.

Un modo de producción muy extendido en la actividad textil de Guatemala es la industria de maquilas. Se trata, en este caso, de fábricas especializadas en determinada fase del proceso de producción de alguna prenda de vestir (como el corte, por ejemplo), para exportación. A los trabajadores, en su mayoría mujeres jóvenes, se les paga por producto terminado. Esta industria representa una opción favorable para el propietario de la marca, pues el salario mínimo fijado en Centroamérica para los obreros es inferior al de muchos otros países.

La producción artesanal

Los productos artesanales se fabrican con diversos materiales tales como cuero, hueso, azúcar, bambú, madera, mimbre, palma, textiles, tusa (hoja de maíz seca), parafina, barro, hierro, pólvora, vidrio, papel, oro, plata, bronce, latón y alambre. Con esta materia prima, los artesanos guatemaltecos fabrican bolsas, zapatos, pirograbados sobre madera y cuero, accesorios femeninos, dulces, cestas, muebles, juguetes, artículos para cocina, juegos pirotécnicos, joyas, instrumentos musicales y objetos decorativos. La actividad más difundida en todo el país es la artesanía textil, en la que se utilizan telares rústicos de mano y telares accionados con pedal.

La unidad de producción ha sido tradicionalmente la familia (generalmente, sin percibir una remuneración). Sin embargo, el aumento en la demanda ha estimulado la creación de talleres artesanales que contratan mano de obra asalariada. También se ha desarrollado un sistema de producción en el cual el artesano trabaja en su casa, con material que le proporciona otra persona, ya sea el propietario de un taller más grande o algún distribuidor que se encarga de proveer artesanías a diferentes destinos (intermediario).

La industria ha crecido a un ritmo impresionante desde 1945, y se han creado muchas empresas nuevas, con grandes inversiones de capital y mecanización. En la imagen, industria en Zacapa.

La explotación minera

En casi todos los departamentos de Guatemala se localizan recursos económicos minerales, sobre todo en las regiones del norte, centro y occidente. Aunque los yacimientos proporcionan una amplia gama de productos, el valor de la extracción de petróleo es casi igual al que se obtiene anualmente en la explotación de diversos minerales. De éstos, la mayor producción es de piedrín y arena, y sal.

La explotación minera es una actividad que ocupa a menos del 1 por ciento de la PEA, a pesar de que se localizan yacimientos de diversos minerales en casi toda la República. Después del desarrollo experimentado en la década de 1960 y parte de 1970, esta actividad ha disminuido considerablemente, sobre todo a raíz del cierre de la planta de níquel de Exmibal (1981).

En el subsuelo guatemalteco hay minas de plomo, oro, barita, cromo, magnesita, antimonio, sal gema, azufre, zinc, plata, níquel, cobre y mármol. El piedrín y la arena se extraen de cerros en casi todo el país y se destinan principalmente al consumo interno para el sector de la construcción.

La creación de nuevos bancos y financieras constituye una nueva experiencia dirigida a la modernización del sistema bancario. En la imagen, edificio de la financiera Corporación de Occidente.

La explotación de plomo también tiene como principal destino el consumo interno, pues este mineral es demandado por diversas fábricas del país para la fabricación de baterías, marchamos, roldanas, instrumentos de labranza, etcétera.

El oro se extrae de las arenas del río Motagua, principalmente en los departamentos de Guatemala y El Progreso, utilizándose el método de lavado de Baten. Esta actividad se desarrolla únicamente durante el verano (en los meses de marzo y abril), por lo que los trabajadores que se dedican a ella deben buscar otra forma de subsistencia para el resto del año.

La explotación de barita, mineral utilizado en la perforación de pozos petroleros, se realiza en varias canteras localizadas hacia el occidente del departamento de Baja Verapaz. Éstas no son las únicas, hay otras en los municipios de San Mateo Ixtatán y Nentón, en el departamento de Huehuetenango. El mármol se extrae de reservas localizadas en diez de los veintidós departamentos de la República. La mayor producción corresponde a los departamentos de Zacapa y El Progreso y se utiliza principalmente para la construcción y en la preparación de concentrados para la alimentación de gallinas.

El petróleo

La actividad petrolera se ha incrementado en los últimos años. Actualmente, más del 75 por ciento de la producción se destina a la exportación y el resto a consumo interno y reserva.

La explotación de petróleo se realiza al amparo de la Ley de Hidrocarburos, que regula los acuerdos entre el Gobierno y el contratista, que suele ser una empresa transnacional. La principal compañía explotadora de petróleo en Guatemala es la Basic Resources International Bahamas Limited, que extrae de los yacimientos localizados en la región norte (departamentos de Quiché, Alta Verapaz y Petén). En este sector, Guatemala no ha desarrollado una infraestructura que le permita procesar sus propios recursos y aunque

La producción de Guatemala

Región	Departamentos	Producción agrícola	Producción minera	Industrias principales
Metropolitana	Guatemala	Maíz, café, zanahoria y manzana	Antimonio y mármol	Alimentos procesados, plantas embotelladoras, textiles, maquila de ropa, agroindustria
Altiplano Central	Chimaltenango, Sacatepéquez y Sololá	Maíz, café, trigo, vegetales, flores y frutas		Maquila de ropa, textiles, empacadoras de vegetales, artesanías para exportación y turismo
Altiplano Occidental	Quetzaltenango, Totonicapán, San Marcos y Huehuetenango	Maíz, trigo, café, frutas y lana	Plomo, antimonio, mármol y zinc	Textiles tejidos a mano, fábricas de textiles, artesanías, muebles, cerámicas y vidrio soplado
Altiplano Norte	Quiché, Alta Verapaz y Baja Verapaz	Café, cardamomo, arroz, bróculi, maíz y pimienta negra	Cromo, sal gema, mármol, zinc, plomo y plata	Calzado, artesanías, lácteos, plantas ornamentales y procesamiento de madera
Petén	Petén	Maíz, arroz y frijol negro	Mármol	Turismo, aceite, maderas preciosas, chicle y plantas ornamentales
Izabal	Izabal	Banano, maíz, frijol negro, arroz y plátano	Oro, níquel, cobre, mármol, cromo y cobalto	Pesca, operaciones marítimas
Oriente	Jutiapa, Jalapa, Chiquimula, Zacapa y El Progreso	Caña de azúcar, tabaco, café, cacao, banano, melón, okra, ajonjolí, uva, maíz, frutas y frijol negro	Oro, magnesita, mármol, plomo, zinc, cobre y plata	Cemento, fertilizantes agrícolas y plantas embotelladoras
Costa del Pacífico	Escuintla, Retalhuleu, Santa Rosa y Suchitepéquez	Caña de azúcar, algodón, banano, café, cardamomo, maíz, frijol negro, frijol de soya, ganado, ajonjolí, frutas, camarón y caucho	Azufre	Procesamiento de azúcar y de papel, embotelladoras, cultivos de camarón, empacadoras de carne y mariscos, plantas de fertilizantes y agroquímicos, destilerías, aceite vegetal y refinerías de petróleo

cuenta con una refinería (en el departamento de Escuintla), todavía importa petróleo pesado, sobre todo de Venezuela y México, así como derivados, principalmente combustibles.

Los servicios

Este sector, que emplea a más del 60 por ciento de la población, incluye actividades en el comercio, transporte, servicios privados, administración pública y banca. Se ha constituido en uno de los más importantes generadores del PIB (más del 55 %) y es una de las actividades de mayor expansión debido a las limitadas oportunidades en la agricultura y las manufacturas. Incluso se estima que Guatemala se está encaminando hacia una economía de servicios.

Las actividades del sector servicios en Guatemala se clasifican en servicios (técnicos y profesionales), comercio, banca y seguros. Los dos primeros se han expandido debido a que pueden insertarse fácilmente dentro de la economía informal. El subsector banca y seguros también ha aumentado con la creación de nuevos bancos y agencias bancarias, bolsas de valores, casas de cambio, financieras y almacenadoras, etcétera, y con el auge de nuevos instrumentos crediticios (corretaje, *leasing*, reportos, *money market*).

La economía informal se refiere a un sector que genera bienes y servicios a bajo precio para la población de menores ingresos y constituye una fuente de empleo para quienes no se han ubicado en el sector formal de la economía. En Guatemala, se calcula que un poco más de la mitad de la población económicamente activa está involucrada en estas actividades. En general, la economía informal en Guatemala se ocupa de actividades excluidas del área productiva, ya que más de la mitad se emplea en el comercio y la industria.

El turismo

La actividad turística es una de las principales fuentes de obtención de divisas. Aunque se empezó a desarrollar a partir de la década de 1960, no puede hablarse de un crecimiento constante puesto que ha sufrido variaciones en función de la situación política del país. Es una actividad relativamente estacionaria, pues los ingresos fuertes se registran en los meses de julio y agosto (sobre todo, turistas norteamericanos, europeos y salvadoreños), y diciembre (turistas norteamericanos). A pesar de ello, constituye un importante generador de empleo. Los principales destinos son sitios que ofrecen restos arqueológicos de la cultura maya (Tikal), arquitectura colonial (Antigua Guatemala), paisajes naturales (Atitlán) o escenarios de la vida cotidiana y la religiosidad maya (Chichicastenango). Éstos y otros lugares son visitados por turistas que proceden, principalmente, de Centroamérica, Estados Unidos, Canadá y Europa. La actividad turística involucra el mantenimiento de los destinos más visitados, así como transporte, hoteles, restaurantes, agencias de viajes, espectáculos y venta de artesanías. En este sector, en general, aún predomina el uso de mano de obra poco calificada. La oferta hotelera se concentra en los departamentos de Guatemala (casi el 18 %), Sololá (11 %), Sacatepéquez y Petén (9 %), Quetzaltenango (8 %) e Izabal (6.5 %). En los últimos años ha aumentado a un ritmo del 7 por ciento anual. Este comportamiento no ha sido consecuente con los niveles de ocupación en el sector, que se encuentra por debajo de lo ideal.

La recuperación del turismo se ha producido a raíz del proceso de democratización. En la imagen, complejo hotelero Tikal Futura, en Guatemala.

Los servicios

Transportes,
comunicaciones, finanzas
y comercio

En la imagen, la sede del Banco Internacional, uno de los 31 bancos privados nacionales que operan en Guatemala, a los que hay que añadir tres bancos privados extranjeros y tres bancos estatales.

Transportes, comunicaciones, finanzas y comercio

E l sector terciario, básicamente, se clasifica en: comercio, servicios privados (técnicos y profesionales), servicios públicos y servicios financieros (banca y seguros). Ha crecido en los últimos años a ritmos mayores que los otros sectores productivos, como consecuencia de la consolidación de la producción agrícola e industrial, que ha dinamizado los mercados internos y de exportación, de tal manera que las actividades del comercio y las comunicaciones representan aproximadamente el 56 por ciento del producto interno bruto. Este crecimiento de la economía ha provocado un importante fortalecimiento y ampliación de la actividad bancaria y financiera.

En la última década se han abierto grandes centros comerciales, como el de La Pradera, en la ciudad de Guatemala.

El sector terciario y el empleo
Dentro del sector terciario, los subsectores del comercio y servicios privados son los mayores generadores de empleo. El primero se sustenta en corrientes de importaciones y exportaciones, y en la comercialización de productos de consumo interno: maíz, frijol, verduras, vestuario y calzado, entre otros. El principal soporte del comercio radica en la importación de bienes; de hecho, el 40 por ciento del consumo de los guatemaltecos está vinculado a productos importados.

La distribución de la actividad comercial presenta un contraste en función del valor y de la fuerza laboral. En términos generales, el comercio relacionado con importaciones y exportaciones genera poco empleo y está controlado por grandes inversionistas. Por el contrario, las transacciones de bienes que se producen y consumen dentro del país, aunque trabajan con capitales más reducidos, emplean a un mayor número de personas.

Los servicios privados, que incluyen principalmente las asesorías y consultorías de médicos, abogados y contadores, así como otros servicios profesionales y técnicos, se han concentrado en la capital guatemalteca y en las cabeceras departamentales con mayor movimiento comercial: Quetzaltenango, Escuintla y Mazatenango, mejor comunicadas. Esta situación contrasta con la escasez de servicios profesionales en regiones más alejadas, como Quiché y Huehuetenango.

Los servicios públicos abarcan los organismos del Estado (Ejecutivo, Legislativo y Judicial) y sus entidades autónomas (Instituto Nacional de Electrificación, Universidad de San Carlos de Guatemala, Banco de Guatemala, etcétera), así como las municipalidades. Representan un gasto del tres por ciento del total de las inversiones del país y emplean a seis de cada cien guatemaltecos.

Muchos analistas sostienen la tesis de que Guatemala se encamina hacia una economía de servicios, fundamentada en las finanzas y el turismo. De hecho, en la actividad económica del país se ha experimentado un auge de los sectores bancario y financiero, manifestado, por ejemplo, en la apertura de nuevos bancos y agencias bancarias, bolsas de valores, casas de cambio, financieras y almacenadoras, así como de nuevos instrumentos de crédito, tales como el corretaje, *leasing*, reportos y *money market*. Estas actividades, si bien están en expansión y representan fuertes ingresos, generan poco empleo.

El sector terciario también incluye la economía informal, en la cual no se tributa al fisco y el trabajador no tiene acceso a los beneficios de un seguro social, pues la forma de pago es a destajo.

Las ventas callejeras, enmarcadas en la economía informal, responden a la necesidad de aumen- *tar los ingresos de las clases desfavorecidas para cubrir las necesidades básicas de subsistencia.*

Las empresas informales son parte de la actividad cotidiana en la economía nacional, y se observa sobre todo en las áreas urbanas: negocios ubicados en las aceras de ciudades (especialmente en la capital de Guatemala), que ofrecen cualquier tipo de artículo, desde un caramelo hasta ropa y muebles pequeños; vendedores ambulantes que van pregonando su producto de calle en calle o entre los pasajeros de autobuses; venta de tortillas (de harina de maíz). Los negocios suelen estar constituidos por menos de cinco personas. Los propietarios, si bien suelen pagar impuestos, como el IVA, al comprar sus materias primas, no reportan al fisco ni extienden facturas. En el caso de las ventas callejeras, éstas únicamente cancelan el impuesto municipal por derecho de piso o espacio en la vía pública. Para muchos especialistas, el auge de esta actividad, también llamada «economía subterránea», obedece a las dificultades del sistema para legalizar este tipo de negocios. Hay quienes consideran que es consecuencia de la falta de empleo. Este sector, que algunos ven como una actividad criminal, siempre ha existido; anteriormente se le llamaba «mercado negro» y estaba asociado al contrabando. En la capital guatemalteca es común observar indígenas del Altiplano propietarios de algún negocio informal. El 80 por ciento de las ventas callejeras está en manos de estas personas que trabajan hasta 52 horas semanales. Muchas veces, los ingresos no son suficientes para cubrir las necesidades básicas del hogar, por lo que los niños contribuyen al sustento, trabajando como lustradores de zapatos o como vendedores en las calles y autobuses. El sector informal urbano en Guatemala está integrado por un 63 por ciento de hombres y un 37 por ciento de mujeres, distribuidos, en orden de mayor a menor, en las siguientes actividades: trabajadores por cuenta propia, asalariados de microempresas, microempresarios (propietarios), empleadas domésticas y trabajadores familiares no remunerados. En general, la economía informal en Guatemala se ocupa de actividades que excluyen el área productiva, ya que más de la mitad se ocupa en el comercio y la industria.

Transportes y comunicaciones

Los diferentes medios que permiten la comunicación y el intercambio entre los poblados pueden clasificarse en dos grandes categorías: el transporte de objetos o personas y la transmisión de información (comunicaciones). El desarrollo de las comunicaciones en Guatemala ha ido acorde con los puertos conectados con el mercado internacional, destinado a la importación y exportación de productos. Ello explica que la mejor infraestructura de transporte y medios de comunicación se oriente hacia el centro y sur del país.

El transporte de mercancías puede darse en varios sentidos: transporte de productos agrícolas desde el lugar de producción hasta los mercados urbanos, transporte de materias primas de extracción hacia el lugar de producción industrial o hacia los puertos para su exportación, transporte de mercaderías importadas desde los puertos hacia los centros de consumo o de producción, distribución de productos industriales a los mercados locales y a los puertos de exportación.

Para el transporte de pasajeros, que se realiza con fines de trabajo, estudio, comercio o recreación, se utilizan diferentes medios, dependiendo de las distancias. En el caso de los poblados pequeños y aldeas, por ejemplo, es usual el empleo de la bicicleta como vehículo. En las ciudades o poblados más extensos es generalizado el uso de motocicletas, automóviles y autobuses. El ferrocarril se utiliza solamente como transporte de carga en algunas rutas conectadas con los puertos del Atlántico y del Pacífico. Las vías acuáticas solamente son surcadas por lanchas o pequeñas embarcaciones improvisadas cuando es necesario llegar hasta lugares que carecen de acceso por la vía terrestre.

Las actividades de transporte y comunicaciones están determinadas, en gran medida, por las condiciones geográficas. Así, en el Altiplano occidental y en el norte de Guatemala predominan las carreteras con trazados poco adecuados para el desplazamiento de vehículos, debido a las características del paisaje montañoso. Ello afecta también a los sistemas de comunicación (como televisión y radio), al obstaculizar la difusión de las ondas hertzianas. Además, se dificulta el transporte aéreo debido a la escasez de terrenos planos necesarios para construir pistas de aterrizaje. En el caso de la región norte, propensa a las lluvias, el tráfico aéreo continuo no está garantizado. En la costa sur, en cambio, la topografía es más plana, lo que facilita la construcción de autopistas. Sin embargo, en esta región la posición de varios ríos exige la construcción de puentes, derivaciones y drenajes. Con todo, hay mayor fluidez en el tráfico aéreo.

El transporte marítimo se desarrolla en los litorales del Pacífico y del Atlántico. En el primero, la construcción de puertos ha implicado la realización de obras complementarias para disminuir el oleaje y ofrecer seguridad a las naves. En el Atlántico, la creación de pequeños accidentes geográficos ha permitido la formación de puertos naturales destinados al atraque de las embarcaciones.

Uno de los modos mayoritarios para el transporte de pasajeros es el automotor, gracias a la ampliación de la red de carreteras y a un incremento de la flota de vehículos.

La red de carreteras y el ferrocarril

La red vial cuenta con tres tipos de carreteras: de primer y segundo orden (que incluyen carpeta de rodadura o asfalto), y de tercer orden (generalmente transitables sólo en tiempo seco). Las rutas de primer orden están constituidas por la carretera Panamericana (desde la frontera con México hasta el límite con El Salvador), la Interoceánica (desde el litoral del Pacífico hasta el Atlántico) y la Costanera (que atraviesa el Pacífico); algunas de éstas incluyen autopistas de cuatro y seis carriles (en las rutas hacia Antigua Guatemala, Escuintla y Puerto Quetzal). Las carreteras de segundo orden complementan las redes principales y dan acceso a las áreas productivas rurales en la costa sur, parte del Altiplano y nordeste del país. En esta última se cuentan también la mayoría de carreteras de tercer orden, a pesar de tratarse de regiones con un alto potencial para producir. La mayoría de cabeceras departamentales tiene acceso a través de carreteras asfaltadas. La ruta más utilizada es la carretera CA 9, que se dirige hacia el sur; mientras que se registra menos tráfico en la parte norte y oriental guatemalteca.

Las carreteras representan una vía fundamental para el comercio, puesto que la mayoría de productos comerciados con el resto de Centroamérica se trasladan por tierra, a través de las rutas occidentales y orientales. El mayor impacto económico en este rubro se registra en el transporte extraurbano de carga, que representa casi la

Servicios de comunicaciones por habitante

68
Radios
por cada mil personas

2.4
Líneas
telefónicas
por cada cien
personas

53
Televisores
por cada mil
personas

24
Vehículos automotores
por cada mil personas

0.1
Máquinas de fax
por cada cien personas

El puerto Santo Tomás de Castilla es el más importante del país, tiene un muelle directo de casi un kilómetro de longitud y está comunicado con el interior por carretera y ferrocarril.

mitad de los ingresos por concepto de transporte. Esto contrasta con el transporte aéreo interno, cuyo aporte no llega al uno por ciento.

Las vías férreas cubren una extensión aproximada de 512 millas y conectan los puertos del Atlántico y del Pacífico, pasando por la capital. La red ferroviaria, que anteriormente fue una empresa estatal, se ha privatizado, aunque aún presta los mismos servicios que a mediados del siglo XIX.

Los puertos marítimos y el servicio aéreo

Los puertos marítimos más grandes están ubicados en los dos litorales: sobre el Atlántico, el puerto Santo Tomás de Castilla, operado por una empresa estatal descentralizada y autónoma; sobre el Pacífico, el puerto Quetzal, que posee instalaciones adecuadas para albergar grandes embarcaciones y traficar grandes volúmenes de mercadería. Los principales destinos marítimos próximos a los puertos guatemaltecos están ubicados en Miami, Nueva York, California y San Francisco. Además, existen otros tres puertos (Puerto Barrios, sobre el Atlántico, operado por el sector privado, concentra las exportaciones de banano y azúcar); y Champerico y San José, sobre el Pacífico), que ya no responden a las necesidades actuales y han perdido la importancia económica del pasado.

El servicio aéreo incluye aproximadamente seiscientos aeródromos ubicados prácticamente en todas las regiones del país, en su mayoría en la costa sur. De ellos, dos son aeropuertos internacionales (en la capital y en Santa Elena, departamento de Petén). El destino aéreo más frecuente es el resto de Centroamérica, sobre todo Costa Rica y El Salvador. Esta región representa más de la mitad de los vuelos por semana. Otro destino frecuente es Estados Unidos, que participa en casi la cuarta parte del tráfico aéreo de Guatemala. Otros destinos frecuentes son: México, América del Sur, el Caribe y Europa. Las principales líneas aéreas que operan en Guatemala, además de las compañías nacionales (Aviateca, Tikal Jets y Traslados S.A.), son: Aerolíneas Argentinas, Air France, Alitalia, American Airlines, British Airways, Continental Airlines, Copa, Delta Airlines, Iberia, Japan Airlines, KLM, Lacsa, Ladeco, Lufthansa, Mexicana, Sahsa, Sam, Taca, United Airlines.

Los servicios de comunicaciones y telecomunicaciones, si bien están extendidos en todos los departamentos del país, no cubren todas las comunidades y están concentrados en las regiones con mayor movimiento comercial, que no coincide necesariamente con las de mayor población.

El sistema financiero

El sistema financiero nacional está integrado por treinta bancos privados (incluyendo dos bancos extranjeros) y tres estatales, dieciséis sociedades financieras privadas y una nacional, así como almacenes generales de depósito, compañías de

Los aeropuertos internacionales La Aurora (en la imagen), en ciudad de Guatemala, y el de Santa Elena, en Petén, atienden alrededor de la mitad del transporte internacional de pasajeros.

seguros, casas de cambio y otras instituciones financieras no bancarias. El ente rector del sistema financiero nacional es el Banco de Guatemala, que establece las condiciones monetarias, cambiarias y crediticias para el desarrollo de la economía nacional. Es un ente autónomo y se encarga de promover la estabilidad de la moneda a escala nacional e internacional; además de vigilar la liquidez, solvencia y buen funcionamiento de las instituciones bancarias y financieras. También es responsable de administrar las reservas monetarias internacionales del país. Se rige por su propia Ley Orgánica, por la Ley Monetaria y por la Ley de Bancos.

Una de las medidas que debe regular la Junta Monetaria es la tasa de encaje bancario, la cual, generalmente, no pasa del 32.5 por ciento, distribuida entre el encaje legal y el encaje remunerado. Este último se deposita en forma de bonos o títulos de valores que el banco compra al gobierno, recuperando al cabo de cierto tiempo, en concepto de intereses, un porcentaje sobre el dinero depositado.

El sistema monetario actual es relativamente reciente, pues se estableció en las primeras décadas del siglo XX. Anteriormente, la Casa de Moneda (institución fundada durante la Colonia) había acuñado el dinero en diversos metales, principalmente oro y plata. Tras la Independencia y la disolución de la Federación Centroamericana, se acordó elaborar una moneda propia y, en 1864, se autorizó la fundación de un banco privado, que sería el único emisor de billetes. Sin embargo, el proyecto fracasó. Seis años más tarde, se decretó la paridad del peso (moneda oficial, que se dividió en unidades decimales) con el dólar estadounidense. En 1881 se estableció el bimetalismo como base del sistema monetario y el Estado consolidó el monopolio de la fabricación de moneda en oro y plata. A principios del siglo XX ya operaban seis bancos en Guatemala. Sin embargo, el valor de cambio de la moneda nacional sufría constantes desajustes debido a la falta de control en su emisión. Por fin, el 24 de noviembre de 1924 se creó la unidad monetaria actual, el quetzal, basada en el patrón oro y con un valor igualado al dólar estadounidense. Casi dos años después se estableció el Banco Central, como única entidad emisora.

El 1 de julio de 1946, en sustitución del Banco Central, se creó el Banco de Guatemala que, a partir de entonces, está dirigido por la Junta Monetaria integrada por: el presidente, quien a la vez preside el Banco de Guatemala; los ministros de Finanzas Públicas, Economía, Agricultura, Ga-

Distribución de los ingresos por divisas

57 %
Servicios y valores

43 %
Bienes

La clave de la reforma monetaria y bancaria fue la creación del Banco de Guatemala (en la ima-gen), como institución autónoma del Estado, con las funciones de un banco central moderno.

nadería y Alimentación; un portavoz del Congreso de la República; un delegado de las asociaciones empresariales de comercio, industria y agricultura; un representante de los bancos privados nacionales; y un representante de la Universidad de San Carlos de Guatemala.

En el sistema bancario nacional ha habido poca o nula competencia en precios, produciendo tasas de interés más atractivas para los ahorradores o los solicitantes de crédito. En su lugar, se compite más por los servicios que prestan los bancos a sus clientes. No obstante, la condición de oligopolio tiende a reducirse debido al aumento constante del número de bancos, lo que favorece la desconcentración paulatina del sistema bancario.

Los servicios bancarios, si bien se han extendido por todos los departamentos del país, están concentrados territorialmente en el centro y sudoeste de Guatemala. Solamente en la capital se ubica casi el 46 por ciento del total de agencias bancarias. Los departamentos restantes que albergan el mayor número de agencias son: Quetzaltenango (6 %), Escuintla (4.5 %), Izabal y Chiquimula (4 %). La concentración geográfica es más fuerte en relación a los servicios de préstamos y descuentos: el departamento de Guatemala recoge el 93 por ciento de los préstamos concedidos por los bancos privados. Quetzaltenango e Izabal recibieron el 1.18 y 0.65 por ciento respectivamente. En contraste, los departamentos de Totonicapán y Baja Verapaz se beneficiaron con proporciones inferiores al 0.04 por ciento. Los préstamos que otorga el sistema bancario se destinan, en gran

parte, a actividades en comercio (38 %), consumo y transferencias (19 %) y construcción (12 %).

El mercado de valores, en los últimos años, ha ido adquiriendo cada vez más importancia en la economía nacional. Sin embargo, los ahorradores no cuentan con una oferta amplia de instrumentos financieros, debido a la inexistencia de un mercado de capitales. Esto último obedece, en gran medida, a la naturaleza familiar de muchas empresas.

Comercio exterior

El comercio exterior de Guatemala se dinamiza tanto por las exportaciones como por las importaciones. Las primeras incluyen los productos tradicionales (café, azúcar, banano, cardamomo y carne), productos no tradicionales (vestuario maquilado, frutas, flores, plantas ornamentales, camarón y ajonjolí), y productos industriales (vestuario, químicos, llantas y productos alimenticios). El destino de estos últimos es, en un ochenta por ciento, Centroamérica.

Principales destinos de los productos tradicionales de exportación

Producto

CAFÉ	AZÚCAR	BANANO	CARDAMOMO	CARNE	PETRÓLEO
Estados Unidos Alemania Japón Países Bajos	Taiwan China Estados Unidos	Estados Unidos Unión Europea	Arabia Saudita Singapur Emiratos Árabes Unidos Siria	Puerto Rico Estados Unidos	Estados Unidos (casi la totalidad)

Destinos (en orden de importancia)

Los productos agrícolas tradicionales representan una tercera parte del volumen total de exportaciones. Los no tradicionales, cuya comercialización empezó a crecer a partir de 1970, actualmente constituyen la mayor proporción (51 %). El principal producto de exportación ha sido el café; Guatemala se sitúa entre los tres mayores exportadores mundiales de este producto. No obstante, la oferta exportadora guatemalteca se ha diversificado.

Guatemala es el segundo exportador centroamericano, en términos del valor de las exportaciones hacia el resto del mundo, seguido de Costa Rica. La misma relación se establece con las importaciones totales de bienes.

Las ventajas naturales en la producción de bienes primarios han disminuido debido a las innovaciones tecnológicas, que facilitan la fabricación de productos sustitutivos sintéticos. La fructosa y las fibras sintéticas, por ejemplo, han reemplazado al azúcar y el algodón, respectivamente. Frente a esto, las exportaciones no tradicionales han alcanzado liderazgo a escala mundial y sus ingresos podrían sustituir en un futuro próximo a los productos de exportación tradicionales.

Las importaciones se clasifican en cuatro grandes rubros: bienes de consumo final (trigo, zapatos, electrodomésticos, vehículos, etcétera), bienes intermedios (materia prima para la producción, es decir, insumos), combustibles (gasolina, diesel, búnker, kerosén, etcétera, los cuales dinamizan el transporte) y bienes de capital (maquinaria y equipo para el proceso productivo). La mayor proporción de importaciones se detecta en las materias primas y productos intermedios (más de la tercera parte); le sigue la importación de bienes de consumo (más de la cuarta parte) y los bienes de capital (un poco más de la quinta parte). La mayoría de productos procede de Estados Unidos, seguido, en orden de importancia, por México, Venezuela, Japón y Alemania.

Las políticas económicas de apertura han facilitado el incremento de las exportaciones. La reducción de aranceles y de otras barreras ha permitido el ingreso de bienes importados de consumo, desplazando los producidos en el país. Este fenómeno ha contribuido al constante aumento del sector terciario, pues algunas empresas no han podido enfrentar la competencia de la producción extranjera. La participación relativa de las entradas de divisas por exportaciones de bienes se ha reducido constantemente, para dar paso a los ingresos por servicios y valores. En esto ha tenido incidencia un fenómeno que presentan algunas comunidades, especialmente del interior del país, que dependen de las remesas de dinero enviadas por familiares que trabajan en los Estados Unidos.

En los últimos años, las principales fuentes generadoras de divisas han sido las entradas netas de capital privado, las transferencias netas recibidas y los servicios (misceláneos y turismo). En términos de valor, Guatemala registra más importaciones que exportaciones. Importa de los Estados Unidos casi el doble de sus exportaciones hacia ese país. Las exportaciones a México suponen la cuarta parte de las importaciones provenientes de dicho país.

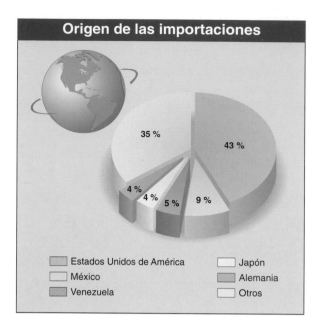

Origen de las importaciones

- 43 %
- 35 %
- 4 %
- 4 %
- 5 %
- 9 %

Estados Unidos de América
México
Venezuela
Japón
Alemania
Otros

El comercio con Centroamérica se efectúa mayoritariamente por carretera. En la imagen, cruce con el camino a San José Pinula en la carretera que une la ciudad de Guatemala con El Salvador.

El comercio con Centroamérica

El comercio entre países centroamericanos ha sido de naturaleza «intraindustrial», pues se intercambian productos industriales similares. Entre éstos, los principales son: alimentos procesados, productos farmacéuticos, bebidas (incluyendo alcohólicas), detergentes y jabones, textiles, calzado, productos de papel y cartón, plásticos, cosméticos y perfumería, manufacturas de aluminio y vidrio. Guatemala ha mostrado siempre una tendencia al superávit comercial con respecto a sus vecinos, y es el mayor exportador, registrando el mayor movimiento comercial con El Salvador. La mayoría de transacciones con Centroamérica corresponden a la industria manufacturera y, a excepción de Costa Rica, el sector agropecuario es el que aporta menos ingresos. Los productos que más se exportan a Centroamérica son: productos químicos, productos alimenticios, materiales de construcción, artículos de plástico, tejidos, hilos e hilazas, y cosméticos. En importación, el principal proveedor es El Salvador.

El comercio con el resto del mundo

Guatemala mantiene relaciones comerciales internacionales con los Estados Unidos, Canadá, México, Panamá, Chile, Brasil y Venezuela; la Unión Europea (principalmente Alemania);

Taiwan, Japón y Corea. El principal destino de sus exportaciones es Estados Unidos, que comprende casi la tercera parte del comercio total. El comercio con los países industrializados se ha caracterizado por la exportación de productos intensivos en recursos naturales y mano de obra poco cualificada. Los bienes que Guatemala ofrece (café, azúcar y textiles, entre otros) no coinciden con los que importa (como maquinaria, vehículos, electrodomésticos, etcétera). El comercio guatemalteco con el resto del mundo tiende al déficit comercial.

Las exportaciones no tradicionales hacia el resto del mundo incluyen, en mayor proporción, productos agrícolas: caucho natural, semilla de ajonjolí, productos químicos, miel de purga (melaza), plantas, semillas, flores, etcétera.

Principales acuerdos en comercio exterior

Guatemala se mantiene abierta al comercio internacional, en busca de una competitividad que le permita subsistir en el mercado mundial. Por ello contempla leyes que permiten el desarrollo de determinadas industrias, como el Decreto 29-89, que dicta algunas medidas para facilitar el establecimiento de la maquila (industrias con libertad de ubicación geográfica, con algunas exoneraciones de impuestos, etcétera).

La civilización maya

Historia, agricultura
y organización social

Religión, conocimientos
científicos, escritura
y juego de pelota

La iconografía y los textos glíficos de las estelas mayas demuestran el especial interés de las clases dirigentes por legitimar su derecho a la sucesión dinástica y por establecer vínculos nobleza-gobernante.

Historia, agricultura y organización social

Antes del desarrollo de la cultura maya, la información sobre la presencia de núcleos de población en el actual territorio guatemalteco es tan escasa que representa prácticamente un vacío en la secuencia histórica y cultural del país. La evidencia arqueológica más antigua detectada hasta ahora en Guatemala corresponde al período arcaico (9000-2000 a.C.), según sabemos por el hallazgo de puntas de obsidiana y basalto de los tipos Folsom y Clovis, que se han encontrado en Chivacabé, en Huehuetenango; en Chajbal y Santa Rosa Chujuyub, en el valle de Quiché; en las Verapaces; en la aldea San Rafael, y en la planicie de Canchón, en el departamento de Guatemala. Sin embargo, por falta de un contexto arqueológico seguro y por problemas de tipología, su posición cronológica se mantiene todavía en el plano de la especulación.

En todo caso, no cabe duda de que los artefactos líticos fueron dejados por bandas de cazadores y recolectores nómadas, que llegaron al actual territorio guatemalteco atraídos por la diversidad de recursos naturales. Estas poblaciones tenían un patrón de subsistencia basado en la cacería de megafauna, representada por mastodontes, gliptodontes, megaterios, etcétera. Sin embargo, los cambios climáticos drásticos y la caza excesiva provocaron la extinción de la megafauna, lo que obligó a los escasos habitantes a cambiar sus hábitos de subsistencia.

Se considera que cerca del 3000 a.C. se inició el sedentarismo como resultado del cultivo de plantas comestibles como maíz, chile, calabaza y algunos tubérculos. Desafortunadamente, el conocimiento de esta época tan temprana es tam-

Punta de proyectil de obsidiana, del tipo Clovis, encontrada en Chivacabé, Huehuetenango.

bién bastante limitado, ya que se cuenta con muy poca evidencia arqueológica. Mejores datos se conocen para Belice, donde en lugares como Ladyville y Colhá, se han recuperado puntas de proyectil tipo Clovis y granos de polen que indican la presencia de horticultura de maíz y mandioca, cerca del año 2500 a.C. Al mismo tiempo, gracias a restos de fauna encontrados en dichos sitios, se sabe que la dieta era complementada por venados, pecaríes, perros, peces y moluscos, animales que proporcionaban las proteínas necesarias para la subsistencia.

El largo proceso de desarrollo de la civilización maya se producirá en el período preclásico (2000 a.C.-250 d.C.) y culminará en una época dorada durante el período clásico (250-900 d.C.), cuando los mayas, particularmente los de las Tierras Bajas, alcanzaron un esplendor intelectual y artístico que no tiene comparación con el de cualquier otro pueblo del Nuevo Mundo, y muy pocos del Mundo Antiguo serán equivalentes.

Aunque la civilización maya clásica experimentó un declive que culminó en el colapso, aproximadamente en el 900 d.C., la historia de este pueblo fascinante no desapareció luego de ese acontecimiento. Así, durante el Postclásico (900-1525 d.C.) los mayas continuaron las tradiciones culturales de sus antepasados e hicieron frente con valentía a los invasores europeos en el siglo XVI.

Los orígenes
El período preclásico (2000 a.C.-250 d.C.) se caracteriza por la manifestación de patrones culturales propiamente mayas. Los sitios del Preclásico se encuentran en todas las regiones arqueoló-

Las distintas sociedades buscaron recursos indispensables, como sal y obsidiana, y exóticos, como vasijas finas y objetos de oro y jade, material del que está hecha esta escultura antropomorfa.

gicas de Guatemala y es el período en el que acontece el inicio del sedentarismo y el avance paulatino de las sociedades agrícolas. Se desarrollan la alfarería, la tecnología lítica, la religión, las relaciones sociopolíticas y la arquitectura. El conocimiento del Preclásico se ve obstaculizado por el hecho de que sus restos se encuentran cubiertos por los edificios del Clásico, debido a la costumbre que tenían los mayas de edificar sus estructuras de manera superpuesta.

Aunque la información sobre el Preclásico Temprano (2000-1000 a.C.) es extremadamente limitada, se sabe que allí se define la transición de grupos nómadas de cazadores-recolectores a comunidades sedentarias agrícolas, que utilizaban la técnica de tala y quema, y que complementaban su dieta con la caza, la pesca y la recolección. También se inicia la producción cerámica y el desarrollo paulatino hacia la estratificación social, y las economías locales y regionales.

Las primeras poblaciones agrícolas sedentarias se asentaban en aldeas políticamente autónomas, dispersas junto a fuentes de agua (estuarios, costas marítimas, lagos, ríos). Estas aldeas tenían menos de cien habitantes y su arquitectura se limitaba a modestas plataformas que sostenían

ranchos de materiales perecederos. La gran mayoría de las edificaciones eran de carácter habitacional. Sin embargo, la construcción de algunos montículos un tanto grandes y de ofrendas sencillas, conteniendo vasijas y figuritas, parece indicar el inicio del ceremonialismo. La organización social parece haber sido de tipo tribal, con líderes temporales que dirigían las actividades en las aldeas. El cargo de jefe tribal quizá fomentó el desarrollo primigenio de los linajes, ya que quien ejercía ese puesto era a su vez cabeza de una familia extensa.

En el Preclásico Medio (1000-400 a.C.) se logran niveles más avanzados de complejidad social y política, acompañados por el comercio interregional y por la interacción con grupos olmecas y con otros pueblos mesoamericanos. Acontece un incremento gradual en el índice demográfico y se empiezan a construir aldeas alejadas de ríos, lagos y mares. Las aldeas crecieron lentamente en cantidad y tamaño, a medida que su tecnología agrícola les permitió prosperar.

En la parte final del Preclásico Medio se da una mayor centralización sociopolítica; por ello empiezan a surgir centros ceremoniales que eran sostenidos por habitantes de aldeas menores. Sin embargo, aparentemente la única población residente en estos centros estaba compuesta por caciques, sacerdotes y personal de servicio, más un número limitado de artesanos. El resto de la población residía fuera del epicentro, salvo cuando participaba en rituales periódicos, que residía en modestos ranchos de madera techados con hojas de palma. Uno de los rasgos novedosos fue la arquitectura pública, ya que se inicia la construcción de grandes plataformas y pequeños templos organizados alrededor de plazas. La probable función cívica y ritual de estos edificios indica la creciente importancia de la religión dentro de las instituciones primigenias de la sociedad. Además, hubo mayor comunicación entre las poblaciones por medio del comercio.

El hallazgo de algunas sepulturas, que por primera vez presentan ricas ofrendas funerarias (jade, obsidiana, cerámica), indica el inicio de la diferenciación social y económica. Así, se considera que surge el desarrollo de los cacicazgos, o sea, sociedades de rango dirigidas por familias con derechos de sucesión hereditarios a partir del fundador del linaje, un personaje real o divino. El cacique tiene a su cargo el tributo, la supervisión de las actividades agrícolas, los rituales propiciatorios para asegurar

La grandeza de la acrópolis de Tikal, en Petén, es el mejor exponente de la más expresiva síntesis de lo que fue la cultura maya clásica con su atención centrada en la actividad religiosa.

buenas cosechas, así como el intercambio y redistribución de bienes locales y exóticos. Es importante el inicio de la utilización del calendario para precisar las épocas de siembra y de cosecha, así como las fechas prescritas para importantes ceremonias religiosas.

En el Preclásico Tardío (400 a.C.-250 d.C.) emergió la civilización maya y muchas de las instituciones características del Clásico. Se generalizó la construcción de edificios monumentales, junto con una mayor centralización política en los centros cívico-religiosos; se produjo un considerable incremento demográfico y aumentó la proporción de la población involucrada en labores agrícolas; se implementaron técnicas agrícolas intensivas, como canales de irrigación, drenajes, campos elevados, etcétera. A finales de este período do se introduce una innovación transcendental: la escritura, utilizada como registro histórico de los principales acontecimientos políticos de gobernantes y nobles, lo que reforzaba su derecho al poder. La estructura social se tornó más compleja con centros mayores que dominaban a otros menores.

La era de esplendor

La época dorada de la civilización maya, especialmente en las Tierras Bajas, corresponde al Clásico (250-900 d.C.), época relativamente breve de inusitada expansión y vigor. Aparte del crecimiento en tamaño y complejidad de los centros, hubo varios factores que hicieron que los mayas alcanzaran el status de civilización; es decir, que se convirtieran en un conjunto de sociedades integradas por grandes poblaciones con complejas organizaciones económicas, sociales y políticas, que muestran un sofisticado desarrollo intelectual e ideológico.

Los atributos más típicos de la civilización maya cristalizan durante el período clásico temprano (250-550 d.C.). Esta época se caracteriza por el desarrollo de sociedades estatales, y por una dinamización cultural y económica que se manifiesta en la cerámica policromada, la bóveda maya, el culto altar-estela, textos jeroglíficos con fechas registradas por medio de la Cuenta Larga y el contacto comercial con Teotihuacán, la gran urbe del valle de México. Aunque Tikal es el centro predominante, en Petén aumenta el número de entida-

En el Postclásico surgieron nuevos estilos cerámicos, aplicados, por ejemplo, a incensarios con figurillas como el de la imagen (Cauinal, Baja Verapaz), que representa al dios del comercio Ek Chuah.

tros de las Tierras Bajas experimentaron una dramática decadencia, que culmina en el colapso del sistema sociopolítico maya clásico. Al final de esta época cesa la construcción de estructuras administrativas, residenciales y ceremoniales. Prácticamente desaparece la manufactura, distribución e intercambio de bienes de prestigio tradicionales, elaborados con cerámica, jade, madera, hueso y concha. La mayor parte de los sitios padece un declive poblacional pronunciado, hasta ser abandonados eventualmente. También acontece la finalización de la óptima explotación del potencial agrícola que los mayas habían desarrollado a lo largo de dos milenios.

Esta crisis tuvo diversas causas: guerras intestinas, sobrepoblación, deterioro ambiental e interrupción de las rutas comerciales. En busca de mejores horizontes, numerosas migraciones provenientes de las Tierras Bajas centrales se dirigieron hacia el norte, hasta alcanzar el extremo de la península de Yucatán.

El ocaso

El período postclásico se caracteriza por la intrusión de grupos étnicos foráneos, migraciones, rivalidades y conflictos continuos entre estados vecinos. Predominan los regímenes militaristas, la fragmentación política, el mayor énfasis en los sacrificios humanos y la decadencia tanto artística como arquitectónica.

En el Postclásico Temprano (900-1250 d.C.) se registran migraciones de las Tierras Bajas centrales a la península de Yucatán y al Altiplano de Guatemala. También acontecen fuertes conflictos entre numerosas poblaciones. Hay contactos cul-

des políticas, como Uaxactún, Río Azul, Naranjo y Holmul, entre otros.

El Clásico Tardío (550-900 d.C.) representa la época de mayor apogeo y desarrollo logrado por la civilización maya en economía, agricultura, medición del tiempo, artes y arquitectura. Se perfeccionaron la escritura y el arte, así como también se incrementaron los contactos culturales y las relaciones comerciales entre todas las regiones del área maya. Los edificios aumentaron sus dimensiones y la altura de los templos alcanzó cada vez mayor elevación. Cientos de estructuras de fina mampostería, magníficos templos, calzadas, grandes complejos arquitectónicos con palacios y edificios administrativos, numerosas unidades residenciales y fastuosas tumbas se fechan en esta época. Creció la densidad demográfica y todas las regiones de lo que hoy es Guatemala estaban más pobladas. Calakmul, en Campeche, México, rivalizó con Tikal por el control de las Tierras Bajas centrales.

Durante la parte final del Clásico Tardío, período breve frecuentemente denominado Clásico Terminal (830-900 d.C.), la mayoría de los cen-

El comercio marítimo

Los mercaderes chontales de las Tierras Bajas alcanzan la cúspide de su poder, ya que controlaban el comercio marítimo del Atlántico desde Tabasco hasta Honduras, bordeando la península de Yucatán. La isla de Cozumel, en Yucatán; Xicalango, en Tabasco; Nito, en Izabal; y Naco, en Honduras, fueron los puertos de intercambio más importantes. Al igual que durante el Clásico, los principales bienes de intercambio fueron: cacao, sal, algodón, miel, plumas de quetzal, jade y obsidiana.

Iximché, centro cívico-ceremonial construido hacia 1470, fue la última capital de los maya-cakchiqueles y se convirtió, en 1524, en la primera capital de los españoles en territorio guatemalteco.

turales con los toltecas del Altiplano mexicano. Cesa el culto altar-estela y después del 909 d.C. no se erigen nuevos monumentos dinásticos, no se registran más fechas en cuenta larga, sino en rueda calendárica. Con la decadencia de los centros clásicos peteneros, sitios yucatecos como Chichén Itzá alcanzan un gran desarrollo. En el Altiplano predominan los grupos quichés *(k'iche's)*, cakchiqueles *(kaqchikeles)* y tzutujiles *(tz'utujiles)*, mientras que en Petén poblaciones escasas residen cerca de los lagos, destacando, entre ellas, la de Topoxté.

En el Postclásico Tardío (1250-1525 d.C.), la época más cercana a la conquista española, el foco del principal desarrollo cultural en el territorio guatemalteco se encuentra en las Tierras Altas, donde los quichés ejercen su hegemonía hasta aproximadamente el año 1470 d.C., cuando las poblaciones cakchiqueles y tzutujiles se constituyen en señoríos independientes. Después de la caída de Chichén Itzá, Mayapán y Uxmal compiten por alcanzar el predominio en la península de Yucatán. Los habitantes que permanecen en Petén se concentran en pequeños centros o aldeas, situados alrededor de los lagos, relativamente aislados del resto del mundo maya.

La llegada de los conquistadores

La llegada de los conquistadores españoles, a principios del siglo XVI, selló el destino final de la civilización maya. Los europeos encontraron a quichés, cakchiqueles y tzutujiles divididos y enfrentados en cruentas guerras, lo cual facilitó la primera etapa de la conquista española. Aunque los mayas lucharon con gran tenacidad para preservar su independencia, el prolongado conflicto contra los europeos perturbó la producción agrícola y el comercio, ocasionando catastróficas hambrunas. Pese a las numerosas pérdidas que tuvieron los mayas a lo largo de la conquista, fueron las enfermedades introducidas por los españoles las responsables de la mayor mortandad, ya que los indígenas no contaban con defensas inmunológicas naturales contra la viruela y el sarampión, por ejemplo.

La toma de Tayasal, la capital de los belicosos itzaes *(itza'es)* localizada en el lago Petén Itzá, por las tropas de Martín de Ursúa en 1697 constituyó la derrota decisiva de la última entidad política maya independiente, que sucumbió al dominio de la Corona española. La violenta invasión europea transformó de manera irremediable el curso de la civilización prehispánica. Las instituciones que caracterizaban a la sociedad maya fueron desarticuladas y reemplazadas por la administración civil y religiosa que fue parte integral del imperio español durante la época colonial.

A pesar de las profundas transformaciones y padecimientos que la conquista y la colonización impusieron a los mayas, el pueblo resistió y sobrevivió. Hoy, millones de indígenas descendientes de los antiguos mayas pueblan todavía el área que alguna vez fue ocupada por sus ancestros, en las modernas naciones de México, Guatemala, Belice, El Salvador y Honduras.

Las prácticas agrícolas

El alto desarrollo cultural alcanzado por los mayas no puede apreciarse en su totalidad sin antes analizar el papel fundamental que desempeñó la agricultura como condicionante para la evolución del mismo. A través del tiempo, los mayas desarrollaron gran variedad de técnicas agrícolas, adecuadas a diferentes condiciones ecológicas, climáticas, hidrológicas y geográficas. Estas adaptaciones les permitieron sostener con éxito numerosas poblaciones, incluso en un ambiente poco propicio para las actividades agrarias como el de las Tierras Bajas.

La producción maya

La tríada agrícola fundamental para la subsistencia de los mayas fue maíz, frijol y calabaza. Sin embargo, también fueron importantes otros productos como chile, tomate, aguacate, cacao, vainilla, camote, yuca, ramón, mamey, papaya y nance. Aparte de servir como alimento y moneda, el cacao constituía la bebida favorita de la élite y era consumido en celebraciones rituales. La subsistencia se complementaba además por medio de la caza, pesca y recolección de especies silvestres. Por otro lado, la producción de algodón, especialmente en la costa del Pacífico y la península yucateca, permitió el desarrollo de labores textiles indispensables para la vestimenta.

Los mayas supieron aprovechar muy bien las condiciones del terreno para el cultivo. El sistema de terrazas indica una elevada organización del trabajo.

Durante largo tiempo se creyó que los mayas basaban su subsistencia sólo en la agricultura de tala y quema, también conocida como agricultura de milpa. Esta técnica agrícola consiste en talar y quemar los árboles de un terreno boscoso para que las cenizas sirvan como nutrientes naturales del terreno a cultivar. Tal práctica no puede realizarse durante muchos años sin agotar la productividad del suelo, pues su aplicación requiere la tala de zonas extensas de bosque para lograr la regeneración de los nutrientes del suelo de los primeros terrenos cultivados, en un plazo no menor de dos años por cada año de cultivo. Esto implica que tan sólo un tercio de la tierra cultivable produzca cosechas cada año. Por requerir de un área demasiado extensa en relación con sus niveles de producción de cosechas, ahora se excluye la posibilidad de que la agricultura de tala y quema haya bastado por sí misma para mantener las densas concentraciones de población que existieron durante el período clásico tardío. Los antiguos mayas perfeccionaron una amplia gama de prácticas agrícolas, intensivas y extensivas, adecuadas a condiciones ecológicas, climáticas, hidrológicas y geográficas diversas. Estos sistemas intensivos de cultivo incluyeron los huertos, la arboricultura, la agricultura en terrazas y las modificaciones hidráulicas.

Los huertos consistían en pequeñas parcelas cultivadas de manera intensiva, que se encontraban en zonas adyacentes o cercanas a las unidades residenciales. Por unidad de terreno, los huertos proporcionaban, anualmente, gran cantidad y variedad de plantas comestibles, especias y yerbas para medicina. Residuos de las cosechas y abonos orgánicos servían para enriquecer los suelos de los huertos.

Como su nombre indica, la arboricultura consiste en el cultivo de árboles frutales, fuera de las áreas residenciales, tales como ramón (árbol del pan), cacao, zapote y aguacate. Los mayas descubrieron que la productividad de estas especies arborícolas era bastante alta, pues se sabe que el ramón (árbol del pan), por ejemplo, puede dar diez veces más fruto, por unidad de terreno, que el maíz. Además, el cultivo de árboles requiere menor esfuerzo que la agricultura de milpa.

Otra técnica utilizada por los mayas fue la agricultura en terrazas. Se trata de la construcción de muros de retención escalonados, a veces de mampostería, colocados a lo largo de curvas de nivel en elevaciones naturales. Las terrazas constituían una protección efectiva contra el deslave

La pintura mural más antigua del área maya fue encontrada en Uaxactún y representa una ceremonia religiosa. En ella aparece una acabada imagen de la casta gobernante.

del terreno y la erosión. Su aplicación permitió, además del aprovechamiento de las elevaciones naturales para el cultivo, la captación de agua de lluvia y creó una superficie plana y relativamente ancha para cosechar cultivos alternativos.

Las modificaciones hidráulicas del terreno servían tanto para irrigar los campos de cultivo en el verano, como para drenar su exceso de agua durante la época de lluvias. Además, los canales de drenaje se utilizaban como criaderos de peces. También fueron importantes la agricultura de bajos y los campos elevados. Varios sitios de las Tierras Bajas centrales estaban ubicados a la orilla de los bajos, depresiones pantanosas que se llenan de agua durante el invierno y que suelen secarse en verano. Con el desarrollo de la agricultura de bajos, estos rasgos naturales desempeñaron un importante papel en la subsistencia de los centros aledaños, ya que gracias a esta técnica los mayas lograron optimizar la explotación de terrenos húmedos a través de la utilización del declive natural de la superficie para captar lluvia, irrigar y desaguar constantemente los campos agrícolas.

Por tanto, los bajos también pudieron servir como depósitos de agua, muy necesarios para sobrevivir durante la temporada de verano en algunas de las zonas peteneras que no cuentan con ríos o lagos. Los campos elevados consisten en el acondicionamiento de canales en terrenos húmedos donde un metro o más de lodo fue utilizado para levantar plataformas de tierra cultivable por encima del nivel del agua. El propósito de este tipo de agricultura era mejorar la calidad del suelo y mantener constante el nivel del agua.

La organización social

La sociedad maya era de tipo estratificado y estaba constituida por nobles, plebeyos y esclavos. Los miembros más conspicuos de la nobleza eran los que integraban la familia gobernante, seguidos por nobles subordinados tales como sacerdotes, guerreros y jefes de linajes y barrios. La nobleza constituía un estamento social privilegiado, ya que era sostenido por el resto de la población. Los soberanos tenían en alta estima a los cortesanos, artistas (en singular, *its'at* o «sabio») y artesanos, e

El Trono I de Piedras Negras (785 d.C.) fue encontrado dentro de un nicho, en la sala principal del Palacio. Contiene glifos que describen eventos de la vida del último gobernante.

incluso algunos escribanos (*ah ts'ib* o «pintor») pertenecieron a familias reales o nobles, como Ah Maxam, que era hijo de un rey de Naranjo y de una mujer noble de Yaxhá. En cuanto a los comerciantes, hay datos que indican su emergencia como un estamento medio, rico e influyente, que alcanzó una elevada posición social y económica durante la época anterior a la llegada de los españoles.

La mayor parte de la población estaba integrada por los plebeyos, quienes hacían posible el sostenimiento agrícola y brindaban la labor física necesaria para construir y mantener templos, palacios y plazas. Además, desempeñaban los oficios necesarios para la elaboración de adornos y objetos destinados al culto y a las ceremonias dedicadas a las deidades.

Artesanos, comerciantes, agricultores y todos aquellos dedicados a labores como la caza y la pesca formaban parte de este grupo. La escala social inferior estaba integrada por los esclavos, quienes podían llegar a esa condición por haber delinquido, por tener deudas que no podían pagar, o por ser hijos de esclavos o prisioneros de guerra.

La organización social de los mayas no fue igualitaria, ya que la élite disfrutó de mayor riqueza y rango que el resto de la población, a juzgar por el tamaño de sus residencias, la diversidad de artefactos asociados con sus viviendas y la opulencia de sus entierros. Las representaciones artísticas hechas en estelas, dinteles, murales, vasijas pintadas y figuritas también apoyan esta idea, pues allí se observan grandes diferencias en el atuendo, ornamentos, actitudes y situaciones en las que participan gobernantes, nobles y artesanos, por ejemplo. Además, la nobleza tenía mayor acceso a bienes de prestigio, que eran intercambiados por los mayas con pueblos de regiones adyacentes o distantes.

Los entierros demuestran la estratificación de la sociedad maya: no hay duda de que el tipo de sepultura estuvo determinado por la mayor o menor categoría social del muerto, y esto se reflejaba además en la cantidad y calidad de la ofrenda depositada. El tamaño y elaboración de las unidades residenciales de nobles y plebeyos también ejemplifican la división social. Los plebeyos vivían dentro y alrededor del epicentro, en unidades residenciales de materiales perecederos que eran construidas normalmente sobre pequeñas plata-formas de piedra o barro. En contraposición, la nobleza residía en el epicentro, dentro de alarga-dos palacios abovedados de mampostería, que contaban con numerosas habitaciones y bancas para dormir.

Autoridades de gobierno

El estudio de los jeroglíficos mayas ha permitido establecer, asimismo, que al frente de los nobles o *Ahawob*, estaba el gobernante o *Ch'ul Ahaw*, que significa «señor sagrado». Este personaje residía en la capital de la entidad política y ejercía no sola-mente funciones civiles y militares, sino también otras de tipo religioso. El gobernante estaba auxi-liado por un consejo de nobles, el *Popol Na*, y por los *Sahalob*, «los que temen», gobernadores de los centros secundarios que formaban parte de la entidad política. Es posible que el *Sahal* se encar-gara de recaudar los tributos para el *Ch'ul Ahaw*, bajo cuyo nombre ejercía funciones civiles y mili-tares. Otro título de los señores mayas subordina-dos era el de *Ah Ch'ul Na*, «el del templo», quien también desempeñaba un puesto en el gobierno, sirviendo aparentemente como «abogado» o inter-mediario entre el pueblo y el gobernante. Ade-más, había una serie de funcionarios menores que realizaban tareas complementarias en la adminis-tración pública y formaban parte de la jerarquía del aparato burocrático del Estado.

Por tanto, el gobierno era detentado por un pequeño grupo elitista, que durante el período clásico llegó a desarrollar grandes conocimientos científicos. El derecho divino sirvió para legitimar la autoridad sobre la población y la posición de privilegio de los gobernantes, como intermediarios entre hom-bres y dioses. Por otro lado, el parentesco jugaba un papel determinante en la sucesión de cargos de gobierno; en el caso de los gobernantes, ésta era de tipo patrilineal, de padre a hijo mayor.

Unidades de parentesco y entidades políticas

La unidad básica de la sociedad maya fue la fami-lia extendida. Esta unidad englobaba básicamente a los padres, sus hijos y las esposas e hijos de éstos, quienes ocupaban viviendas cercanas unas de otras, y próximas a sus terrenos de labranza. A la familia extendida podían pertenecer, además, otros parientes, e incluso personas no vinculadas biológicamente al grupo familiar. La importancia de este tipo de unidades reside en que tienen un carácter corporativo: los individuos adscritos comparten actividades orientadas al beneficio común.

Un nivel superior y más extenso de organiza-ción que la familia extendida, en términos econó-micos y políticos, estaba formado por el grupo corporativo del linaje, la familia multiextendida o el barrio. Este grupo era similar a los *calpultin* de los aztecas, o a los *chinamit*, *amak* y *nim ja* (ba-rrios, linajes, «casas grandes») de los mayas del Altiplano. Cada grupo ocupaba zonas diferentes dentro de los centros mayores y secundarios, poseía tierras propias y tenía asignadas determi-nadas funciones políticas y laborales.

Las entidades políticas mayas eran unidades que estaban sujetas a la autoridad política de un gobierno centralizado que presidía sobre un terri-torio con fronteras definidas. La autoridad estaba encabezada por el *Ch'ul Ahaw*, quien representa-ba a su comunidad y tenía a su disposición el Ejército y la Administración. Los glifos-emblema cumplían la función de identificar a la entidad política más que al centro mayor, lo cual explica por qué varios centros compartieron un mismo glifo-emblema. El panorama político del territo-rio maya clásico fue un mosaico cambiante, debido a la intensa competencia entre las entida-des políticas. Así, varios esta-dos adquirían, y luego perdían, su control sobre los centros secundarios, que pasaban a otras manos.

Religión, conocimientos científicos, escritura y juego de pelota

En el plano religioso, los mayas desarrollaron un complicado panteón que guarda estrecha relación con el de otros pueblos mesoamericanos. En el terreno científico, conocemos sus calendarios (el ritual y el solar) y su sistema aritmético (de carácter vigesimal y de posiciones); sabemos que tenían un conocimiento astronómico, en muchos casos más perfecto que el de la cultura europea de la misma época, y una escritura jeroglífica que combinaba principios fonéticos e ideográficos. Además, practicaban el juego de pelota —una de las tradiciones culturales más relevantes en toda el área maya de Mesoamérica—, del cual se han encontrado notables vestigios en Guatemala.

Marcador conmemorativo del juego de pelota, del período clásico de Tikal, en el departamento de Petén.

La religión

Las prácticas ceremoniales fueron muy importantes en la vida de los antiguos mayas. La religión y el culto a los dioses constituyeron el eje alrededor del cual giraban no sólo las actividades cotidianas, sino todo tipo de acontecimientos, cambios o etapas de la existencia. Las ceremonias principales se celebraban en fechas determinadas, sobre todo en aquellas que marcaban la conclusión de un período calendárico. Eran de carácter público y se celebraban en las amplias plazas alrededor de las cuales se localizaban templos, altares y palacios. No obstante, algunos rituales secretos eran realizados sólo por la familia real, los nobles y los sacerdotes, en el interior de los recintos sagrados de los templos. La ejecución de rituales de ambos tipos parece haber estado íntimamente ligada al ejercicio del poder político, pues el prestigio y legitimación de los gobernan-

tes dependía mucho de la práctica de estas actividades.

Las ceremonias incluían ayunos y abstinencias, ejecuciones musicales, danza, oraciones, quema de incienso y sacrificios. Estos últimos podían consistir desde sencillas ofrendas de alimentos, animales y objetos muy diversos, hasta autosacrificios y sacrificios humanos, muchas veces de cautivos de guerra. Las víctimas de los sacrificios eran ejecutadas de varias maneras. La más tradicional consistía en extraerle el corazón a la víctima, colocada de espaldas sobre un altar, con las manos y los pies atados. Otra forma, que consistía en matar al condenado a flechazos, era efectuada en asociación con una danza. La decapitación aparece con frecuencia en textos de vasijas policromadas, en murales y en inscripciones monumentales. La evidencia arqueológica confirma este tipo de sacrificios, ya que en sitios como Tikal y Uaxactún se han localizado ofrendas que contienen cráneos humanos.

El derramamiento voluntario de sangre por personajes de la élite gobernante fue quizás uno de los temas predominantes en el arte monumental de los mayas. A manera de penitencia, gobernantes y nobles derramaban su sangre en momentos críticos de su vida personal o de su comunidad. Vertían su sangre como ofrenda propiciatoria para sellar sucesos ceremoniales como la entronización y para invocar el favor de los dioses. Los autosacrificios consistían en cortes y perforaciones, hechos con espinas de raya, lancetas de hueso y navajas de obsidiana, en las orejas, mejillas, labio inferior, dedos de las manos, lengua y miembro viril. Se cree que el objetivo de los autosacrificios era obtener visiones sobrenaturales por la pérdida de sangre.

Los espectaculares templos mayas, como el de Zaculeu, reflejan la existencia de un sacerdocio especializado y de cultos organizados que servían para legitimar los sistemas políticos.

Otro aspecto relevante de la religión maya era la creencia en la inmortalidad del alma. Los mayas tenían gran temor a la muerte; de esta creencia surge la preocupación por proteger a los cadáveres, ya fuera en la forma más sencilla, para los plebeyos, enterrándolos bajo el piso de su propia casa, colocando un plato en la cabeza; hasta la más compleja, para la nobleza, depositándolos en tumbas dentro de templos o santuarios, acompañados por ricas ofrendas como finas vasijas policromadas, conchas, pieles de jaguar, espejos de pirita, cuentas y pendientes de jade, etcétera. La costumbre de depositar ofrendas a los muertos se basa en la idea de que éstas les serían útiles para iniciar su nueva vida en el otro mundo. Algunos de los objetos depositados en los entierros indicaban no sólo el status social del difunto, sino también su profesión u oficio.

Deidades

Aunque el panteón maya estaba integrado por una multitud de dioses, en realidad la mayoría de ellos constituían advocaciones o desdoblamientos de unos cuantos que se pensaba habían sido creados por un solo dios, *Hunab Ku*, una deidad incorpórea y omnipotente. De hecho, la deidad suprema fue su hijo *Itzamná*, «Lagarto o Dragón Celestial», un dios celestial avejentado de nariz aguileña, a veces representado como lagarto bicéfalo o serpiente con una o dos cabezas. *Itzamná* fue el inventor de la escritura y patrono del saber y las ciencias. Su consorte parece haber sido *Ix Chel*, «Señora Arco Iris», una diosa anciana identificada con los tejidos, la medicina y el parto. Es posible que *Ix Chel* haya sido la antigua Diosa Luna, y, al parecer, todos los demás dioses eran la progenie de la pareja *Itzamná-Ix Chel*.

Chak era el Dios de la Lluvia y del Trueno. Constituye uno de los dioses venerados de manera más continua en Mesoamérica, ya que aún es invocado en la mitología y plegarias de algunas etnias mayas modernas. De manera típica, *Chak* fue representado sosteniendo serpientes y hachas, símbolos de su poder como relámpago. *Chak* tenía una identidad cuatripartita, pues se creía que en cada uno de los puntos cardinales, o «esquinas del mundo», había un Dios de la Lluvia de diferente color (norte-blanco, oeste-negro, este-rojo, sur-amarillo).

Otra deidad importante fue *Hunal Ye*, el Dios del Maíz, a quien se representa como un bello joven de cabello largo. *K'inich Ahaw*, el Dios del Sol, era un poderoso ser sobrenatural identificado con el jaguar, animal en el que se transformaba durante su jornada nocturna hacia el inframundo, el lugar de los muertos. *K'awil* o *Bolon Tz'cab*, «el

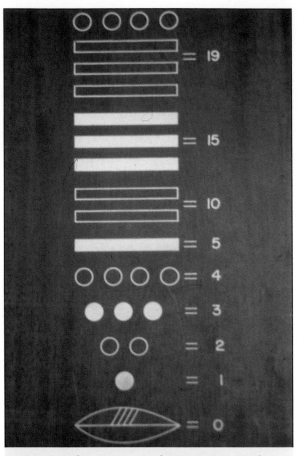

Los mayas hicieron uso de dos sistemas de numeración, uno compuesto por numerales de barras y puntos (en la imagen), y otro, por numerales en forma de cabeza.

El *Popol Vuh*

Mención especial merece el *Popol Vuh*, manuscrito quiché de la época de contacto. Gracias a este documento se conoce la vida de los gemelos Hunahpú e Ixbalanqué, personajes semidivinos de gran relevancia en la mitología maya. Allí se narra cómo dos parejas de héroes míticos jugaron de manera sucesiva contra los señores del inframundo. La primera pareja, Hun Hunahpú y Vucub Hunahpú, fue derrotada y sacrificada durante el juego, tras lo cual los señores del inframundo colgaron la cabeza decapitada de Hun Hunahpú de un árbol de morro. La hija de uno de estos señores, la princesa Ixquic, al sentarse bajo el árbol, recibió la saliva de la cabeza decapitada, líquido que la fecundó. La princesa huyó hacia la superficie de la Tierra, donde dio a luz a Hunahpú e Ixbalanqué. Al llegar a la adolescencia los gemelos encontraron el atuendo de jugador de pelota de su padre y ocasionaron tal algarabía que los señores del inframundo los conminaron a presentarse en sus dominios. Tras sobrevivir a varias pruebas, los gemelos derrotaron a dichos señores y los desmembraron. Al final de la historia los gemelos abandonaron ese lugar para convertirse en estrellas que brillan en el cielo.

La aritmética

Entre los conocimientos científicos más excepcionales de los antiguos mayas se encuentran la aritmética, el calendario y la astronomía.

La aritmética incluía el concepto matemático del cero, representado por una concha estilizada, un logro intelectual notable ya que, aparentemente, los mayas fueron los primeros en utilizar este concepto en el mundo. Desde el Preclásico Tardío, los mayas utilizaron un sistema de numeración vigesimal, quizás originado por la sumatoria de los dedos de los pies y las manos de un ser humano.

El desarrollo de un sistema en el que la posición de un símbolo numérico determinaba su valor hizo que fuese suficiente crear pocos símbolos para calcular grandes cantidades numéricas. De hecho, los mayas utilizaban básicamente dos símbolos numéricos en sus cálculos: el punto para el número 1 y la barra para el 5, cuyo valor se incrementaba de acuerdo con su posición en columnas verticales de abajo hacia arriba. Por ejemplo, en una columna que incluía tres números, el valor de puntos y barras localizados en la parte más baja correspondería a las unidades de 0 a 19; los que

de las muchas generaciones», era la deidad protectora de linajes reales y era representado con nariz barroca ramificada, frente con espejo del cual emerge un hacha o cigarro humeante, cuerpo semejante a un dragón y una serpiente en lugar de una de las extremidades inferiores. Además, se le representaba como cetro «maniquí», un símbolo de poder de los gobernantes. Los comerciantes y cultivadores de cacao tenían su dios, *Ek Chuah*, con rostro negro y nariz alargada.

El inframundo estaba dominado por varios dioses siniestros, especialmente por un ser sobrenatural menos benevolente que los anteriores, el Dios de la Muerte, a quien se llamaba *Cizin*, «El Flatulento», o *Yum Cimih*, «Señor de la Muerte». También había deidades protectoras de cazadores, guerreros, pescadores, apicultores, cantantes, poetas, danzantes, amantes y hasta suicidas.

ocupaban una posición intermedia tendrían un valor entre 20 y 399, pues se les debía multiplicar por veinte; y los de la parte superior representarían cantidades entre 400 y 159,000, debido a que había que multiplicarlos por 400. Por tanto, es obvio que no fue necesario repetir o crear varios números para expresar cantidades mayores, como sucede en nuestro sistema numérico. Otra forma de registrar números consistió en la utilización de cabezas de deidades, quizás asociadas con los números que representaban.

El calendario

Los mayas tenían dos calendarios, uno ritual y otro civil. Además, contaban con otros sistemas para registrar el transcurrir del tiempo, casi una idea fija en su cultura, como la Rueda Calendárica y la Cuenta Larga, por ejemplo.

El *ch'olq'ij* era un calendario de carácter ritual y adivinatorio, que constaba de 260 días, divididos en trece períodos de veinte días. Por ejemplo, el primer día del ciclo era 1 *imix*; para que esta misma combinación de número y nombre de día se repitiese sería necesario que transcurriesen 260 días, o sea veinte trecenas. Cada uno de los días se asociaba con un *nahual* o ser sobrenatural en particular, que ejercía influencia sobre las personas y los acontecimientos de su vida.

El *ab'* era un calendario civil que tenía como base la duración del año solar o «vago», por lo que constaba de 365 días, divididos en 18 meses de veinte días, más cinco días adicionales llamados Uayeb. Como resultado de la aplicación de diversas correcciones al *ab'*, este calendario fue una diezmilésima de día más exacto que el calendario gregoriano. Cada mes del *ab'* estaba asociado a una divinidad, mientras que durante el Uayeb se celebraban las ceremonias del año nuevo.

La combinación del *ch'olq'ij* y el *ab'* conforma un ciclo recurrente de 52 años, llamado Rueda Calendárica. Por ser un calendario mayor que el otro, para que se repitiese una misma fecha era necesario que transcurriesen 18,980 días, es decir, 52 años. Quizás este período tuvo su origen en la observación constante y metódica de las Pléyades, cuyo paso por el cenit ocurre precisamente cada 52 años. Los mayas creían que cada vez que se completaba una rueda calendárica, el universo entraba en una crisis cósmica que amenazaba su supervivencia. Esperaban entonces con ansiedad el paso de las Pléyades, que garantizaba la existencia de la humanidad durante los próximos 52 años.

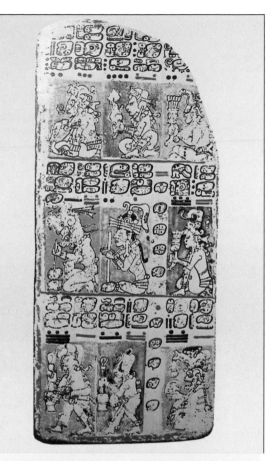

El Códice de Dresde *es el más antiguo de los tres códices mayas conservados, está dedicado a tablas de eclipses y sus anotaciones astronómicas se relacionan con la adivinación.*

La Cuenta Larga aparece normalmente al principio de una inscripción, motivo por el cual también se la llama Serie Inicial. Registraba el tiempo en forma lineal, ya que permitía contar los días que habían transcurrido desde la Fecha Era Maya (13.0.0.0.0 —4 *ahau* 8 *cumku*—; 12 de agosto del 3113 a.C.) hasta la fecha conmemorada en cualquier inscripción.

De manera típica, los glifos de la Cuenta Larga se hallan precedidos por otro de mayor tamaño que se denomina Glifo Introductorio o Inicial. En el centro de este signo aparece un elemento variable que representa a la deidad patrona del uinal o «mes» al que corresponde la fecha de la Serie Inicial referida. Son cinco los períodos que integran la Cuenta Larga: *baktun* (144,000 días), *k'atun* (7,200 días), *tun* (360 días), *uinal* (20 días) y *k'in* (un día).

*El observatorio astro-
nómico maya del «Cara-
col», en Chichén Itzá
(Yucatán, México), tenía*
*siete orificios rectangulares
muy estrechos que servían
para determinar los equi-
noccios y los solsticios.*

La astronomía

Otro campo científico en el que destacaron los antiguos mayas fue el de la astronomía. Mucho antes del desarrollo de aparatos de observación adecuados para conocer el movimiento de los planetas, los sacerdotes mayas elaboraron tablas que registraban los ciclos del Sol, la Luna, Venus y otros cuerpos celestes. Además, fueron capaces de predecir eclipses solares y lunares con alta precisión. Es probable que estos logros se encuentren relacionados, entre otras cosas, con la necesidad inicial de predecir con certeza los ciclos agrarios más productivos. La Serie Lunar es un buen ejemplo de la importancia que tenían los registros astronómicos para los mayas; constituye el cómputo de las lunaciones e integra un grupo variable, pero constante, de seis a ocho glifos de naturaleza diversa. Con mucha frecuencia, los signos de la Serie Lunar aparecen entre los glifos que indican la posición del *ch'olq'ij* y el *ab'*. A la Serie Lunar también se la ha denominado Serie Suplementaria, porque en cierto modo representa un complemento a la información que proporciona la Serie Inicial o Cuenta Larga. De acuerdo con la fecha registrada en un monumento dado, estos glifos proporcionan datos acerca de la edad de la Luna, la duración y número del mes lunar, y el nombre de la deidad lunar regente.

La ausencia de aparatos de precisión para la observación y cálculos astronómicos impidió quizás la consolidación de un sistema lunar uniforme durante el período clásico y provocó el desarrollo de algunas variantes locales en las fórmulas lunares. La única época en que los centros mayas concordaron en el cálculo de las lunaciones fue durante el «período de uniformidad lunar», entre el 682 y el 756 d.C., que finalizó cuando Copán adoptó su propia fórmula. Como sea, los cálculos lunares mayas fueron tan precisos que su promedio de duración de la lunación, 29.53020 días, es muy aproximado al valor actual de 29.53059 días.

La escritura jeroglífica

Uno de los aspectos culturales más impresionantes de los antiguos mayas es su escritura jeroglífica. Aunque los mayas no inventaron la escritura en Mesoamérica, lograron desarrollar el sistema más complejo de la América precolombina. Por medio del uso de cerca de ochocientos signos diferentes, los mayas documentaron diversos acontecimientos históricos, astronómicos, matemáticos y mitológicos.

Antecedentes de la escritura maya

Los antecedentes más directos de la escritura maya se pueden observar en monumentos de la Costa Sur y del Altiplano de Guatemala, que datan del 100 a.C. al 100 d.C. Los primeros ejemplares de escritura en las Tierras Bajas mayas, que se localizan en lugares como El Mirador, Nakbé, Cerros y Tikal, muestran consistencia en la configuración gráfica y formato de textos posteriores, y están asociados con un incremento en la construcción de obras arquitectónicas monumentales, entre el 200 y el 50 a.C. Así, es evidente que la escritura, como fuente de conocimiento, se convirtió en un importante instrumento de poder para la élite de la antigua sociedad maya, ya que a finales del período preclásico se consolidaban la estratificación social y los fundamentos religiosos y políticos que justificaban su existencia.

Aproximadamente cinco mil textos fueron esculpidos, incisos o tallados, en estelas, altares, paneles, dinteles, tronos y en pequeños objetos portátiles utilizados como parte del atuendo ritual. Además también fueron pintados en vasijas, murales y cuevas.

En el período clásico temprano aparecen los primeros monumentos que contienen el conjunto total de rasgos característicos del sistema de escritura maya, como la Estela 29 de Tikal (292 d.C.), por ejemplo. Sin embargo, la estela más antigua que presenta glifos y elementos iconográficos típicamente mayas es la estela Hauberg, monumento de procedencia desconocida que data del 197 d.C.

Tipo de jeroglíficos y contenido

La escritura maya era un sistema de tipo mixto integrado por tres categorías generales de jeroglíficos: ideogramas, logogramas y signos fonéticos. Los ideogramas son signos que representan ideas (por ejemplo, el cartucho que contiene los glifos de los días indica que el signo que contiene es precisamente el nombre de un día). Los logogramas son signos que representan tanto el sonido como el significado de una palabra completa (la cabeza de un jaguar se leía *balam*, que es la palabra maya para este animal). Sin embargo, un logograma puede representar una palabra dada sin ser necesariamente una representación iconográfica de la misma. Por otra aparte, los signos fonéticos sólo representan sonidos, por lo que es necesario combinar varios de ellos para formar una palabra (volviendo al ejemplo del jaguar, si se desea representar su nombre por medio de jeroglíficos fonéticos, sería necesario combinar tres signos, las sílabas *ba la-m[a]*). Tal sistema de escritura ilustra el ingenio de la civilización maya.

A pesar de que los temas de los textos del período clásico son variables y numerosos, todos se relacionan de manera directa o indirecta con un solo tópico: la vida y obra de individuos pertenecientes a la élite maya. Según las inscripciones, los señores mayas gobernaban ya fuera por sus vínculos con seres mitológicos, por su descendencia de ancestros reales, por su habilidad para eliminar rivales militarmente o bien por la combinación de los tres elementos.

Los gobernantes utilizaban las inscripciones jeroglíficas no sólo para identificar a los rivales vencidos, sino también para registrar la importancia de sus ancestros reales; su derecho genealógico

La escritura y la numeración maya permitía la transmisión en el espacio (y en el tiempo) de la información astronómica y calendárica. En la imagen, estela 5, en la Acrópolis del Norte, en Tikal.

a gobernar; su entronización; sus matrimonios con mujeres importantes; el nacimiento de sus herederos, su propia muerte y enterramiento, y para proclamar los numerosos títulos que detentaban. Estos acontecimientos, íntimamente ligados al ejercicio del poder de los soberanos, quedaban registrados en las inscripciones y sacralizados por medio de la realización de sacrificios humanos, autosacrificios, danzas, juegos de pelota y ocasionalmente incursiones militares. Buen ejemplo es la reseña narrativa de la entronización de un gobernante, que se realizaba en medio de elaborados rituales, constituyendo uno de los temas principales en el arte y la escritura mayas.

La escritura era utilizada como propaganda política para contribuir a que un gobernante en particular obtuviese o consolidase su puesto, o para incrementar su prestigio en relación con

Las abundantes representaciones de la princesa Wak-Chaanil Ahaw en los monumentos de Naranjo (Petén), demuestran el firme empeño de la legitimación política de los reyes y sus dinastías.

Uno de los personajes más interesantes de la historia maya, la señora *Wak-Chaanil Ahaw*, una princesa hija del Gobernante 1 de Dos Pilas, figura de manera prominente en los monumentos de Naranjo. Esta señora erigió varias estelas en su sitio adoptivo, y es probable que haya ejercido el poder durante la niñez de su hijo, *Butz-Tiliw Chaan Chak*, el decimoctavo rey de Naranjo. Otra mujer que detentó el poder en un centro maya fue la Señora *Zac Ku'k*, quien fue soberana del sitio Palenque, en Chiapas, México, durante tres años, antes de cederle el poder a su hijo *Pacal*.

Decadencia y desaparición

Durante el período clásico terminal, justo antes del colapso maya clásico, las inscripciones disminuyen y se deteriora su calidad estética caligráfica. También surgen innovaciones estilísticas ortodoxas, que incluyen la presencia de signos en forma de cartuchos cuadrados y rasgos «mexicanizados». El último monumento del Clásico Terminal erigido en las Tierras Bajas fue el n.º 101 de Toniná, Chiapas, dedicado en el 909 d.C.

A diferencia de la escritura del Clásico, en el Postclásico los textos se registraron más en códices, libros estucados y pintados, que en piedra. Aunque deben haber existido cientos de códices mayas, casi todos fueron destruidos con la llegada de los españoles, pues uno de los objetivos primordiales de los misioneros cristianos fue la destrucción sistemática y total de los libros que contenían la antigua doctrina maya. Por tanto, no sorprende que sólo cuatro códices hayan sobrevivido hasta la actualidad, tres de ellos en Europa en las ciudades de Dresde (Alemania), París (Francia) y Madrid (España), y uno más en América, el Grolier, en la ciudad de México. Sus textos indican que la escritura se concentró en temas impersonales de índole matemático-astronómica. Por ejemplo, el Códice de Dresde es un tratado sobre adivinación y astronomía, mientras que el Códice de Madrid contiene horóscopos y almanaques para auxiliar a los sacerdotes en sus predicciones y ceremonias.

No obstante, los cronistas españoles informan que los señores mayas del Postclásico poseían registros históricos, aparentemente copiados por medio de glifos. En todo caso, tras la conquista española en el siglo XVI, el sofisticado sistema de escritura de los mayas desaparece gradualmente, después de prevalecer durante mil quinientos años.

otros rivales. Además, los señores algunas veces reescribían la historia de acuerdo con sus intereses; exageraban su edad, dañaban o borraban los registros de sus predecesores; aumentaban la duración de sus propios reinados para cubrir los interregnos dejados por la eliminación de los textos de algunos gobernantes; proclamaban ser descendientes o tener relación con personajes míticos, y utilizaban una combinación de conquista y matrimonio político para usurpar y asegurar tronos a los que nunca tuvieron derecho de sucesión.

A pesar de que la mayor parte de los textos mayas se concentra en los gobernantes, también hay referencias a la nobleza. Se mencionan sus nombres, títulos y actividades, y se les representa con vistosos atuendos similares a los de sus señores. Los artistas y cortesanos eran tenidos en alta estima por los soberanos, e incluso algunos escribas mayas pertenecieron a familias reales o nobles. También es frecuente encontrar menciones y representaciones de mujeres de la realeza en los monumentos, donde desempeñan papeles de diversa índole. Los eventos importantes de estas damas eran celebrados quizás con la misma pompa usada en los de los varones.

Los patios del juego de pelota (en la imagen, el de Zaculeu) están arquitectónicamente definidos por dos basamentos paralelos, con o sin estructuras en la parte superior, y extremos abiertos o cerrados.

El juego de pelota

Una de las tradiciones culturales más importantes de los antiguos mayas fue la práctica del juego de pelota. Su popularidad precolombina es más que evidente, como lo prueba la impresionante cantidad de ruinas de canchas de juego que se encuentran esparcidas en toda el área maya.

Aunque los orígenes del juego en el área maya son oscuros, en Finca Acapulco, El Vergel y San Mateo, localizados en el Altiplano chiapaneco, se han identificado canchas que datan del Preclásico Medio, aproximadamente en el 500 a.C. En Sakajut, en Alta Verapaz, también se ha identificado un juego de pelota temprano que corresponde a una época de transición entre el Preclásico Medio y el Preclásico Tardío.

En las Tierras Bajas mayas, las canchas de juego aparecen posteriormente. En Cerros, Pacbitun y Colhá, en Belice; Toniná, en Chiapas, y Nakbé, en Petén, se han excavado algunas canchas fechadas con cierta seguridad para el Preclásico Tardío. No obstante, la mayoría de las canchas hasta ahora descubiertas se fechan en el Clásico Tardío, cuando el ritual del juego de pelota ya se había formalizado en toda Mesoamérica.

Importancia y simbolismo

Algunos rasgos arquitectónicos de los juegos de pelota revelan el carácter ceremonial y elitista de esta actividad; por ejemplo, la inclusión de las canchas dentro del epicentro de las capitales mayas, su asociación con los templos principales y el simbolismo de los elementos iconográficos que las decoran. Además, la presencia ocasional de baños de vapor aledaños a las canchas también refuerza su connotación ritual, ya que estas estructuras se utilizaban en rituales de purificación relacionados con ceremonias importantes.

El juego de pelota tuvo fuertes connotaciones religiosas y ceremoniales. Su simbolismo es muy primigenio y común en la tradición cultural mesoamericana. Más que un deporte o espectáculo en sí, el juego de pelota fue un acontecimiento gladiatorio mítico-religioso, que simbolizaba la lucha entre las fuerzas de la vida y la muerte; con frecuencia culminaba en el sacrificio ritual de los jugadores perdedores, o bien de sus representantes. Así, no sorprende que las representaciones del juego muestren temas asociados con el sacrificio humano por decapitación, extracción del corazón

En los patios del juego de pelota se erigían marcadores de piedra (como este de Cancuén) y se ubicaban en el centro y en las terminales del corredor del patio, quizás para botar la pelota al inicio del juego.

o amputación de las extremidades; simbología de muerte, víctimas sacrificiales como pelotas y el culto a cabezas trofeo.

Características del juego

En los juegos de pelota más comunes, la cancha era un espacio rectangular delimitado por dos plataformas paralelas de forma alargada con extremos o cabezales abiertos. Esta modalidad, que corresponde básicamente al período clásico, tuvo la distribución geográfica más amplia. Los jugadores parecen haber rebotado la pelota sobre los taludes o muros situados en cada uno de los lados de la cancha. Marcadores redondos de piedra eran colocados en el centro y en las terminales de la mayoría de las canchas. Algunos de ellos estaban esculpidos, como se observa en las canchas de Copán, en Honduras, y Caracol, en Belice. Menos frecuentes son los marcadores cuadrados o rectangulares. Hay canchas que a veces presentan otros marcadores ubicados arriba de los taludes o en paneles superiores. Los motivos representados en dichos marcadores de espiga son de naturaleza diversa.

Desafortunadamente es imposible determinar con certeza el papel que desempeñaron los marcadores y taludes de las canchas de juego, es decir, cómo se anotaba durante esta actividad. Aunque no se pueden determinar las reglas de juego, las representaciones escultóricas sugieren que el balón no debía tocar el piso de la cancha, aunque sí se permitía rebotarlo sobre los taludes y muros de las estructuras que la delimitaban. Las escenas del juego muestran jugadores apoyados sobre una rodilla, saltando en el aire para rebotar la pelota con el yugo o rebotador pectoral, o bien tendiéndose bajo la pelota para evitar que ésta tocase el suelo.

La relación del juego con la élite

Los textos glíficos indican, de manera inequívoca, el vínculo entre los gobernantes y el juego de pelota, ya que estos personajes ocasionalmente incluyen el epíteto *ah pits*, «el jugador de pelota», como uno de sus títulos nobiliarios. Además, gracias a las inscripciones glíficas asociadas con las representaciones monumentales del juego de pelota, se ha podido identificar a los contendientes, que en su mayoría no son otros que los gobernantes y sus cautivos.

La imaginería del juego de pelota ratifica la naturaleza ritual del mismo; algunas representaciones monumentales muestran jugadores profusamente ataviados con tocados y joyas. Es obvio que durante el juego nadie portaba atavíos tan elaborados, por lo que su representación en los monumentos puede simbolizar que, en ceremonias relacionadas con el juego, los jugadores asumían el papel de dioses o seres cósmicos, recrean-

La vestimenta de los jugadores

Aunque la vestimenta y los accesorios variaban de una región a otra, figuritas, vasijas pintadas y esculturas con escenas del juego de pelota proporcionan una visión del tipo de indumentaria y los objetos asociados con los jugadores. La dureza y peso del balón de hule macizo parecen haber sido considerables, a juzgar por los elementos protectores que utilizaban los jugadores en la cabeza, pecho, antebrazos, manos, cintura y rodillas. Cascos, rebotadores, pectorales, guantes, manoplas, yugos, gruesos cinturones y rodilleras eran portados por los jugadores como protección en contra del impacto del balón al lanzarlo o desviarlo durante maniobras típicas del juego.

do de esta manera mitos primigenios en torno al origen del mismo. Otra interpretación, más materialista, es la que sostiene que dicho atuendo solamente era incluido para reiterar el elevado status social de los protagonistas principales.

El colapso de la civilización maya

El colapso, el dramático declive y caída de la civilización maya clásica, es uno de los temas arqueológicos más intrigantes y de mayor debate entre los especialistas. La mayoría de centros prehispánicos de las Tierras Bajas sufrieron los efectos devastadores de dicho fenómeno entre el 790 y el 890 d.C. Fue un siglo caótico que precedió el fin del período clásico y se caracterizó por la presencia de un severo desequilibrio ecológico, sobrepoblación, invasiones, decadencia artística y arquitectónica, debilitamiento de las instituciones sociopolíticas, migraciones y en última instancia, por la caída y abandono de la mayoría de los centros principales.

Al final del Clásico los métodos de subsistencia utilizados por los mayas parecen haber rebasado sus límites, ya que la sobrepoblación provocó la intensificación excesiva de la agricultura. Esto amenazó la supervivencia de las poblaciones, pues trajo como consecuencia el agotamiento de la productividad de los terrenos de cultivo y de los recursos faunísticos, así como la tala de extensos sectores de bosque, el decrecimiento de la precipitación pluvial y pestes que provocaron innumerables decesos. Al final, el desastre demográfico subsecuente ocasionó el despoblamiento casi total de la región central de las Tierras Bajas, el corazón de la civilización maya clásica.

Otra hipótesis propone que catástrofes naturales tales como terremotos, huracanes y enfermedades epidémicas (fiebre amarilla, mal de Chagas, etcétera) se extendieron en el territorio de las Tierras Bajas, provocando innumerables decesos. Grietas y escombros en algunas estructuras de Xunatunich, en Belice, sugieren que hubo un terremoto de considerable intensidad. Según algunos estudios, un huracán tropical introdujo un virus, procedente del Caribe, que dañó el maíz y que ocasionó malas cosechas consecutivas, causando grandes hambrunas entre la población.

Para otros investigadores, la creciente demanda de la élite de servicios, bienes suntuarios, construcción y alimentos generó la sublevación del campesinado y la aniquilación de la clase dominante. El exterminio de la élite ocasionaría que la

El juego de pelota consistía en golpear la pelota con ayuda de los codos, las rodillas, las caderas y los glúteos, pero nunca con las manos. En la imagen, jugador en una estela de Cotzumalguapa.

sociedad maya se derrumbara al quedar acéfala, ya que el liderazgo político y las diferentes ramas del conocimiento especializado eran detentadas por este estamento social. También se ha planteado que el colapso fue producto de la llegada de grupos de invasores llamados «putunes», procedentes de la Chontalpa, en Tabasco, México. Según esta interpretación, durante el siglo IX, los invasores eran grupos mayas mexicanizados que invadieron las Tierras Bajas centrales por su límite oeste, a través de los ríos Usumacinta y de La Pasión, conquistando Ceibal y Altar de Sacrificios. Una vez consolidada su posición en la zona sudoeste y utilizando a Ceibal como «cabeza de playa», los invasores se expandieron hacia la zona central de las Tierras Bajas, donde provocaron el colapso de los centros mayores al destruir las

Desarrollo de una vasija del Clásico Tardío de Petén, que muestra a un gobernante recibiendo tributos. La sublevación de los estamentos inferiores fue una de las causas del colapso maya.

bases económicas o sociales del período clásico. La evidencia de la invasión se basa en estelas que muestran personajes con rasgos «no maya clásicos» y glifos «mexicanos», así como en la adopción de modos arquitectónicos foráneos y la introducción de cerámica relacionada con una tradición alfarera diferente.

Recientemente se ha propuesto, con base en evidencia epigráfica, que la intrusión que aconteció en Ceibal no fue putún, sino itzá. De acuerdo con esta interpretación, los últimos gobernantes de Ceibal eran itzaes que llegaron procedentes de Ucanal, en el nordeste de Petén.

Una hipótesis más sugiere que fueron las transformaciones en la naturaleza de la guerra las que provocaron el colapso. En un principio, los mayas limitaban el efecto destructivo y desestabilizador de la guerra a través de un extenso código de éticas y reglas de conducta. Mientras imperó este código el objetivo de la guerra fue la captura y sacrificio de prisioneros de elevado rango social, actividad

que redundaba en el aumento del prestigio de los gobernantes victoriosos. El sistema empezó a decaer a mediados del siglo VIII, ya que al intensificarse la competencia interdinástica, la guerra entre los Estados fue cada vez más frecuente y menos ritualizada. Los gobernantes de centros mayores como Tikal y Dos Pilas en Guatemala, Calakmul en México y Caracol en Belice, iniciaron una serie de conquistas territoriales a fin de incrementar el tributo, obtener labor y lograr controlar las rutas de intercambio de bienes suntuarios.

Este tipo de conflagraciones alteraron el equilibrio de la sociedad maya, obligando a un sector considerable de la población a abandonar las labores agrícolas para involucrarse en la construcción de sistemas defensivos o en el ataque contra comunidades rivales. Al final, la situación endémica de la guerra debilitaría los sistemas socioeconómicos y ocasionaría la desintegración política de los estados mayas.

La Conquista y el régimen colonial

La conquista española
del territorio

El régimen
colonial español

Detalle de un portulario portugués del siglo XVII donde aparecen dibujadas las Antillas, una parte de la costa del Reino del Perú y la costa de Nueva España, que incluía el actual territorio de Guatemala.

La conquista española del territorio

La inesperada entrada de los europeos en el continente americano desde 1492, y en el territorio de Guatemala a partir de 1524, supuso la apertura de una nueva era. El proceso de conquista desencadenó una serie de consecuencias trágicas e irreversibles para las poblaciones indígenas, que vieron alterado para siempre su ritmo histórico.

Panorama europeo

A finales del siglo XV Europa comenzó a experimentar cambios fundamentales en sus estructuras políticas, económicas y sociales. El viejo modelo feudal fue cediendo paulatinamente ante nuevas formas de organización del espacio y de las sociedades. Por un lado, se produjo el surgimiento y consolidación de las monarquías centralizadoras y autoritarias que fueron absorbiendo el poder político, hasta entonces fragmentado en señoríos y ciudades feudales. Los monarcas, mediante alianzas o guerras, llegaron a concentrar la gestión de vastos territorios que habían estado divididos y aislados entre sí. Esto implicó, entre otras cosas, el reconocimiento de espacios territoriales más amplios que, en muchos casos, constituyeron la base de los Estados modernos.

Esta transformación en el ámbito político estuvo acompañada por cambios profundos en la organización de la economía. Las transacciones económicas comenzaron a ensanchar su territorio de acción, trascendiendo no sólo el espacio feudal sino también las nuevas fronteras estatales, e incluso las europeas.

El mercantilismo, corriente de pensamiento económico, impregnó la cosmovisión y actividades de la época. El motor fundamental que empujó a estadistas y comerciantes a la búsqueda de

Cristóbal Colón abrió las puertas del Nuevo Mundo a una Europa que ansiaba nuevos horizontes.

mercados más amplios fue la posibilidad de acumular y controlar riquezas a partir de una cada vez mayor circulación de mercancías. La extensión de los mercados europeos produjo importantes transformaciones en la actividad económica medieval, engarzada en un sistema autárquico, centrada en la producción y en los intercambios locales y, en algunas ocasiones, regionales. Las barreras aduaneras feudales fueron cediendo el paso a formas más complejas de organización y control del comercio. El establecimiento de fronteras estatales trajo consigo el reconocimiento de obligaciones fiscales. A su vez, se consolidaron formas más sofisticadas de movilización de capitales, materializadas en redes y sistemas bancarios que traspasaban las fronteras y agilizaban las transacciones comerciales entre Estados.

Otro factor importante en estos procesos de transformación fue el crecimiento de la población, que supuso un incremento en la demanda de productos, lo que incentivó el desarrollo de una producción más especializada. Dicha demanda implicó también el afianzamiento de la competencia como un mecanismo regulador en la búsqueda de nuevos mercados.

El nuevo esquema de funcionamiento de la economía europea requería un ordenamiento jurídico y político más amplio y sólido, que sólo encontraría su asidero en un Estado fuerte y centralizado, encarnado en las monarquías que desde entonces comenzaron a perfilarse en Europa.

La nueva coyuntura económica obligó a buscar nuevos centros de aprovisionamiento que satisficieran la variedad y cantidad de intercambios comerciales para surtir mejor las crecientes demandas del mercado. Europa salió allende sus fronteras

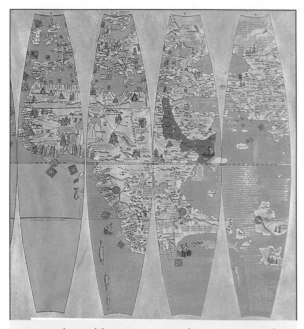

Los productos del Oriente, tan apreciados por los europeos, habían alentado cada vez más las expediciones por mar a lo largo del siglo XV. En la imagen, mapamundi de Martin Behaim de 1492.

con el propósito de ubicar y controlar espacios geográficos ricos en materias primas y metales preciosos, base del crecimiento económico.

El proyecto de Colón

Tradicionalmente, el lejano Oriente había sido un importante abastecedor de productos exóticos: desde las especias básicas para la cocina y la farmacopea, pasando por las telas finas, los metales preciosos altamente cotizados en las principales plazas europeas, hasta los esclavos. Ello suponía largas y costosas expediciones por tierra que no siempre rendían los frutos esperados. A estos riesgos se agregó, tardíamente, un bloqueo cada vez más fuerte desplegado por algunos pueblos del Asia Menor que entorpecían el flujo de estos productos hacia Europa.

Ante estas crecientes dificultades se plantearon alternativas que, a su vez, fueron motor y estímulo para el desarrollo de nuevos conocimientos. Las comunicaciones marítimas, por ejemplo, se vieron favorecidas con la introducción de nuevos instrumentos y técnicas. Las cartas de navegación se perfeccionaron, las rutas marítimas se trazaron de manera más concreta y, sobre todo, se modernizó el tipo de barcos utilizado. Desde mediados

del siglo XV, los mares de Europa, Asia y África comenzaron a ser surcados con mayor frecuencia por embarcaciones que salían de los principales puertos de la época, como Amsterdam, Lisboa, Sevilla, Barcelona y Venecia.

Esta expansión comercial estuvo acompañada por un marcado espíritu de competencia. Las incipientes monarquías europeas volcaron esfuerzos en ello, en aras de capitalizar poder político y económico internacionales.

En este contexto se produjo el descubrimiento de América. Cristóbal Colón, experto navegante, despertó el interés de los monarcas de los recién unidos reinos de Castilla y Aragón y logró poner en marcha su propio proyecto. El navegante sostenía que se podía llegar al lejano Oriente a través de una ruta diferente a las utilizadas hasta entonces. Hipótesis por lo demás arriesgada, pues aún no se tenía certeza de que la Tierra fuese redonda. Su espíritu visionario y aventurero le llevó a realizar una de las hazañas más importantes de la modernidad: comprobó que la Tierra tenía forma esférica, y, además, descubrió el continente americano, hasta entonces desconocido en Europa.

El descubrimiento de América realizado por Cristóbal Colón en 1492 marcó un hito en la historia europea. Por un lado, aceleró las transformaciones económicas, políticas y sociales iniciadas allí varias décadas antes. Por el otro, el descubrimiento marcó el principio de las profundas consecuencias que tendría la colonización para el «Nuevo Mundo».

Descripción del Reino de Guatemala

Porque a la verdad, dificulto que otra parte del mundo se componga de tales montes, barrancas y valles como esta América, donde sólo por algunas partes se hallan algunas llanuras como se dice de Nuevo México y otras partes. Aunque en la realidad no son sino valles que se hacen entre grandes montes. Y así son los que se hallan en toda esta tierra del Reino de Guatemala y de Lima, a donde llaman valles aquellas caídas que hacia la costa del mar hacen los grandes montes.

Francisco Ximénez.
Historia natural del Reino de Guatemala.

El sitio de Xolchún (Quiché), habitado hasta el Postclásico, poseía diez estructuras cívico-religiosas, entre las que sobresale un patio de juego de pelota y un edificio con forma elíptica.

Las sociedades indígenas

Cuando Colón llegó por primera vez a tierras americanas, los grupos humanos que ocupaban el territorio conocido actualmente como Guatemala se encontraban inmersos en un proceso de consolidación de nuevas formas de organización política, económica y social.

Con una larga tradición de ocupación en el territorio, la población de la región del Altiplano centro-occidental guatemalteco vivía inmersa en arduas luchas por cuestiones de reacomodos políticos. Estas sociedades, agrarias por excelencia, lidiaban por el control de tierras, recurso fundamental para su supervivencia.

El hábitat en el que vivían las sociedades indígenas se caracterizaba por su tierra templada, con predominio de bosques de coníferas y una fauna relativamente variada. El suelo era fértil debido a las repetidas irrigaciones volcánicas, lo que les había permitido, tiempo atrás, desarrollar técnicas agrícolas bastante complejas. Los principales productos extraídos de la tierra eran frijoles, maíz, calabaza, chile y una amplia variedad de legumbres y frutos locales. Las condiciones climáticas y de fertilidad del suelo —al igual que las morfológicas del terreno— no requerían de sistemas generalizados de irrigación para el desarrollo de estos cultivos. La ausencia de animales de tiro y la escasa tecnología agrícola de que se disponía obligaban a establecer ritmos de trabajo pausados y duros para aquellos sobre quienes recaía este tipo de actividades.

Las unidades político-administrativas existentes en este entorno habían desarrollado complejas formas de organización política, social, económica y religiosa. Algunos autores afirman que estos pueblos experimentaron —a lo largo de varios siglos— el peso de diferentes oleadas migratorias de procedencia mexicana a través de la guerra y el comercio, que llegaron a imponer a los nativos una serie de elementos culturales e ideológicos. Otros autores sustentan que la población del Altiplano guatemalteco era básicamente de origen maya y que su tradición y herencia cultural formaban parte de su civilización.

De todos modos, se trataba de una población eminentemente agrícola que fue conformando y afirmando su propia identidad cultural y territorial a partir del control de la tierra.

Doscientos años antes de que se produjera el descubrimiento de América, el pueblo o «señorío» Quiché *(K'iche')*, situado en Utatlán-Gumarcaaj, se encontraba más consolidado —política y económicamente— que el resto de comunidades; ejercían una fuerte hegemonía sobre toda la región del Altiplano centro-occidental de Guatemala.

El dominio quiché sobre otros pueblos se basó en la conquista de territorios con el objetivo de contro-lar a los grupos sociales. En la imagen, incensario polícromo del Postclásico de Nebaj (Quiché).

Los «señoríos»

Sus vecinos y rivales principales eran los cakchiqueles *(kaqchikeles)*, quienes se habían separado de los quichés en las postrimerías del siglo XV. Éstos se establecieron en torno a Iximché, lugar donde más adelante se asentó la primera sede administrativa de los españoles con el nombre de Santiago de los Caballeros de Guatemala.

Otro grupo importante era el de los tzutujiles *(tz'utujiles)*, instalado en la vertiente sur del lago Atitlán. Desde Chuitinamit dominaban una buena parte del territorio que se extendía hacia la bocacosta del Pacífico.

También estaba el señorío Mam, cuyo centro de poder más importante era Zaculeu. Los mames se ubicaban en el extremo occidental del Altiplano e, incluso, ocupaban parte del territorio del actual estado mexicano de Chiapas.

Los rabinaleb se asentaban en los valles del Chixoy y de Salamá, y limitaban con los quichés hacia el oriente. Esta comunidad estableció alianzas con los quichés y, de esta forma, fue desplazando paulatinamente a otros grupos hacia el oriente y centro del actual territorio guatemalteco, sobre todo a los pokomes *(poqomes)* que origi-nariamente habitaban parte de esta región. Existían, además, una serie de pequeños poblados esparcidos por el centro, norte y oriente del territorio que, en buena medida, sostenían relaciones de dependencia o de confrontación con los antes mencionados.

Las estructuras de poder de estos «señoríos» se sustentaban en el sistema de parentesco. Los dirigentes que gozaban del poder político, económico y social provenían de los linajes, clanes o grupos familiares más poderosos. Estos vínculos aseguraban la fidelidad y cohesión necesarias para reproducir el sistema social y político.

Políticamente, las comunidades giraban alrededor de reducidos núcleos de poder constituidos por autoridades supremas (caciques, jefes, etcétera), apoyados por subalternos también adscriptos por lazos familiares, que realizaban tareas específicas, como funcionarios religiosos, militares, comerciantes y otras. Las «ciudades» o centros ceremoniales (Utatlán, Zaculeu, Iximché, Chuitinamit, Tzamaneb, etcétera) concentraban múltiples funciones: residencia de las élites gobernantes, centro ceremonial y religioso, mercado e intercambios económicos, administración y justicia, espacio de socialización, etcétera.

La población, básicamente campesina, vivía en las vecindades de las tierras que trabajaban, cuyos productos debían trasladar periódicamente a los centros ceremoniales. Estos amplios sectores se encontraban en una clara condición de subordinación respecto de las élites que detentaban el poder.

Los recursos del Reino de Guatemala

Que en él había numerosísimas y grandes ciudades con magníficos y decorosos edificios, lo asienta así la verdad indeleble de mi Castillo, llamándolos recios pueblos, por lo numerosos que eran, pues había poblazones de ocho y diez mil casas; siendo de tal calidad lo que hallaron erigido los conquistadores gloriosos de este Reino de Guatemala, que, hablando con Alvarado, alegres y consolados le decían que no tenía que echar de menos a México con lo que había descubierto.

Francisco Antonio de Fuentes y Guzmán.
Recordación Florida.

La monarquía española no tardaría en valorar en su justa dimensión la llegada de Colón al Nuevo Mundo. En la imagen, Colón ante los Reyes Católicos *(1850), de Juan Cordero.*

Casi todas las unidades políticas señaladas controlaban territorios cercanos a la costa del Pacífico, desde donde se abastecían de los productos que allí se cultivaban, tanto para complementar la dieta de la población del Altiplano como para realizar intercambios comerciales. Uno de los frutos más importantes que se importaba de estas zonas era el cacao, utilizado como bebida y moneda para el intercambio de otros productos. Otro fruto importante extraído de estas tierras era el algodón, básico para la confección de todo tipo de indumentaria.

Las comunidades nativas

Las evidencias materiales y los estudios arqueológicos realizados permiten constatar la presencia de un sistema de creencias y prácticas religiosas muy desarrollado. La información rescatada de algunos textos y códices antiguos enfatiza los aspectos astrológicos, míticos y cronológicos que evidencian una fuerte herencia cultural maya. El panteón de estos pueblos hacía referencia a una serie de advocaciones, deidades y cultos de una larga pervivencia histórica. También utilizaban el calendario así como una serie de referentes astronómicos antiguos.

Las características geográficas del Altiplano guatemalteco ayudan a entender la importancia que tenía la tierra como base sobre la que se estructuraba la comunidad indígena. La sinuosidad del paisaje y las condiciones climáticas permitían la utilización óptima de la tierra, y obligaban a la población a asentarse de forma dispersa. Las constantes rivalidades y pugnas por la hegemonía territorial sostenidas entre las unidades sociopolíticas tenían su origen en el pretendido control sobre la tierra, sus productos e incluso sobre los mismos productores.

En síntesis, se trataba de sociedades agrarias con experiencia acumulada de generaciones anteriores sobre el aprovechamiento de los recursos naturales existentes en sus tierras. Como resultado, las diferentes comunidades llegaron a configurar unidades sociopolíticas con características específicas, involucradas en arduos procesos de confrontación con el fin de garantizar la reproducción y subsistencia.

La llegada de Colón al Nuevo Continente significó, entre otras cosas, el término de la dinámica descrita en las que estaban inmersas las sociedades indígenas y su sustitución por otra distinta, cuyo epicentro se situaba en Europa. La fuerza con la que el «nuevo orden» se estableció en estos territorios trajo consigo la desarticulación de las comunidades originarias, y su inmediata adaptación a la lógica y necesidades europeas de la época.

Pedro de Alvarado llegó a las Indias en 1510 y fue uno de los más leales colaboradores de Hernán Cor- *tés, participó en el asedio de Tenochtitlan y llevó a cabo la conquista de Guatemala y El Salvador.*

La conquista de Guatemala

Una vez consumada la toma de Tenochtitlan, capital del vasto imperio azteca, los conquistadores españoles orientaron sus esfuerzos a la expansión de su dominio territorial más allá de la influencia directa mexicana.

Los españoles, una vez establecidos en Tenochtitlan, tuvieron noticias sobre la existencia de otras tierras al sur que también encerraban riquezas naturales, y enviaron una expedición al mando del capitán Pedro de Alvarado para que emprendiera la conquista. Con un reducido número de tropas, españolas y mexicanas, Alvarado ingresó al territorio bajo dominio quiché en febrero de 1524.

Los habitantes del Altiplano guatemalteco estaban ya informados sobre esta expedición y, bajo el liderazgo de los quichés, intentaron hacer frente a la amenaza. Sin embargo, y como consecuencia de las rivalidades existentes entre comunidades, no lograron involucrar en la resistencia a los demás pueblos

de la región. Los grupos más relevantes, tzutujiles y cakchiqueles, se resistieron al llamado de los quichés. Los segundos, incluso, enviaron mensajeros y presentes a Alvarado antes de que éste penetrara en territorio guatemalteco. Las tropas españolas, como consecuencia, encontraron divididos y enfrentados entre sí a los pueblos de esta región, lo que propició una conquista ágil y eficaz.

Los quichés fueron quienes opusieron más resistencia militar a las tropas invasoras. Aun así, se rindieron después de dos cruentas batallas. No obstante, los gobernantes quichés, en un último y desesperado esfuerzo, trataron de deshacerse de Alvarado y de sus tropas mediante un ardid que fracasó. Les invitaron a pernoctar en Utatlán —su principal centro ceremonial— con el propósito de liquidarlos por la noche. Sin embargo, el complot fue descubierto y, en represalia, Alvarado ordenó que los gobernantes quichés fueran quemados vivos y la ciudad quedara destruida. Este acto despiadado tuvo un fuerte impacto en la población, y muchos optaron por deponer su resistencia militar y aceptar las nuevas condiciones que imponían los conquistadores. Alvarado solicitó a los cakchiqueles que le enviaran tropas de ataque. Éstos reunieron más de dos mil guerreros, con los que el conquistador logró concluir la primera fase de la invasión en estas tierras. Después de conquistar las tierras quichés, Alvarado se dirigió a Iximché, capital de los cakchiqueles, desde donde planificó la segunda etapa de su empresa. Junto con sus aliados, emprendió la lucha contra los tzutujiles, que ocupaban la vertiente sur del lago Atitlán, y contra los pipiles, localizados en la región central de la costa del Pacífico. Las acciones militares en ambos casos fueron rápidas y eficaces. En un período de dos meses, las tropas bajo las órdenes de Alvarado dominaron los principales señoríos de la región del Altiplano guatemalteco.

Pero aún quedaban importantes poblados hacia el norte y noroeste que se preparaban para enfrentarse a los conquistadores. Los mames, los ixiles y los uspantecos *(uspantekos)*, por ejemplo, atrincherados en las estribaciones de la sierra de los Cuchumatanes, opusieron una fuerte resistencia y no fueron sometidos militarmente sino después de varias batallas, en los inicios de la década siguiente. Lo mismo ocurrió con varios pueblos localizados en la parte oriental del Altiplano. No obstante, en julio de ese mismo año se fundó en Iximché el primer asentamiento castellano: Santiago de los Caballeros de Guatemala. En el pro-

Interpretación idealizada de la conquista y reducción de los indígenas de Guatemala en una pintura anónima del siglo XVI, que se encuentra en el Museo de América, en Madrid.

ceso de conquista destaca el caso de la región de las Verapaces, donde la fuerza de las armas fue insuficiente para someter a su población al nuevo orden, por lo que se hizo necesario implementar otros mecanismos.

La estrategia de los frailes

Ante la costosa y cruel experiencia militar en el Altiplano, los frailes dominicos —especialmente fray Bartolomé de Las Casas— implementaron estrategias diferentes con el propósito de alcanzar los mismos objetivos: conquistar las tierras. En 1537 suscribieron un acuerdo con el gobernador Alonso de Maldonado que les permitía desarrollar iniciativas evangelizadoras como mecanismo de penetración en territorio indígena. A cambio, se eximía a esta población del régimen de encomienda, ampliamente implementado en otras regiones.

La estrategia de los frailes consistió en contactar a señores y mercaderes indígenas que conocían las zonas aún fuera del control español para que propagaran las supuestas ventajas y bondades del evangelio cristiano. La llamada «conquista evangélica» dio los frutos esperados y hacia 1544 ya habían penetrado los misioneros en Tezulutlán. En virtud del éxito obtenido, se llamó Verapaz a esta región y se designó a los dominicos responsables de su administración. Durante varios años se prohibió a los españoles su ingreso a estas tierras. En 1559, incluso el territorio se erigió en obispado.

En términos generales, el proceso de conquista del territorio conocido en la actualidad como Guatemala fue relativamente rápido, aunque la población no fue sometida de manera inmediata. Los principales señoríos quedaron bajo control español, pero otros muchos pueblos tardaron años en ser incorporados. Sin embargo, la desigualdad tecnológica, las rivalidades existentes entre señoríos y los patrones de asentamiento rural que tenía la población indígena, fueron factores favorables para los españoles.

El régimen colonial español

Una vez concluida la etapa de conquista militar, los funcionarios reales se dieron a la tarea de implementar mecanismos e instituciones que permitieran sentar las bases del régimen colonial.

Los jefes de expediciones militares tenían pleno derecho para decidir sobre el reparto del botín o la distribución de esclavos para sí mismos y sus acompañantes. Ello dio lugar a que se cometieran abusos graves contra la población indígena. Así, por ejemplo, los esclavos eran herrados para ser identificados, lo que levantó voces de protesta de frailes y misioneros, quejas que condujeron a la paulatina supresión de tales prácticas. Desde antes de 1530 se había intentado prohibir estos abusos, pero fueron las Leyes Nuevas, promulgadas en 1542, las que buscaron subsanar de manera definitiva dicha situación.

Otra modalidad igualmente implementada por jefes de estas expediciones fue repartir y repartirse indígenas con el objetivo fundamental de que les entregaran periódicamente una serie de artículos y productos. Estos repartos también fueron conocidos como encomiendas. Se tienen datos sobre el primer repartimiento general de indígenas hecho por Jorge de Alvarado entre 1528 y 1529. En esta oportunidad, alrededor de 75 personas fueron beneficiadas con el reparto de indígenas de más de 68 poblados de origen prehispánico.

Las tasaciones de tributos hechas por el obispo Francisco Marroquín y el gobernador Alonso Maldonado entre 1536 y 1541 evidencian el peso económico que recayó sobre esta población a partir de las encomiendas, sobre todo en términos de los esfuerzos que debían invertir para cumplir rigurosamente con la entrega de los tributos asig-

Detalle de un grabado que representa las diferentes etnias del país durante la Colonia.

nados en los plazos convenidos. Entre los productos requeridos a la población sometida al régimen de la encomienda se encontraban: cacao, algodón y textiles, maíz, frijoles, frutas y legumbres, aves de corral, miel, cera, sal, trigo, chile, materiales de construcción, cestería, pescado. Muchos de estos artículos provenían de nichos ecológicos diferentes a los de la población repartida, lo que implicaba desplazamientos forzosos o la adquisición de más compromisos laborales para obtenerlos y tributarlos. Por otra parte, las poblaciones sometidas a la encomienda recibían instrucción cristiana.

Los niveles de explotación y abuso a que se llegó repercutieron en el continuo descenso de la población local. No obstante, la acción eficaz y constante de algunos miembros de la Iglesia, sobre todo de fray Bartolomé de las Casas, fue decisiva en la implantación de una legislación más coherente con una visión de la colonización a largo plazo, condensada en las Leyes Nuevas emitidas en 1542.

Las Leyes Nuevas

Hasta 1524 la modalidad utilizada con más frecuencia por los monarcas para impulsar los procesos de descubrimiento y conquista en América fueron las capitulaciones. Se trataba de contratos suscritos entre el rey y un particular, en los que se detallaban los compromisos del primero para financiar la empresa así como los beneficios que le serían retribuidos al consumarse la conquista. El monarca se aseguraba el reconocimiento de sus derechos y prerrogativas sobre los resultados económicos de las expediciones realizadas, concediendo a su vez granjerías y privilegios a los expe-

El Yllmo. Sr. Mtro. Dn. Francisco Marroquín Nat. de Oviedo 1er Obispo de Santiago Goatemala. Electo a 18 de Diziembre de 1533. Governó hasta 18 de Abril de 1563 que Falleció.

La empresa del obispo Francisco Marroquín fue moralizadora y misional pero también civilizadora,   *buscando una república en la que hallaran acogida los mejores valores culturales de su tiempo.*

Tributos de los indios de la encomienda

Que den en cada un año ochenta cargas de sal, cincuenta fanegas de ají, cien fanegas de frijoles, trescientas cargas de cal y le den ladrillo y teja para su casa, y le den todo recaudo para todos sus ganados y le reparen las casas de ellos, y le den petates para su casa y miel y codornices y otras menudencias para su casa.
Y le den cincuenta indios ordinarios en la ciudad y cuando vinieran a servirle han de traer ocho gallinas de la tierra y ocho de Castilla. Y hagan una sementera de trigo y hagan una milpa grande de maíz, y si no llegaren a dos fanegas se las cumplan.
Y le den sesenta xiquipiles de cacao y le den cuatrocientas mantas de la manera que acostumbran a dar.

Tributos que debían entregar los indios del pueblo de Comalapa a su encomendero, Juan Pérez Dardón. Año 1538.

dicionarios. Pero este ordenamiento jurídico, en el que se ampararon las expediciones militares y los repartos de tierras e indígenas realizados por los conquistadores, derivó en múltiples abusos. El jefe de expedición, o sus subalternos, actuaban con total impunidad. Las protestas contra los exabruptos provinieron generalmente de frailes misioneros. Los monarcas trataron de frenarlos mediante reales cédulas pero no tuvieron mucho éxito.

Ante las crecientes protestas de diversos sectores que veían inminente la «ruina de las Indias Occidentales», en 1542 el emperador Carlos V promulgó las Leyes Nuevas. Se trataba de un ordenamiento jurídico general que modificaba el esquema de funcionamiento del proceso de colonización. El propósito de estas leyes era concentrar en la persona del monarca, o en sus representantes oficiales, el control sobre el desarrollo de la colonización. A partir de entonces, se implementó un nuevo tipo de organización administrativa territorial, una burocracia específica y, sobre todo, normas básicas y centralizadoras para el funcionamiento del sistema colonial.

Un cambio fundamental introducido por las Leyes Nuevas fue la supresión de las encomiendas. En su lugar, se ordenó agrupar a la población en los llamados «pueblos de indios». Esta nueva modalidad organizativo-administrativa supuso la transferencia del control de la población ejercido hasta entonces por los encomenderos a autoridades nombradas por el monarca o por sus representantes. Como consecuencia, los pueblos tuvieron autoridades propias, aunque tutelados por funcionarios administrativos civiles y religiosos de carácter local y regional.

El territorio se organizó en alcaldías mayores y corregimientos. Estas unidades aglutinaban pueblos de indios localizados en determinadas zonas geográficas. La diferencia entre alcaldías mayores y corregimientos estaba vinculada a la nueva modalidad que asumió la encomienda. A partir de 1542 muchos pueblos fueron liberados de prestar servicios a los encomenderos, pasando a ser tributarios del rey. Éstos quedaron bajo la supervisión de los corregidores, mientras que otros pueblos continuaron con la obligación de tributar a los encomenderos, y quedaron bajo el control de los alcaldes mayores.

La Audiencia de los Confines, luego conocida como Audiencia de Guatemala, se estableció como organismo regional de administración. La nueva instancia, integrada por un presidente y cuatro oidores (magistrados), desempeñaba atribuciones complejas: desde los aspectos judiciales a los militares, pasando por la gestión económico-financiera de todo el territorio. En su jurisdicción, la Audiencia de Guatemala incluía los actuales países de Centroamérica (excepto Panamá) y el estado mexicano de Chiapas. La sede de la Audiencia de Guatemala, Santiago de los Caballeros de Guatemala, permaneció allí hasta 1773, año en que la ciudad fue destruida por violentos terremotos. Las autoridades supremas decidieron entonces trasladar la institución al Valle de las Vacas o de la Virgen. Diez años después la nueva ciudad capital, llamada Nueva Guatemala de la Asunción, se encontraba en plena expansión.

Las Leyes Nuevas significaron un cambio de dirección fundamental en la gestión del proceso colonizador. A partir de entonces, mediante una progresiva burocratización, los monarcas españoles fueron responsables directos de su evolución.

Los «pueblos de indios»

Las Leyes Nuevas de 1542 transformaron la condición de los indígenas, que pasaron de ser siervos de los encomenderos a vasallos del rey. Este cambio fue posible por el establecimiento de los «pueblos de indios», constituidos como unidades administrativo-territoriales que permitían un control mayor de la población colonizada.

Los «pueblos de indios», constituidos como núcleos urbanos al estilo europeo, agrupaban obligatoriamente a la gente que vivía dispersa en los campos, condensando intereses diversos y, a veces, encontrados. En primer lugar, estas agrupaciones tenían que pagar el tributo al rey, recolectado localmente en frutos y especies por la escasa disponibilidad de moneda. Debían contribuir con su fuerza de trabajo todas las semanas en las haciendas y plantaciones de españoles que estuvieran en las cercanías de los pueblos, sistema que se conoció como «repartimiento de trabajo». Además, tenían que trabajar en obras públicas (construcción de caminos, puentes, iglesias, conventos) de forma gratuita y permanente. Corría por cuenta del pueblo, también, el sostenimiento de quienes, religiosamente, los atendían. Cada semana los indígenas entregaban, a frailes y curas, productos variados, algunos de los cuales (pescado, sal, resinas, cacao) eran traídos desde lugares lejanos. Los pueblos cercanos a la ciudad de Santiago debían proveerla permanentemente de todos los artículos necesarios para su reproducción: desde materiales de construcción hasta frutos y flores.

Los «pueblos de indios» comenzaron a fundarse desde mediados del siglo XVI. En los inicios del siglo XVII ya estaban instalados casi todos los existentes en la actualidad.

Composición de un corregimiento

Una de las más apreciables prerrogativas que confiere el Cabildo y regimiento de Guatemala en sus alcaldes ordinarios es la del corregimiento del Valle, que se compone de setenta y siete numerosos pueblos, repartidos aunque contiguamente subsecuentes y unidos, en nueve fecundos y provechosos valles.

Francisco Antonio de Fuentes y Guzmán.
Recordación Florida.

Pintura del Corregimiento del Valle de Guatemala que ilustra la Recordación florida, *donde aparecen ubicados los nueve valles que lo componían.*

Santiago de Guatemala tuvo una vida religiosa externa especialmente vigorosa, dinamizada por las autoridades, que promovieron la construcción de la catedral y de iglesias, capillas y ermitas.

La Iglesia católica en el orden colonial

La Iglesia católica desempeñó un papel fundamental en el proceso de instalación y reproducción del régimen colonial español. Desde un principio, sus representantes actuaron al lado de los conquistadores, entregados a las tareas de conversión y evangelización de la población indígena. El Estado español la consideró una institución indispensable para consolidar el orden colonial. Tempranamente, en 1534, se estableció el obispado de Guatemala como provincia eclesiástica dependiente, primero del arzobispado de Sevilla y, a partir de 1546, de México. Su primer obispo fue el sacerdote Francisco Marroquin, quien acompañó a los conquistadores y desempeñó un importante papel en el proceso de organización inicial de la ciudad de Santiago de Guatemala, tras su fundación en 1524.

La unidad básica de organización del obispado eran las parroquias o curatos. Inicialmente, existió una distinción formal entre «doctrinas» y parroquias. En las primeras se atendía exclusivamente a los indígenas, mientras que las segundas estaban destinadas a los españoles.

A mediados del siglo XVI ya se contabilizaban 95 pueblos en la diócesis de Guatemala (que también incluía la actual República de El Salvador). Estos pueblos eran administrados por dominicos, franciscanos, mercedarios y curas seculares. En los inicios del siglo XVII el número de pueblos, y por lo tanto de parroquias, se había triplicado: de los 336 pueblos existentes, 108 estaban a cargo de franciscanos, 82 a cargo de dominicos, 42 a cargo de mercedarios y 104 gestionados por el clero secular.

Además de las funciones estrictamente pastorales, la Iglesia también tenía a su cargo la educación (las escuelas parroquiales, los colegios mayores y la universidad), así como la supervisión de hospitales, asilos y orfanatos. En la ciudad de Santiago se concentraban, igualmente, cinco conventos de religiosas así como los principales de las órdenes religiosas masculinas.

Por otro lado, la Iglesia desempeñó un importante papel en el campo de lo económico. A través del Juzgado de Capellanías y Obras Pías, dependencia del obispado (erigido en arzobispado en 1744), se concedían préstamos a comerciantes y personas vinculadas con este tipo de actividades. Pero, sobre todo, su función principal fue la de apuntalar y reproducir la visión cristiana como oficial y exclusiva en el mundo colonial.

Abusos de los «pueblos de indios» para servicios personales

Otra especie de servicio personal, que también se endereza a particulares comodidades y aprovechamientos, se introdujo antiguamente en todas las provincias de las Indias; y aún hoy se conserva en muchas, con haber tantas leyes y ordenanzas que lo prohíben. Pidiendo los españoles, pobladores y habitantes de ellas, a las Justicias que para el servicio de sus personas y casas, y traerles agua y leña, o cuidar sus cocinas o caballerizas, les repartan algunos indios por semanas o meses; que les sirvan aunque no quieran, pagándoles un corto jornal, a los cuales en el Perú llaman Mitayos de servicio, y violentándolos y oprimiéndoles con este color, a servicios graves y laborio.

Francisco de Paula García Peláez. *Memorias para la historia del antiguo Reino de Guatemala.*

Los conquistadores, tras una fase violenta de adquisición de bienes, organizaron el régimen de explotación del trabajo indígena para obtener beneficios de rápida disponibilidad.

La posesión y dominio absoluto de los monarcas españoles sobre los recursos y riquezas naturales existentes en el Nuevo Continente se convirtió en el principio fundamental de la colonización. Conquistadores y jefes de expedición, así como las autoridades oficialmente constituidas a partir de 1542, repartieron y luego vendieron tierras a todos aquellos que las solicitaron.

El reparto de suelo se realizó, en primer lugar, a través de las mercedes reales de tierras; su propósito era motivar a los colonos a quedarse en algunas regiones para poblarlas. Luego se implementaron otras formas de acceso a dicho recurso, en las que la Corona española no sólo se aseguraba el reconocimiento de su dominio absoluto sobre él, sino también ingresos fiscales permanentes por su venta. La denuncia y composición de tierras fue la figura jurídica que siguió utilizándose a lo largo de todo el período colonial para obtener tierras.

Todos los habitantes de las colonias (españoles, criollos, mestizos e indígenas) podían adquirir tierras. La ley establecía una serie de requisitos básicos que, una vez cumplidos, aseguraban a los

En el ámbito local, la Iglesia permitió el funcionamiento de las cofradías. Éstas se establecieron en todos los pueblos en diverso número, dedicadas a distintas advocaciones. A través de ellas, la población indígena tuvo la oportunidad de conservar y recrear su concepción religiosa, dando lugar, en muchos casos, al desarrollo de formas sincréticas de religión. Desde la perspectiva eclesial, las cofradías eran un espacio privilegiado para reproducir el mensaje evangélico.

El dominio de las riquezas

Una vez concluida la fase de conquista, los colonizadores empezaron a poner en práctica diversos mecanismos con el propósito de asegurar su reproducción y desarrollo económico.

A diferencia de México y Perú, en Guatemala no existían yacimientos de metales preciosos. Esta temprana constatación llevó a los españoles a volcar su interés en la apropiación y explotación de la tierra, utilizando a la población indígena como fuerza de trabajo.

Las riquezas de una hacienda

Al pie de la bajada está el Ingenio de San Jerónimo, que es hacienda de los religiosos dominicos. Hay en ella bastante ganado. Se coge maíces y frijoles, pero la cosecha más útil es la caña, porque se sacarán cada mes como seiscientas arrobas de azúcar, cuyo precio en Guatemala nunca es menos de tres pesos por arroba. Su sitio es en un valle que tiene de llanura como dos leguas de longitud y más de una legua de latitud entre dos cordilleras de montaña que corren de oriente a poniente y entre ellas un río que lleva el mismo rumbo, no caudaloso pero suficiente para fertilizar el terreno. En esta hacienda habrá más de mil personas y de ellas como setecientas son esclavas. [...] Concibo ser esta hacienda la más preciosa del reino.

Pedro Cortés y Larraz. *Descripción geográfico-moral de la Diócesis de Guatemala hecha por su arzobispo al tiempo que la visitó (1768-1770).*

interesados su posesión legal. No obstante, la incapacidad económica para sufragar los gastos de los trámites limitaba el acceso.

Por otro lado, la ley establecía que todo pueblo o ciudad debía tener una determinada porción de tierra llamada «ejidal», concedida de forma gratuita y utilizada de manera colectiva. Además, los «pueblos de indios» también podían comprar tierras con los fondos que recolectaban sus habitantes. Estas tierras eran llamadas «comunales». Muchas comunidades, sobre todo las del Altiplano occidental, llegaron a poseer grandes extensiones de tierras comunales que les servían para cubrir las obligaciones tributarias y las necesidades de subsistencia.

La población indígena tenía una larga tradición de permanencia en la región del Altiplano occidental del territorio guatemalteco. Allí desarrollaron una cultura agrícola fundamentalmente basada en el maíz. Con la llegada de los castellanos, este patrón cultural no se vio afectado, incluso se enriqueció con la introducción de nuevos frutos de origen europeo. Lo que sí cambió fue el destino de la cosecha, que a partir de la colonización fue conducida en gran parte a la ciudad de Santiago y a los principales mercados regionales como tributo o para obtener otros artículos a través del trueque. De esta manera, la población indígena se constituyó en la principal abastecedora de todo lo necesario para la subsistencia.

Vínculos económicos con la metrópoli

Por otro lado, y ante la ausencia de metales preciosos, los colonos orientaron su interés hacia aquellos productos de la tierra que podían ser colocados en mercados locales y externos. Se interesaron por aquellas mercancías que les asegurasen ganancias permanentes y crecientes. En este contexto, el cacao llamó inicialmente la atención de los colonizadores. Producto de origen prehispánico, muy pronto tuvo una gran demanda en Europa, por lo que también aumentó el interés de los españoles afincados en América para controlar su extracción y comercialización. Cuando el cacao guatemalteco fue desplazado en los mercados europeos por los de Ecuador y Venezuela, se buscaron otras opciones para comercializar.

El añil, planta tintórea de origen americano, experimentó un creciente interés entre criollos y españoles, especialmente a partir de la segunda mitad del siglo XVII. La industria textil inglesa fue el principal consumidor. Esta planta se reproducía

Proceso de elaboración de la tinta añil

Para hacer la tinta añil tienen unas pilas en los obrajes, a modo de lagares en los cuales echan doscientas, trescientas o cuatrocientas cargas de esta yerba o xiquilite conforme son, y estando la pila llena de esta yerba o xiquilite que de ordinario está cerca de algún río, arroyo o asequia, la llenan de agua al modo de lino o cáñamo, la tienen en remojo veinticuatro horas algo más o menos conforme son las aguas gruesas o delgadas, y cuando les parece a los que lo benefician que está buena y tiene el punto a que ha de menester quitan el botique, que tiene la tal pila para que toda aquella agua salga y caiga en otra pila más honda.

Antonio Vázquez de Espinoza. *Compendio y descripción de las Indias Occidentales.*

El mejor añil centroamericano fue comprado en nombre de las monarquías europeas para teñir las fibras utilizadas en la elaboración de tapices.

149

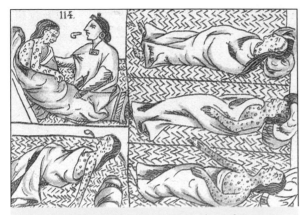

La penetración europea en América trajo desde su inicio una gran destrucción de vidas humanas, provocada por la exposición de los sistemas inmunológicos de los indígenas a nuevas enfermedades.

en regiones cálidas y húmedas, por lo que muy pronto se cultivó en la Costa Sur guatemalteca y en gran parte del territorio salvadoreño. A lo largo del siglo XVIII Guatemala fue el principal abastecedor de añil en el mercado europeo.

La comercialización del añil abrió paso a una compleja red económica centralizada en la ciudad de Santiago de Guatemala: allí se concentraban los principales poderes (civil, religioso, militar, etcétera) y estaba situada la aduana más importante del Reino de Guatemala. Al amparo de esta situación privilegiada, un reducido y activo grupo de comerciantes desarrolló un eficaz sistema de control de los mecanismos de circulación de mercancías en todo el Reino.

La Corona española impuso desde el principio un férreo sistema de monopolio comercial. Ninguna provincia americana podía comerciar con otra potencia que no fuera España. Incluso, existieron restricciones para los intercambios comerciales entre las colonias españolas. Esta situación fue hábilmente aprovechada por los comerciantes guatemaltecos, quienes, defendiendo dicho principio, impusieron su monopolio sobre el resto de provincias del Reino, constituyéndose en los únicos intermediarios entre la metrópoli y el Reino de Guatemala. La ciudad de Santiago de Guatemala se estableció como puerto de entrada y salida de todos los productos traficados con España.

El control sobre la comercialización del añil fortaleció tanto a comerciantes como a la ciudad misma, que se convirtió en la plaza comercial del Reino. Allí confluían los granos y productos cultivados en el Altiplano indígena con el ganado y otros artículos provenientes de las lejanas regiones de Nicaragua y Costa Rica. Los comerciantes guatemaltecos otorgaban créditos para impulsar los cultivos y eran también sus principales compradores. Al mismo tiempo, ellos realizaban los intercambios comerciales con la metrópoli de manera regular. Esta variedad de funciones los convirtió en agentes indispensables a nivel económico y muy poderosos en el terreno político.

Los indígenas y el nuevo orden

Una de las premisas básicas del proceso colonial fue la desarticulación de las sociedades existentes en estos territorios. Este proceso se orientó fundamentalmente en dos direcciones: en el ámbito de la estructura productiva y en el de la ideología hasta entonces dominante. En busca de nuevos referentes, muchos indígenas intentaron adherirse al nuevo orden, aunque sin identificarse con él.

En este contexto, la transformación de los antiguos reinos indígenas autónomos en «pueblos de indios» significó un cambio radical en términos sociales y culturales. Esta reagrupación modificó todos los ámbitos de la vida diaria de la población indígena: la estratificación social, las formas de gobierno, la religión, etcétera; cambios, por lo demás, necesarios e inevitables dentro de la lógica y del proceso de incorporación de estos territorios a un sistema social y económico más amplio, de ámbito mundial; a los que se unieron las epidemias y la despoblación.

El comercio del Reino

Respecto a los comerciantes, ascenderán a 30 o 35 casas en todo el reino las que merezcan ese título, siendo las únicas que directamente reciben de Cádiz por el Golfo de Honduras anualmente el valor de un millón de pesos, sobre algunos miles más o menos, en géneros europeos, que distribuyéndose entre los mercaderes, los expanden por menor en sus tiendas. [...] Los retornos se efectúan en igual proporción de libras de añil, fruto casi único que sostiene las relaciones del comercio con la metrópoli.

Apuntamientos sobre la agricultura y el comercio del Reino de Guatemala.

Las instituciones políticas prehispánicas fueron suprimidas, la masa campesina pasó a ser reserva de fuerza de trabajo, y se inició un profundo proceso de cristianización. Rápidamente desaparecieron muchos elementos culturales ligados a las estructuras sociales prehispánicas, como las formas de organización política, militar y religiosa, al igual que sus distintas manifestaciones materiales.

El sistema de gobierno implantado tuvo como modelo el municipio español: los derechos comunales a la tierra, la idea de gobierno propio y la responsabilidad colectiva de pagar tributos y proporcionar fuerza de trabajo fueron elementos tomados de este organismo. Las antiguas entidades sociopolíticas prehispánicas se convirtieron en unidades sociales en las que, no obstante, siguieron reproduciéndose muchos rasgos del sistema anterior. En muchos casos, se privilegió a los descendientes de las élites indígenas para ejercer el poder local; a su vez, fueron exonerados de pagar tributos y se les facilitó el acceso a la propiedad de la tierra. Con el paso del tiempo, su poder fue decayendo ante el paulatino desarrollo de las instituciones coloniales.

Desde el poder local se recaudaban los tributos, se organizaban el repartimiento de trabajo, las obras públicas, los mercados, entre otras actividades, coordinadas con una reducida burocracia, tanto civil como eclesiástica.

A partir de entonces, y a lo largo de todo el período colonial, la población indígena fue sometida a un régimen jurídico específico, distinto del resto de la población colonial.

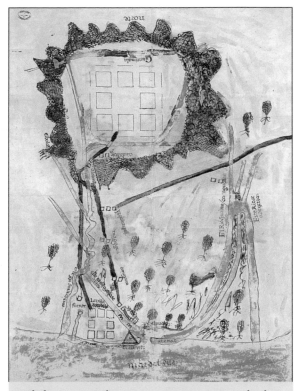

El plano muestra la «Ciudad vieja» de Guatemala, fundada en 1527 al pie del volcán de Agua, y Antigua, donde fue trasladada aquélla tras ser destruida, en 1541, por dicho volcán.

Utilidad de las supersticiones

Los llamadores y ahuyentadores de aguas y vientos y semejantes oficios como curanderos, etc., son oficios de los indios principales y que producen sus utilidades. Cuando los ejercen es entre supersticiones e idolatrías de sacrificar animales, incensar ceibas, que son ciertos árboles, mezclar oraciones, encender candelas y otras supersticiones que se saben y muchas que se ignoran.

Pedro Cortés y Larraz. *Descripción geográfico-moral de la Diócesis de Guatemala hecha por su arzobispo al tiempo que la visitó (1768-1770).*

La nueva tecnología utilizada en cultivos y animales penetró la vida urbana de estos pueblos. En el espacio rural se dieron pocos cambios, pues la adquisición de animales de tiro y arados resultaba costosa para muchos campesinos. En general, se continuaron usando sistemas de cultivo y artesanales prehispánicos.

La introducción del ganado menor impulsó una nueva rama de actividad textil. La dieta diaria se fue transformando con nuevas variedades de animales, plantas y frutos. Lo mismo ocurrió con la vestimenta. El nuevo modelo de organización del pueblo influyó en el cambio de hábitos y costumbres cotidianas.

La estructura familiar prehispánica se caracterizaba por aglutinar varias familias nucleares emparentadas entre sí. La imposición del sistema tributario colonial provocó un incremento de esta tendencia.

Se continuaron reproduciendo antiguas costumbres familiares vinculadas a rituales de paso (nacimiento, matrimonio, etcétera), aunque se

Carlos III, que reinó en España entre 1759 y 1788, fue testigo excepcional de la agudización de la crisis del régimen colonial. En la imagen, el retrato del monarca pintado por Mariano Salvador.

dentro de un mismo culto, sentó las bases de una cristianización particular, en la que desaparecieron cultos prehispánicos, se introdujeron algunos nuevos y otros se transformaron a través de un proceso de sincretización.

En resumen, el régimen colonial produjo profundas transformaciones en la organización sociopolítica y cultural de las sociedades prehispánicas. Las políticas coloniales buscaron fragmentar la identificación social hasta entonces existente. En su lugar, se fueron gestando diversas formas culturales que, si bien reproducían el nuevo orden, en lo esencial continuaron manteniendo elementos de su antigua cultura.

La crisis del régimen colonial

El siglo XVIII fue muy importante para la Guatemala colonial. La economía experimentó cambios sustanciales, sobre todo a partir del auge del cultivo del añil. En esta época se pusieron en marcha las reformas borbónicas que agilizaron y centralizaron los procesos de administración y gestión colonial. A su vez, la naturaleza abatió a la bicentenaria ciudad de Santiago de los Caballeros y obligó a sus residentes a trasladarse a otro lugar y erigir una nueva sede para administrar el Reino. Las luces brillaron en el arte, la ciencia y la economía a nivel regional. Pero también fue el siglo en el que se gestó el final del régimen colonial.

El período de mayor auge de la economía regional se registró a mediados de siglo, cuando las exportaciones de añil hacia la metrópoli alcanzaron su cenit. Esto coincidió con la paulatina liberalización del régimen de monopolio comercial colonial, situación que fue ampliamente aprovechada por los comerciantes guatemaltecos. La posibilidad de ampliar el volumen de sus intercambios se tradujo en una progresiva acumulación de capital y, por ende, en un poder económico que superó el ámbito puramente comercial.

Este panorama se evidenció cuando, a finales del siglo, comenzaron los fuertes obstáculos para hacer llegar sus añiles a los puertos españoles debido al bloqueo naval de Inglaterra. Esta circunstancia acarreaba considerables pérdidas para los comerciantes guatemaltecos, por lo que, contraviniendo la legislación vigente, establecieron contactos directos con los principales interesados en los añiles regionales: los ingleses. Por otro lado, también realizaron transacciones con varios puertos de Estados Unidos. Esto significó, en definitiva, la ruptura con el rígido esquema de monopolio

introdujeron elementos del catolicismo. Los vínculos de parentesco (el compadrazgo, por ejemplo) fueron estimulados por la Iglesia.

Los españoles intentaron erradicar la religión prehispánica, destruyendo la mayor parte de vestigios materiales y prohibiendo sus prácticas. Sin embargo, la conversión nunca fue completa. Continuaron practicando sus ritos y costumbres, que dieron como resultado el desarrollo de un sistema religioso doble con complejos rituales y creencias diferentes, desarrollados en el ámbito familiar. Algunos lugares sagrados, donde se practicaban rituales públicos, siguieron siendo visitados.

La creación de cofradías, de origen medieval, facilitó la organización de nuevos ritos de identificación comunitaria, así como de estratificación social.

El dualismo religioso y el sincretismo, unión de elementos antiguos con elementos cristianos

Las cortes de Cádiz fueron trascendentales en la historia española y para el liberalismo europeo, pero no dieron de sí todo lo esperado en cuanto a las decisiones adoptadas con vistas a América.

comercial que, años atrás, les había sido favorable para controlar la circulación comercial en el ámbito del Reino de Guatemala. El contacto directo con los principales compradores, eliminando al intermediario metropolitano, significó también la posibilidad de incrementar sus ganancias. A partir de 1798, y hasta 1818, se registraron constantes llamadas de atención de las autoridades metropolitanas ante las violaciones de la ley, las cuales fueron cada vez menos atendidas. Además, ante la competencia generada en el mercado europeo por el añil producido en Venezuela, al igual que el incipiente desarrollo del mismo por los ingleses en la India, los comerciantes guatemaltecos vieron la necesidad de eliminar todos los obstáculos comerciales legales para no perecer ante la inesperada competencia. Sin embargo, las cifras anuales de exportación de añiles en la última década del siglo XVIII y primeras del XIX reflejan los efectos inevitables de esa situación.

Esta coyuntura económica desfavorable para los intereses de los sectores de poder económico local coincidió con los efectos generados, tanto en la península como en las colonias, por la invasión francesa de 1808. Al principio se produjeron significativas muestras de solidaridad para con el soberano cautivo en Bayona, y se recaudaron importantes sumas de dinero que fueron enviadas como auxilio a las tropas que luchaban contra los invasores. Tras la celebración de las cortes de Cádiz, sin embargo, representantes locales guatemaltecos propusieron la instauración de un modelo político monárquico constitucional, al estilo del sistema nacido de la Revolución Francesa.

Sin embargo, y luego de haberse aprobado y puesto en vigor fugazmente la Constitución de Cádiz en 1812, al suspenderla Fernando VII en 1814 se produjeron localmente serias reacciones y cuestionamientos políticos. El cierre de los pocos espacios políticos que la carta magna había abier-

El proceso independentista del virreinato de México se singularizó por la participación de las masas desheredadas. En la imagen, la sublevación del cura Miguel Hidalgo en un mural de Juan O'Gorman.

to afectó especialmente a un reducido grupo de intelectuales locales que, hasta entonces, había tenido la posibilidad de acceder a espacios de poder tradicionalmente reservados a la vieja élite comercial colonial.

Entre 1814 y 1820, tiempo que duró la suspensión de la Constitución de Cádiz, las autoridades reales locales realizaron purgas políticas en el interior del Reino para erradicar la oposición que comenzaba a manifestarse contra el orden colonial. Desde 1810 se habían producido los levantamientos independentistas en México, Bogotá y Buenos Aires, que eran muy conocidos localmente.

Además, en San Salvador y Nicaragua se habían registrado alzamientos armados contra el orden político, sin que en ellos se hubiera mencionado específicamente la separación política de España.

A partir de 1820, estando nuevamente en vigencia la Constitución de Cádiz, se abrió un debate político cada vez más claro y directo sobre las ventajas y desventajas de mantenerse bajo el sistema colonial. Si bien las autoridades coloniales trataron de frenar estos desmanes, no fueron capaces de detener una evolución política que, aunada a condicionantes económicos, propició un proceso cuya magnitud y fuerza fue imposible de contener.

A diferencia de lo ocurrido en la mayoría de colonias americanas, donde la lucha por la Independencia estuvo precedida de largas y costosas guerras internas, en el Reino de Guatemala el proceso se produjo de manera incruenta. La coyuntural concordancia de intereses entre los grupos económicamente poderosos y los de un incipiente sector político hizo que la independencia se negociara de manera pacífica. Prueba de ello es que el hasta entonces representante oficial del rey, el Capitán General del Reino, fue nombrado primer jefe de la nueva entidad política fundada el 15 de septiembre de 1821.

La proclamación de Independencia fue hecha con cierta premura, con el propósito manifiesto de evitar que se produjeran movimientos populares o de otra naturaleza que radicalizaran el ambiente político. En el artículo primero del acta de la independencia suscrita el 15 de septiembre se lee: «Que siendo la independencia del gobierno Español, la voluntad general del pueblo de Guatemala, y sin perjuicio de lo que determine sobre ella el Congreso que debe formarse, el Sr. Jefe Político la manda publicar para prevenir las consecuencias que serían terribles en el caso de que la proclamase de hecho el mismo pueblo».

El siglo XIX

De la Independencia al
régimen de los treinta años

De la Revolución de 1871
a la presidencia
de Reina Barrios

La era colonial se cerró con una grave crisis económica y hacendaria, de la que se derivó en la vida independiente una situación deficitaria. En la imagen, paisaje de la Guatemala meridional en un grabado de finales del siglo XIX.

De la Independencia al régimen de los treinta años

El siglo XIX se inicia con dos factores perturbadores. La guerra contra Inglaterra representó para la Corona española nuevas dificultades para mantener su predominio imperial y el difícil equilibrio con sus colonias americanas. Las necesidades militares demandaban más entradas fiscales, mientras que el intercambio comercial entre la región y la metrópoli sufría los embates de la guerra. En especial, afectaba al importante intercambio de productos españoles por añil centroamericano. Medidas de emergencia como la «Consolidación de los vales» afectaron al

El Acta de Independencia de Centro América (1821) significó el fin del gobierno colonial.

mundo comercial de Guatemala al confiscar los bienes de la Iglesia y obligar a pagar los préstamos que con ella tenían los propietarios y comerciantes criollos. Una acción que a todas luces resultó impopular, pues por esa vía más de un millón de pesos se fueron a España. A dicha cantidad se añadió otro millón en concepto de «donaciones patrióticas» para financiar la guerra. Durante la vida colonial jamás había salido tanto capital de la región, lo que incidió en una grave falta de capital circulante y en la disminución del comercio con España.

Sus consecuencias fueron visibles cuando los comerciantes guatemaltecos y provincianos se inclinaron por el contrabando con los ingleses, lo que debilitó el monopolio de los principales comerciantes capitalinos vinculados a las casas comerciales de Cádiz.

Por otro lado, el aumento de los impuestos, que recayó sobre la población indígena, provocó un descontento que de vez en cuando condujo a breves pero agitados motines en los poblados indígenas.

Debilidad del poder real

Fue la invasión napoleónica de España la que dio un giro al dominio español. La resistencia del pueblo español y su rechazo a la invasión renovaron los sentimientos patrióticos de las colonias y el apoyo al retorno del rey Fernando VII el Deseado. Para los criollos guatemaltecos la debilidad del gobierno colonial representó una oportunidad de aumentar su influencia en el aparato estatal y así obtener nuevos privilegios. Por eso, siguiendo una corriente generalizada en esos momentos en España y América, propusieron la idea de que la soberanía recayera en los ayuntamientos mientras el rey estuviera ausente, a partir de lo cual intentaron desconocer a las emergentes autoridades españolas. Ahora bien, esta posición pronto fue desechada al comprobarse que favorecía la autonomía de los provincianos y debilitaba su propia influencia, y, sobre todo, cuando se observó con preocupación cómo en otras regiones de América se producían insurrecciones y levantamientos. Más aún cuando estuvo claro que en el vecino México las revueltas de Hidalgo y Morelos tomaban un carácter popular. De modo que el grupo más representativo de los criollos guatemaltecos se alió con el nuevo y autoritario capitán general, José de Bustamante, para reprimir y controlar los movimientos políticos de sectores criollos, españoles pobres, mestizos (ladinos) y negros que se produjeron entre 1811 y 1814 en Guatemala, El Salvador, Nicaragua y, en menor intensidad, en Honduras. Movimientos con los que se buscaba obtener una mayor autonomía política para Guatemala, así como desarrollar el comercio interprovincial y el contrabando con los ingleses.

Defensor de la soberanía española en América, el capitán general José de Bustamente mantuvo sometido el Reino, pero bajo esta paz crecía el descontento de los criollos.

No obstante, los acontecimientos de España incrementaron los deseos autonomistas en Guatemala, incluso entre las principales familias comerciantes aliadas hasta ese entonces con los españoles, cuando la Constitución de Cádiz alentó y al mismo tiempo frustró los anhelos de una mayor participación en las decisiones de la vida colonial. En 1818, Bustamante fue relevado de su cargo y sustituido por Carlos Urrutia, un personaje más permeable a la influencia de los comerciantes guatemaltecos a cambio de que éstos aportaran mayores ingresos al Estado y mantuvieran su carácter de retaguardia ante las insurrecciones independentistas americanas. En 1819 se oficializó el comercio con la colonia británica de Belice. Este intercambio exigía sobre todo la entrega de capital circulante a cambio de productos ingleses, lo que incidía en la escasez de moneda. Esto último se haría sentir más en la provincia que en la capital, pues los comerciantes guatemaltecos estaban mejor preparados por su posición monopolista. Por otro lado, la introducción de productos ingleses, en especial textiles, afectó a los sectores artesanos de la ciudad capital, de Antigua y Quetzaltenango, lo que provocó su descontento y protesta.

Hacia 1820 dos acontecimientos marcaron la pauta. En primer lugar, a esas alturas en América las rebeliones se habían convertido en una tendencia. Las guerras de independencia en varias áreas americanas reafirmaban lo que décadas atrás con la independencia norteamericana había sido una señal. De esta forma, se concretaban las proyecciones de las corrientes filosóficas de la Ilustración y las políticas liberales. Ideas que atraían a muchos de los miembros de la élite guatemalteca y provinciana. En segundo lugar, la rebelión liberal de Rafael Riego en España, que obligó al rey Fernando VII a retroceder en su política absolutista y volver a la Constitución de 1812, puso sobre el tapete nuevos mecanismos políticos que alimentaron aún más los deseos autonomistas e independentistas locales, pese a que su objetivo inicial había sido fortalecer la alianza con el gobierno colonial. Ambos procesos indicaron que España había perdido la capacidad de recuperar sus colonias.

Durante este período nacieron en Guatemala dos bandos políticos. Unos, los «bacos», eran cautelosos frente a los cambios en la Administración colonial y frente a los provocados por el libre comercio. Éstos se alinearon en torno al periódico *El Amigo de la Patria*, de José Cecilio del Valle, intelectual reconocido incluso fuera de las fronteras guatemaltecas. Los otros, los «cacos», partidarios del libre comercio, pero no tan unidos en sus objetivos políticos, se agruparon alrededor del periódico *El Editor Constitucional*, de Pedro Molina. En 1820 las elecciones para designar a los miembros de los cabildos y de la recién creada Diputación Provincial no tuvieron un ganador absoluto, pero sí delinearon un debate confrontativo y premonitorio.

La población en el siglo XIX	
Año	**Total población**
1820	595,000
1830	670,000
1840	751,000
1850	847,000
1860	951,000
1870	1,080,000
1880	1,188,000
1890	1,364,000

También en ese año, aunque las discusiones políticas no eran parte de la agenda indígena, la reactivación del cobro de tributos desembocó en Totonicapán en una rebelión indígena. Desde 1811, paralelo al debate sobre la Constitución de Cádiz, el Altiplano occidental había estado agitado por el peso de los tributos. En la vecina Momostenango se produjeron varias pequeñas rebeliones en demanda de su rebaja o de exoneración del pago. La derogación de la Constitución en 1814 no frenó las demandas. También durante ese período, en muchos pueblos se exacerbaron las relaciones entre los indígenas y las autoridades locales en manos de ladinos. En julio de 1820, Atanasio Tzul, un líder indígena de Totonicapán conocido como un «señor» —hombre destinado a mandar— por los habitantes de la región, consideró que la restituida Constitución confirmaba la exoneración del pago de tributos y encabezó una revuelta cuando las autoridades negaron dicha interpretación. Pero Tzul fue derrotado en agosto. Posteriormente, una delegación de indígenas viajó a la ciudad de Guatemala y retornó a sus pueblos con la esperanza de que los aires de independencia que circulaban por la capital representarían el próximo fin de los tributos. Pese a ello la zona se mantuvo inestable.

Independencia y crisis

La coyuntura política de América obligaba a discutir lo que a todas luces se volvía un tema imperante: la Independencia. Un sector de la élite guatemalteca aceptaba la necesidad de separarse de la metrópoli, pero temía las consecuencias del constitucionalismo republicano que propugnaba un régimen eleccionario y representativo que la debilitaba frente a los provincianos. También recelaba de la influencia liberal que proponía una sociedad más igualitaria. En consecuencia, su posición era centralista y autoritaria, aunque en su interior había grupos liberales y fervorosos independentistas. Mientras que otro sector de esa élite se oponía rotundamente a todo movimiento proindependentista.

En todo caso, las disputas políticas no llegaron al enfrentamiento. Los miembros de la élite siguieron con atención el rumbo que tomaban los acontecimientos mexicanos para evaluar cómo afectaban a Guatemala. Sin embargo, algunos independentistas comenzaron a mover sus fichas en pro de sus objetivos. La familia Aycinena, de gran relevancia en la vida política y económica, optó por dirigir

El comerciante vasco-navarro Juan Fermín de Aycinena. Su familia, que controlaba importantes monopolios, desempeñaría un rol decisivo en las actividades por la Independencia.

el primer grupo, partidario del centralismo, mientras buscaba secretamente llevar a cabo la independencia sin obstáculos de los sectores populares o de los sectores medios a los cuales consideraba oportunistas. Observaban el proceso que se desarrollaba en México a medida que el desenlace de la rebelión se convertía en el factor que inclinaba la balanza a su favor. También pusieron especial empeño en hacer que el nuevo capitán general, Gabino Gaínza, reconociera con realismo político la necesidad de independencia. Otros grupos más decididos, pero menos numerosos, propugnaban independizarse abiertamente y buscaban adeptos entre los criollos y sectores del pueblo.

En agosto de 1821 ya era evidente el triunfo de las fuerzas independentistas mexicanas comandadas por Agustín de Iturbide. Un mes después no sólo llegaba a oídos de los guatemaltecos la adhesión de Chiapas, que entonces pertenecía administrativamente a Guatemala, al «Plan de

Escudo de las Provincias Unidas del Centro de América, nombre que otorgó en 1823 la Asamblea Nacional Constituyente al antiguo Reino de Guatemala al declararlo libre e independiente.

Iguala», sino que también se hablaba abiertamente de la oferta de anexión, mientras los mexicanos enviaban una columna militar para confirmar su decisión. El 15 de septiembre las autoridades políticas de Guatemala declararon la Independencia y convocaron un Congreso Constituyente. Enseguida enviaron la resolución a las autoridades provinciales, sin sospechar el conflicto que se produciría.

En efecto, la unidad de Guatemala se resquebrajó. Los ayuntamientos de los distintos pueblos convocados se alinearon en tres posiciones. La primera, fortalecía la autoridad y convocatoria de la ciudad de Guatemala; la segunda, se independizaba tanto de España como de la capital guatemalteca, pero se dividía entre los que querían un gobierno propio para Guatemala y los que buscaban unirse a México, y una tercera se mantenía a la expectativa. Por consiguiente, el arbitraje mexicano se convirtió en un elemento clave y abrió una nueva brecha en las posiciones políticas. Los grupos relevantes, como los Aycinena y otras importantes familias guatemaltecas, vieron en la adhesión al recién proclamado imperio de Iturbide y en una monarquía americana la posibilidad de restablecer su influencia, al mismo tiempo que les permitiría anular las pretensiones liberales republicanas, con su propuesta de cambios y su fuerte inclinación anticlerical. En Guatemala, tras una maniobra electiva y una constante amenaza represiva fueron neutralizadas las provincias favorables a la independencia absoluta y antiguatemaltecas, y se aprobó la incorporación al imperio mexicano. Empero, la tranquilidad duró poco, porque los pueblos de Granada (Nicaragua), San José (Costa Rica), Tegucigalpa (Honduras) y, en especial, el de San Salvador (El Salvador) opusieron resistencia, pero las tropas mexicanas al mando de Vicente Filísola se encargaron de someterlas, y todas, a excepción de San Salvador, terminaron por ceder. A principios de 1823, en México, el general Santa Anna se levantó contra Iturbide y el imperio se vino abajo, cuando ya en la región centroamericana se había logrado la pacificación salvadoreña. El general Filísola, poco antes de retornar con sus tropas hacia México, convocó a los pueblos centroamericanos a la realización de la constituyente que había quedado pendiente tras la declaración de emancipación. Pero esta vez, la provincia de Chiapas mantuvo una posición equidistante entre México y Guatemala y no fue sino hasta mayo de 1824 cuando se adhirió al primero.

Las Provincias Unidas del Centro de América

En junio de 1823 se iniciaron las reuniones de la Asamblea Constituyente y entre sus primeras medidas se reafirmó la independencia absoluta y el propósito de construir una nación con el nombre de Provincias Unidas del Centro de América. En el ínterin las provincias también realizaron sus asambleas, que emitieron las correspondientes constituciones estatales. El juego político pronto señaló las tendencias enfrentadas. Por un lado, se agruparon los moderados, o los llamados por sus adversarios «serviles» —más tarde conocidos como conservadores—, y, por el otro, los liberales, igualmente apodados «fiebres». Entre los primeros sobresalía la idea de un proceso lento y controlado. Aunque en su mayoría no se oponían al influjo del liberalismo, había también entre ellos quienes añoraban la época colonial. En cambio, los segundos proclamaban las nuevas ideas de cambios rápidos y totales. Por supuesto, también propugnaban la eliminación de la tradicional élite de poder y la anulación del poder de la Iglesia. Estos últimos resultaron favorecidos en las elecciones constituyentes frente al grupo moderado, debilitado por su papel en torno a la adhesión a México.

El salvadoreño Manuel José Arce participó en las primeras conspiraciones en pro de la Independencia y fue elegido presidente de las Provincias Unidas del Centro de América en 1825.

De la crisis al experimento liberal

Si bien 1825 fue un año tranquilo, durante el mismo comenzaron a esbozarse los conflictos entre liberales y moderados, entre el gobierno del Estado de Guatemala y el del Estado Federal, así como también se mantuvo y acrecentó la desconfianza entre los otros Estados y el de Guatemala. Esta desconfianza principalmente se reflejaría en el nulo aporte financiero de los gobiernos hacia el federal, a excepción «en parte» del guatemalteco. En todo caso el gobierno federal se encontraba debilitado por la propia carta magna que limitaba su poder jurisdiccional y su ámbito de autoridad. En el Congreso guatemalteco, de mayoría liberal, se promulgaron leyes que afectaban al poder de la Iglesia, mientras el gobierno de ese Estado enfrentaba cada vez más abiertamente la autoridad de Manuel José Arce, recelando de su origen salvadoreño y de su alianza con los moderados guatemaltecos. Las disputas de autoridad política y militar entre ambos gobiernos pronto se convirtieron en choques, los que al final llevaron al presidente Arce a capturar al presidente guatemalteco, Juan Barrundia, en un contexto de acusaciones y contraacusaciones que paralizaron la capacidad de los aparatos federales para resolver el diferendo. Sin oposición del Gobierno guatemalteco, el presidente Arce asumió su dirección y disolvió el Congreso federal, convocando nuevas elecciones. Los gobiernos de El Salvador, Honduras y Nicaragua no aceptaron dicha imposición y consideraron que Arce no tenía potestad para convocar elecciones en el Estado de Guatemala y disolver los órganos federales.

En 1827 tropas salvadoreñas invadieron el territorio guatemalteco para derrocar a Arce. De esta manera se inició una guerra de los guatemaltecos contra el resto de Estados de orientación liberal, mientras Costa Rica mantenía una posición de neutralidad. Esta guerra duró hasta abril de 1829 cuando las tropas salvadoreñas, hondureñas y nicaragüenses, comandadas por el hondureño Francisco Morazán, rindieron a las guatemaltecas y tomaron la ciudad de Guatemala. Morazán y los liberales actuaron con dureza con los guatemaltecos y desterraron a los ex funcionarios del gobierno guatemalteco y federal. Igualmente hicieron con varias órdenes de la Iglesia a las que se les expropiaron sus bienes. Como nuevo jefe político del Estado de Guatemala fue elegido el liberal Mariano Gálvez, mientras que Francisco Morazán asumió la presidencia federal.

Pese a algunos conflictos, la vida política se desarrolló de forma bastante tranquila y el 2 de noviembre de 1824 fue aprobada la Constitución. En ella se establecía un régimen republicano y federal. Esto último significaba que las provincias se constituían en Estados separados y que en su alianza cedían al Gobierno federal únicamente el derecho de representarlos y defenderlos frente a otras naciones.

Además, en la definición del Estado se decía que era de carácter popular y representativo. Durante su legislatura se decretaron medidas reformistas que afectaron a los monopolios, reafirmaron la libertad de prensa, liberaron a los esclavos, suprimieron la Inquisición y los privilegios de la Iglesia católica y fomentaron las escuelas públicas y el libre comercio.

El equilibrio entre liberales y moderados se mantuvo hasta las elecciones para presidente federal. Un juego de alianzas entre moderados y Manuel José Arce, liberal y héroe de la resistencia salvadoreña contra México, en contra del candidato opositor José Cecilio del Valle, llevó al primero a convertirse en el primer presidente de las Provincias Unidas del Centro de América.

Las reformas de Gálvez

En Guatemala el gobierno liberal de Gálvez impulsó una serie de medidas que tocaron puntos sensibles de la vida política, económica y social del país. Éste, acorde con el espíritu liberal —más teórico que práctico por aquel entonces—, buscó reformar el sistema educativo tendiendo a que su contenido fuera más práctico y laico, así como a introducir nuevos métodos de enseñanza, en un experimento pedagógico. El eje de su política para el desarrollo del libre comercio fue intentar fortalecer e impulsar la artesanía, la industria y la actividad agrícola por vía de las exoneraciones y los estímulos a la inversión o con el apoyo a instituciones técnico-educativas, tales como la Sociedad Económica de Amigos del País. Alentó la inmigración europea, considerándola un factor dinámico frente a la actitud y formas de vida tradicionales de ladinos e indígenas. Varios proyectos buscaron asentarse en el deshabitado norte del país.

En el aspecto jurídico promulgó un novedoso sistema de administración de justicia, de códigos penales y del procedimiento de jurados —conocido como Código Lívingston— y otras medidas como la ley del matrimonio civil y el divorcio —llamada «Ley del perro»—, que tendrían repercusiones negativas para su gobierno.

Al mismo tiempo, decretó reformas en torno a la hacienda pública y a la modernización de los métodos fiscales a través de nuevos impuestos como el de «capitación».

Más importante aún resultó la continuación de la reforma municipal, que en buena medida pretendía que los municipios dependiesen de la administración central del Estado, en su afán por obtener ingresos y por convertirlos en un factor que permitiera acceder a ladinos y criollos a las comunidades y tierras de los indígenas, en especial los ejidos, las «tierras del común» y los terrenos baldíos.

Además, muchas de sus medidas estuvieron dirigidas a debilitar el poder y la incidencia de la Iglesia en los asuntos estatales. La transformación de conventos en escuelas públicas, hospitales, cuarteles o prisiones; la prohibición de fiestas y celebraciones públicas de costumbres religiosas, la pérdida del papel orientador de la Iglesia en la educación, entre otras medidas, determinaron el crecimiento de una oposición contra su gobierno, más profunda que la que ejercían los conservadores, que habían perdido la guerra.

El hondureño Francisco Morazán, presidente electo de la República Federal en 1830, terminó con los privilegios políticos y económicos que detentaban las antiguas familias conservadoras.

El triunfo liberal no estuvo exento de fisuras en la unidad centroamericana y se movió en el ambiente de inestabilidad política, económica y social que caracterizó la década de 1830. Morazán buscó centralizar el proyecto federal con el apoyo del Ejército, formado por tropas y oficiales de toda la región centroamericana, pero las constantes disputas entre Estados o de diversas fuerzas y grupos en el interior de cada uno de ellos motivaron que buena parte de su gestión se desarrollara aplacando levantamientos de quienes utilizaban las armas para llegar al poder o de sectores agrarios, indígenas o ladinos, que se rebelaban en pro de determinados derechos o privilegios. A ello se le unían las dificultades financieras que no permitían el desarrollo del aparato administrativo, pese a sus esfuerzos por incrementar los ingresos fiscales. Las constantes guerras y levantamientos también afectaron al sistema productivo y al comercio, por lo que los gobernantes locales dieron prioridad a sus Estados y disputaron los ingresos al federal, mientras se negaban a darle autoridad sobre puertos y aduanas. De esta manera, el poder del gobierno federal siguió siendo débil. A pesar de la alianza entre el gobierno federal y el de Guatemala se mantuvieron las rivalidades entre ambos poderes.

Ilustración de la Plaza Central de la ciudad de Guatemala en el siglo XIX, núcleo de la vida política del país, donde aparecen algunos de sus edificios más emblemáticos.

El levantamiento de Carrera

La crisis del gobierno liberal en la segunda mitad de la década de 1830 sería sobre todo producto de un levantamiento campesino en el oriente del país; una región pobre, mayoritariamente ladina. En 1837 una epidemia de cólera, los efectos de las medidas liberales, la posición anticlerical, las concesiones para la explotación de bosques a extranjeros y los impuestos, favorecieron el estallido de la revuelta campesina de «La Montaña», encabezada por Rafael Carrera, un mestizo de medianos ingresos. Tanto conservadores como liberales vieron en dicha revuelta un verdadero problema por su carácter popular, pero sólo los primeros fueron capaces de establecer alianzas con los campesinos y favorecer su clásica posición antiliberal, sobre todo para dirigirla contra Morazán. Los combates entre las tropas de Morazán y Carrera dieron el triunfo al segundo y en 1838 este último ocupó la ciudad de Guatemala mientras el gobierno de Gálvez fue sustituido por el del conservador Mariano Rivera Paz. A partir de ese momento, el equilibrio de fuerzas fue inestable. Los liberales apoyaron que la región de Quetzaltenango se convirtiera en el sexto Estado de la Federación —el Estado de Los Altos— bajo la protección del Gobierno federal, lo que incomodó a los conservadores, quienes consideraban que esto debilitaría a Guatemala. Nuevamente se produjo una crisis centroamericana cuando los Estados de Honduras, Costa Rica y Nicaragua se rebelaron contra el Gobierno federal y prácticamente lo dejaron a la deriva, solamente apoyado por el de El Salvador.

El régimen de los treinta años

Después de 1838 era evidente que Carrera, como jefe supremo del Ejército, era el hombre fuerte de Guatemala, pero en condiciones que le dificultaban la consolidación inmediata de su dominio. Fue éste un período de constantes conflictos con los países vecinos y de persecución de movimientos campesinos, regionales o de opositores políticos. En enero de 1840 derrotó definitivamente a las tropas del Estado de Los Altos y reincorporó su territorio al guatemalteco, y dos meses después derrotó a las fuerzas salvadoreñas de Morazán, a quien obligó a marchar al exilio. Posteriores intentos por darle vida al proyecto unionista fracasaron, como el Plan de Chinandega en 1842.

En 1844, en el marco de varias guerras en Centroamérica y de conflictos internos en Guatemala, Carrera asumió por primera vez la presidencia tras la renuncia de Rivera Paz. Uno de sus primeros actos fue aceptar el regreso de los jesui-

Acciones de guerra en Centroamérica (1822-1842)

Año	Estado donde se produjeron	Nº de acciones	Año	Estado donde se produjeron	Nº de acciones
1822	El Salvador	3	1833	Nicaragua	4
1823	El Salvador	2		El Salvador	1
	Nicaragua	1	1834	Nicaragua	2
	Costa Rica	1		El Salvador	2
1824	Nicaragua	6		Honduras	1
1826	Guatemala	2	1835	Costa Rica	2
1827	Honduras	10	1836	Costa Rica	1
	Nicaragua	4	1837	Guatemala	7
	El Salvador	3		El Salvador	1
	Guatemala	1	1838	Guatemala	29
1828	El Salvador	15	1839	El Salvador	7
	Honduras	3		Honduras	3
	Guatemala	1		Guatemala	2
1829	Guatemala	7	1840	Guatemala	3
	Honduras	1		Honduras	1
1830	Honduras	1		El Salvador	1
1832	Honduras	7	1842	El Salvador	2
	El Salvador	3		Guatemala	1
	Guatemala	1		Costa Rica	1

tas al país, orden que había sido expulsada en la época colonial. Su ingreso provocó una fuerte polémica en los medios políticos y religiosos. Dos años después se enfrentó a la rebelión de «Los Lucíos» en el oriente del país, la misma área donde Carrera había encabezado el levantamiento de «La Montaña». Pero esta vez la rebelión contaba con el apoyo de los liberales y tenía base popular, aunque también representaba el tipo de lucha caudillista del período, pues la encabezaban Serapio y Vicente Cruz, quien a su vez llegaría a ser vicepresidente de Carrera.

La oposición liberal

Carrera fue construyendo su poder e influencia con mucha habilidad de maniobra en el difícil juego de las disputas políticas entre liberales y conservadores, mientras se iba convirtiendo en la figura mediadora de las demandas populares campesinas y de las comunidades indígenas frente al Estado o frente a los sectores poderosos. Igualmente, buscó la forma de incidir en la política centroamericana, mediando entre gobiernos u oponiéndose a ellos. En 1848, en un contexto de constantes revueltas, los liberales lograron que

Carrera renunciara al cargo. Éste se exilió en México, aunque siempre se mantuvo atento a los conflictos internos guatemaltecos, mientras que pacientemente tejía una nueva alianza, esta vez con los indígenas que recelaban de los intentos liberales de los ladinos y criollos en la región occidental del país. En efecto, en Quetzaltenango los liberales aprovecharon la ausencia de Carrera y volvieron a formar el Estado de Los Altos, hecho que profundizó la crisis política. Empero, las fuerzas quetzaltecas pronto fueron derrotadas por las guatemaltecas y la situación quedó en un impasse, debido a la debilidad gubernativa. Al año siguiente, cuando Carrera retornó de su exilio mexicano, destruyó definitivamente a las fuerzas altenses y frustró para siempre los deseos separatistas de aquella región.

Esta vez entraron en juego otros factores. De hecho la República Federal ya no existía, aunque ninguno de los gobiernos había declarado oficialmente su muerte. Por otro lado, la influencia inglesa en la región iba *in crescendo*. Y si bien la diplomacia inglesa en un principio había visto con buenos ojos una nación centroamericana, los años de crisis fueron suficientes para concluir que era preferible la formación de pequeños estados, lo que haría más fácil intervenir en su política para defender los intereses imperiales. Por ello, con el beneplácito del cónsul inglés Frederick Chatfield e incluso de los propios liberales guatemaltecos, el 21 de marzo de 1847 Carrera decretó la creación de la República de Guatemala, que sería ratificada el 14 de septiembre de 1848. Poco a poco, también otros estados centroamericanos se declararon repúblicas.

Mientras tanto, en el Congreso, los liberales, temerosos de Carrera, habían decretado la prohibición de que éste retornara al país bajo pena de muerte. Sin embargo, las rebeliones continuaron y dos cortos gobiernos liberales no pudieron consolidarse. En 1849 resultó electo Mariano Paredes, conservador, y aunque formó un gobierno compartido entre conservadores y liberales, éstos ya habían perdido la iniciativa y terminaron por dividirse en una corriente moderada y otra radical, lo cual favoreció a los conservadores. Paredes poco después obtuvo la revocatoria de la prohibición del ingreso de Carrera, quien pronto retornó a Guatemala como máximo jefe militar y encargado de pacificar a pueblos y facciones sublevadas.

Política internacional

La situación de Centroamérica era otro factor a tomar en cuenta. Las rivalidades entre ingleses y norteamericanos los obligaron a firmar el pacto Clayton-Bulwer en 1850 por el que ambas naciones se comprometían a evitar enfrentarse por territorios en América, pero aun así las presiones de estos dos países hacia la región continuarían, en especial contra Nicaragua. Por otro lado, en El Salvador el presidente liberal, Doroteo Vasconcelos, miraba con preocupación el retorno de Carrera, de modo que, con el apoyo de varios liberales guatemaltecos y del Gobierno hondureño intentó debilitar a Guatemala. Las hostilidades entre los dos países pronto los llevaron al combate y a principios de febrero de 1851, en la batalla de la Arada, el presidente salvadoreño fue derrotado por Carrera. Poco después este último reasumió la presidencia, que no abandonaría sino hasta su muerte, catorce años más tarde. En ese mismo año el presidente hondureño Trinidad Cabañas invadió el territorio guatemalteco y fue derrotado; unos meses después sería derrocado como gobernante, lo cual dejaba a Carrera en una posición dominante en Centroamérica.

La Constitución de 1851 favoreció la visión conservadora, fundamentalmente en los aspectos edu-

Rafael Carrera se convirtió en el abanderado de los conservadores, asumió la presidencia en 1844, y, en 1859, firmó un tratado con el gobierno británico por el cual le cedía el territorio de Belice.

cativos en los que la Iglesia católica retomó su antigua influencia. Sobre todo cuando en 1852 se firmó el Concordato con el Vaticano, que regulaba sus relaciones con el Estado guatemalteco y oficializaba al catolicismo como religión de estado. En octubre de 1854 Carrera fue nombrado Presidente Vitalicio. Tres años después tropas guatemaltecas, junto con las de los otros países centroamericanos, combatieron en Nicaragua para derrotar a William Walker, aventurero norteamericano que había llegado a ese país a solicitud de los liberales para combatir a sus opositores. Pero más tarde Walker se convirtió en presidente de Nicaragua y pretendió convertir este país en una extensión de los intereses de los sureños norteamericanos. Este triunfo determinó un largo período de predominancia conservadora en la región.

El proceso político que siguió hasta la muerte de Carrera fue menos complicado y fue dedicado a mantener el equilibrio del régimen caudillista, el cual se apoyaba en una figura de fuerte autoridad que actuaba como árbitro de conflictos, y en la relación subordinada de todos los grupos de la sociedad ordenados jerárquicamente en clases. En definitiva, era éste el ideal del orden conservador. Igualmente, durante su gobierno se llevaron a cabo negociaciones con los países vecinos para la confirmación de las fronteras. En 1859 firmó un tratado de límites con Inglaterra anulando su aspiración al territorio de Belice, tratado que tiene repercusiones incluso en la actualidad. En 1863 Carrera libró una nueva guerra contra El Salvador, pero sólo dos años después murió en el ejercicio de la presidencia y le sucedió en el gobierno Vicente Cerna, uno de sus lugartenientes, que debería enfrentar nuevas dificultades.

El lento proceso de cambio

La agitada vida política de la región no podía enmascarar los cambios. El marcado conflicto entre liberales y conservadores determinó que las visiones sobre ellos mismos fueran polarizadas.

Constituciones del siglo XIX

- Constitución de Bayona de 6 de julio de 1808
- Constitución de Cádiz de 10 de marzo de 1812
- Bases Constitucionales de 1823
- Constitución Federal de Centroamérica de 22 de noviembre de 1824
- Constitución Política del Estado de Guatemala de 11 de octubre de 1825
- Reformas a la Constitución Federal de Centroamérica el 13 de febrero de 1835
- Ley Constitutiva del Poder Ejecutivo; Ley Constitutiva del Poder Judicial; Declaración de los Derechos del Estado y sus Habitantes; Ley de Garantías, Decretos N.° 65, 73 y 76; 3, 14 y 16 de diciembre de 1839
- Acta Constitutiva de la República de Guatemala del 19 de octubre de 1851
- Ley reglamentaria adicional a la del 5 de diciembre de 1839, Decreto N.° 81 de enero de 1852
- Acta de reforma de algunos artículos de la Ley Constitutiva de la República del 4 de abril de 1855
- Ley Constitutiva de la República de Guatemala del 11 de diciembre de 1879
- Reformas a la Ley Constitutiva de la República de Guatemala del 20 de octubre de 1855
- Reformas a la Constitución de la República de Guatemala del 5 de noviembre de 1887
- Reformas a la Constitución de la República de Guatemala del 30 de agosto de 1897

Los liberales miraban a los conservadores como gente que no quería cambiar y que se oponía a todo tipo de reformas. Los liberales expresaban la necesidad de cambios radicales y profundos. En principio soñaban con una ley igualitaria para todos los sectores sociales y con el fin de los privilegios, pero no aceptaban un igualitarismo social. En general, eran proclives a un estado autoritario. Observaban con desdén el poder de la Iglesia como acaparadora de privilegios y creadora de conformismo así como de pasividad. Consideraban un proyecto económico basado en el fomento de la producción y el libre comercio, siempre y cuando no los afectara. Miraban a la masa indígena y mestiza como una fuerza de trabajo atrasada, no apta para la era de cambio que se vivía y preferían enfrentarla obviando su existencia con el supuesto de la igualdad de todos ante la ley. Su actitud discriminatoria rayaba en el racismo y admiraban el mundo occidental como modelo de sociedad.

Por su lado, los conservadores consideraban la posición de los liberales falta de realismo y llena de teorías inaplicables, y que cuando pretendían llevarlas a la práctica, por la manera febril que tenían de encarar sus acciones, caían inmediatamente en la anarquía y se producía una anulación de la autoridad, dejando que las clases subalternas aspiraran a igualárseles. Consideraban a la Iglesia una autoridad moral, encargada de la actividad educativa. Resaltaban su vieja herencia colonial y sus privilegios sociales frente al resto de la sociedad. No obstante, los más avanzados planteaban un liberalismo moderado, evolucionista, en el que sin forzar los acontecimientos se desarrollara el progreso a través de un cambio controlado. Como los liberales, querían reflejarse en el mundo occidental europeo. Aunque no negaban al indígena, lo desdeñaban. Para ello apoyaban la continuación de la política colonial de la «república de indios», aceptando sus formas de gobierno locales, pero siempre que estuvieran subordinados al Estado y a la vida económica.

Ambas opciones basaban su política en el control del Estado, como la fórmula más beneficiosa para defender sus intereses, y sostenían que su destino era gobernar masas incultas y no aptas para el progreso, sujetas a prejuicios y supersticiones no acordes con la idea utilitaria y racionalista que el pensamiento occidental promovía en el mundo entero. En cuanto a su proyecto económico, había varias posiciones: una más conservadora, que veía en la posesión de la tierra y en el uso del

A lo largo del siglo XIX, los diferentes gobiernos actuaron siempre en favor de las ciudades y en contra de los intereses de las comunidades indígenas, que constituían el 65 por ciento de la población.

trabajo barato la base de su poder; otra que consideraba que el libre flujo de los productos y el peso del crédito determinaba el fin de toda ganancia; y otra más que se maravillaba de la potencialidad que tenía el aplicar el conocimiento científico a la vida productiva, pero dudaba de que Guatemala tuviera la capacidad de llevar adelante empresas arriesgadas. Estas posiciones no coincidían necesariamente con las actitudes políticas y en cualquier bando podían encontrarse todo tipo de combinaciones, desde conservadores emprendedores hasta liberales indolentes.

El impulso económico

Para los liberales —los triunfadores al final de cuentas—, el largo período conservador fue visto como un tiempo muerto, que era necesario desechar para poder llevar a cabo un impulso de progreso. En realidad, si bien el ritmo de ese período fue lento, en él se forjaron las bases que después los liberales aprovecharían para darle un impulso a la exportación, factor dinámico de la economía en la última parte del siglo XIX.

Desde la época de Gálvez, la grana, también llamada cochinilla, debido al nombre del insecto del cual se sacaba un tinte para textiles y que se reproducía en la planta de nopal, comenzó a tener importancia como producto de exportación. La producción se mantuvo por un poco más de tres décadas y permitió un importante proceso de acumulación de capital en el área central del país y cercana a la capital. Era ésta una actividad lucrativa y que necesitaba poco crédito, lo que permitía superar los obstáculos que representaban los préstamos a corto plazo y a un alto interés, pero era muy sensible a las calamidades naturales. Para desarrollarla no se necesitaba mucha mano de obra o tierra, aunque requería un complejo proceso artesanal en la elaboración del tinte.

La comercialización de la grana significó grandes ganancias para los sectores propietarios que controlaban su producción y envío al exterior. De hecho, esto se podía verificar en el crecimiento paulatino de la ciudad y el desarrollo de una infraestructura más privilegiada con la que poco a poco fue creciendo la capital. Sin embargo, su peculiar forma de producción hizo que no fuera éste un producto que incidiera en la presión sobre la tierra o sobre el transporte. De esta manera, el interés que sectores criollos y ladinos tenían por la tierra siguió un rumbo más lento, aunque siempre tendiente al acaparamiento, para lo cual las tierras baldías y las de las comunidades indígenas eran el objetivo. Por lo tanto, la producción y comercio de grana no se tradujo en una política legislativa que regulara la posesión de tierras y desmantelara las herencias coloniales en materia de propiedad y crédito, pero sí se puede considerar que fue un producto de transición frente al café.

Por otro lado, más que el Estado, grupos reformistas o visionarios de la sociedad promovieron la política de mejoramiento de la infraestructura del comercio exterior. Esfuerzos en puertos y caminos fueron constantemente motivo de preocupación para la Sociedad Económica de Amigos del País, afanada en bajar los costos de transporte, que era uno de los inconvenientes para la comercialización debido a que las dificultades naturales y las formas de transporte hacían que los precios subieran. Las rutas comerciales hacia el Pacífico se vieron favorecidas con los puertos de San José y San Luis, por el impulso, primero, del comercio inglés en América del Sur, después por el norteamericano con la apertura de la costa pacífica de ese país y, por último, por la cercana ruta transatlántica nicaragüense. Todo esto estimuló el aprovechamiento de esta vía, más segura y corta que la del Atlántico, lo que hasta cierto punto conllevó el desplazamiento de la importancia de Belice.

El comercio interno

Sin embargo, el comercio interno también produjo un importante movimiento de productos y capital. La feria, sistema comercial de origen colonial que unía el comercio con la conmemoración religiosa, permitía el intercambio interdepartamental y el que se producía entre Estados cercanos. En las ferias se hacían los negocios de envergadura para el abastecimiento regional y los intercambios locales de poca monta. También, poco a poco, desde la Independencia se abrieron en la ciudad capital y principales cabeceras casas comerciales europeas de ingleses, franceses y más tardíamente de alemanes, los cuales se establecieron para convertirse en intermediarios comerciales y facilitadores de crédito. Por último, en muchos casos éstos terminaban de afincarse en el país al casarse con miembros de la élite guatemalteca.

De este modo la actividad comercial permitió también al Estado obtener un mayor volumen de ingresos, haciendo proceder la recaudación del comercio exterior y liberando un poco a los ciudadanos ladinos o a los indígenas. Su carga tributaria se daba ahora fundamentalmente a través de los «estancos», centros de distribución de aguardiente y tabaco, pólvora y otros productos como servicios monopolizados por el Estado. Mientras tanto, aunque el acaparamiento de las tierras sería una tendencia inexorable a largo plazo, la economía guatemalteca seguía sosteniéndose en el producto y tierras de las comunidades indígenas y de los campesinos ladinos. El papel de Carrera al final de cuentas les había ayudado a mantener su peso proporcional, pero para ellos se avecinaban otros tiempos.

De la revolución de 1871 a la presidencia de Reina Barrios

El orden conservador fue nuevamente cuestionado por los liberales que encabezaron una lucha contra Vicente Cerna, no conformes con el ritmo de los cambios y totalmente opuestos a una sociedad y Estado influidos por la Iglesia. Los ejes ideológicos en que se apoyó el nuevo liberalismo fueron, junto con el positivismo filosófico y un mayor pragmatismo, la renovación del anticlericalismo y el deseo de llevar a cabo cambios institucionales que ordenaran los recursos para el desarrollo de la economía exportadora, liberándola de las trabas legales y consuetudinarias que no permitían su utilización con mayor intensidad. Esta vez sus principales objetivos se centraron en la propiedad de la tierra y la mano de obra, pero para ello fue necesario anular el poder autónomo de la Iglesia, fortalecer el centralismo de Estado y pretender construir una Nación que tuviera fe en el progreso.

La crítica liberal hacia el gobierno de Cerna se inició por los puntos débiles: la no representatividad en el Gobierno y la falta de libertades cívicas, por lo que había que reconstruir un nuevo pacto constitucional, restablecer las garantías y el libre juego partidario. A su vez, las luchas de caudillos locales e intereses regionales se unieron a la propuesta política. Desde 1867 los movimientos de Serapio Cruz afectaron al gobierno de Cerna, y la derrota del primero no frenó la insurrección. La alianza entre las partidas de Justo Rufino Barrios, terrateniente del occidente del país, con la oposición política liberal encabezada por Miguel García Granados, principal figura política opositora, pronto llevaron a su triunfo y proclamaron presidente al segundo, mientras Barrios se convirtió en

Justo Rufino Barrios impuso un nuevo estilo de gobierno y realizó una ingente labor legislativa.

el jefe militar de Los Altos. En este puesto comenzó por favorecer a esa región con el impulso de obras de infraestructura.

Los iniciales objetivos constitucionalistas pronto comenzaron a desdibujarse, señalando la diferente óptica entre los dos líderes. Mientras García Granados derrocaba al gobierno hondureño, Barrios, como presidente provisional, impulsaba un ataque frontal contra la Iglesia expulsando a los jesuitas, expropiando bienes y confiscando sus inversiones. Igual sucedió durante otro gobierno interino de Barrios. Poco después, García Granados, prácticamente presionado por Barrios, renunció al cargo de presidente. Por supuesto, las elecciones celebradas en 1873 las ganó el propio Barrios.

La reforma de Justo Rufino Barrios

Una de las primeras acciones que emprendió Barrios fue decretar el estado de excepción frente a las amenazas contra su Gobierno. El ala política de los liberales pronto se dio cuenta de su debilidad y supo quién era el hombre fuerte. Las medidas del Gobierno mantuvieron la línea contraria a la Iglesia y en 1873 se nacionalizaron sus bienes, que se destinaron a la creación del Banco Nacional. Cuando Barrios consideró que la paz se había restablecido, inició la transformación de la administración estatal y su soporte legal, la realización de obras públicas así como la secularización educativa, del matrimonio, de los cementerios y de los testamentos.

Buena parte de sus objetivos se centraron en consolidar su poder anulando a los opositores y a los propios liberales, censurando la prensa y legislando la capacidad represiva del Estado contra

El ferrocarril fue promovido por los grandes empresarios agrícolas, para agilizar el comercio. En la imagen, construcción del Puente de las Vacas (ciudad de Guatemala) en la línea del Atlántico.

rebeliones y conspiraciones. Al mismo tiempo buscó centralizar el poder a través del fortalecimiento del Ejército y de las fuerzas de seguridad, así como con la designación de jefes políticos —fundamentalmente militares— y, por último, por medio de una reforma municipal que se convirtió en un ataque a la vieja tradición autonomista. A su vez, supo mantenerse por encima de su propio partido y formar gabinetes con los conservadores, dejando claro que el centro de su objetivo era económico. Contó con el apoyo del sector comercial que vio con beneplácito el impulso del comercio, en especial exterior. En términos culturales, impulsó una reforma educativa sostenida en las ideas positivistas.

Todo ello permitió a Barrios llevar adelante lo más ambicioso de su política: el control del nuevo sector terrateniente sobre la tierra y el trabajo. En efecto, en 1877 abolió el censo enfitéutico (alquiler con derechos perpetuos de usufructo) y legalizó el sistema de trabajo forzado con el Reglamento de Jornaleros y un año más tarde con la Ley contra la Vagancia. El primero ayudaba a liberar el usufructo de la tierra para convertirla en propiedad privada, mientras que los otros dos ofrecían a los terratenientes mano de obra barata y fácil de endeudar. Esos fructíferos años también sirvieron para el impulso de leyes relacionadas con el comercio, el fisco y el sistema de propiedad.

Además dio un importante impulso al desarrollo de la infraestructura: habilitó puertos, inauguró la primera vía férrea y estableció servicios de transportes urbano.

La Constitución de 1879

En 1879 la Constitución liberal fue finalmente promulgada, después de que Barrios gobernara durante seis años con medidas de excepción. Barrios justificaba que la fase dictatorial había sido necesaria y, sólo habiéndose consolidado los principios pragmáticos de su gobierno, podría pensarse en legitimarlo con períodos democráticos. No obstante, había tenido tiempo suficiente para eliminar los obstáculos que le planteaban los políticos liberales que exigían legalidad y el derecho a participar en los asuntos del gobierno, detrás de lo cual se ocultaba el interés por disfrutar del poder más que una verdadera asimilación de los principios democráticos. Por otra parte, la Constitución refrendaba los objetivos de los liberales, centrados en agilizar el derecho de propiedad.

Realizadas las elecciones constitucionales, Barrios fue elegido presidente. Esta vez, tenía una Constitución que reafirmaba el presidencialismo y le permitía mantener un poder legislativo subordinado y dedicado a legalizar leyes prácticas para el desarrollo de su proyecto. A partir de entonces profundizó la institucionalización del poder liberal, así como el entramado de su poder a través del Código Militar (1878) y de la Ley Orgánica del Gobierno Político de los Departamentos (1879). Un poder instrumental que reafirmó con la facilidad que le daba la Constitución de suspender las garantías para mantener quieta a toda oposición. Esta última, más que provenir de los conservadores o de nuevas expresiones políticas, procedía de su propio partido, destacándose la figura de Lorenzo Montúfar, conocido intelectual y político que terminó por exiliarse en Costa Rica.

La Unión centroamericana

Barrios, como antes había hecho Carrera, también buscó superar las fronteras de Guatemala e incidir en Centroamérica para su bien interno, así como expandir geográficamente sus planes e ideas para convertirse en el indiscutible hombre fuerte del istmo. En 1875, aliado con Honduras, volvió a replantear el ideal de la unidad centroamericana, consciente de que ésta sólo podía lograrse con la unanimidad liberal. En efecto, a partir de esos años mantuvo una constante presión e intervencionismo en los países vecinos, en especial, contra los gobiernos hostiles salvadoreños, los eternos rivales de los guatemaltecos. Entretanto, buscó evitar conflictos con su vecino del norte, México. En 1882 firmó con ese país un controvertido tratado en el que aceptaba el *statu quo* de la incorporación mexicana de los territorios de Chiapas y Soconusco, y además le cedía más territorio del que recibía Guatemala.

En el ínterin los gobiernos de El Salvador, Honduras y Guatemala se propusieron reactivar la unidad. Pero Barrios no se fiaba porque sus interlocutores podían pretender un poder similar al suyo. De esta manera, en 1883 intervino en Honduras para derrocar a su amigo Marco Aurelio Soto. En 1884 convocó a la realización de una cumbre para discutir la unión, pero los gobiernos de Nicaragua y Costa Rica no la aceptaron, por lo que decidió proclamar a su nombre la Unión Centroamericana y obligar al resto de gobiernos a aceptarla por medio de las armas. El Gobierno salvadoreño se negó y pronto Barrios preparó la invasión a ese país. No obstante, no tuvo éxito, pues en abril de 1885 cayó muerto durante la batalla de Chalchuapa, en territorio de El Salvador.

Las reformas liberales y el control de la propiedad de la tierra

Las reformas liberales tendieron fundamentalmente a reorganizar los factores de producción. Producir café significaba controlar las tierras aptas para ello, las que se encontraban en un rango de entre 1,000 y 1,800 metros sobre el nivel del mar. Muchas de esas tierras coincidían con las de las comunidades indígenas o con extensos terrenos baldíos en el área de la bocacosta o de zonas lejanas. Garantizar la posesión de la tierra era tener la propiedad legal sobre ella para hacer posible todo tipo de modificaciones y la larga espera hasta la aparición del fruto. Pero el mayor obstáculo sería la necesidad de mano de obra. Para la financiación era necesaria la existencia de un ente de crédito capaz de otorgar préstamos a corto y largo plazo en cantidades importantes, mientras que para el transporte era necesario tener vías y medios suficientes para movilizar grandes volúmenes de producto. En consecuencia, dicha producción implicaba la transformación de la sociedad y la creación de un mundo y una cultura cafetaleros. Dada su importancia estratégica también pasaba a convertirse en el centro de disputas sociales y políticas.

La fuerza que adquirió el café en la segunda mitad del siglo XIX cambió totalmente la vida rural del país, en beneficio de una parte de la sociedad y en detrimento de otra.

Los productores de café adoptaron desde el principio las mejores técnicas para obtener una producción de alta calidad. En la imagen, aserradero y beneficio de café en la finca Las Nubes.

Café y sociedad

El paso a la modernización de la agricultura exportadora tuvo en el café a un protagonista privilegiado. Hacia 1855 algunos guatemaltecos y extranjeros comenzaron a exportar dicho producto, aunque todavía representaba un hecho experimental, tanto en el desarrollo de su cultivo como en la búsqueda de nuevos mercados. Sin embargo, su crecimiento fue acelerado. En 1871 el café se convirtió en el principal producto de exportación, coincidiendo con el año en que se produjo el triunfo liberal. En 1880 representó el 98 por ciento de las exportaciones, para luego mantenerse estable en el 85 por ciento durante los años posteriores. En realidad, liberalismo y café estarán estrechamente relacionados en la historia guatemalteca desde ese momento en adelante.

Unos años después, la mayor parte del sector terrateniente ya se hallaba vinculada al comercio exterior por la producción de café, lo que imprimía un fuerte carácter monocultivista y monoexportador a la vida económica del país. Esto resulta impresionante si se toma en cuenta que producir café significaba importantes cambios. En efecto, para cualquiera resultaba arriesgado comenzar a sembrar cafetos y esperar resultados, pues éstos requerían de una maduración de alrededor de cinco años y de determinadas condiciones ecológicas para dar frutos; además exigían mucha mano de obra y, tanto por su volumen como por el terreno por el que debía desplazarse el transporte, resultaba caro de producir. En definitiva, todo ello suponía una fuerte financiación, así como la necesidad de contar con la propiedad de la tierra.

Tres fueron los ejes en los que se sostuvo la producción de café en Guatemala. El primero, la privatización de la tierra, que se fundamentó en recuperar las tierras de lo que se llamaban «los bienes de manos muertas», en especial, las propiedades eclesiásticas y de las comunidades indígenas o ejidos de pueblos ladinos, que para los liberales estaban fuera de los circuitos del mercado. La Iglesia, favorecida durante todo el período de Carrera, hacia 1860 poseía importantes cantidades de tierra y, como se ha visto, el objetivo de sustraer el capital y la propiedad acumulados por ésta fue una de las principales medidas de Barrios en sus primeros años, porque los liberales señalaban a esa institución únicamente como acaparadora de tierras y no como productora. Las tierras de las comunidades eran requeridas porque se sostenían en la producción comunal y no privada. Desde sus inicios el traspaso favoreció tanto a Barrios como a sus allegados, pero luego se extendió hacia todo el mundo terrateniente, poseedor de grandes extensiones de tierra, e incluso supuso la formación de una capa de campesinos medios.

Tierras y mano de obra

En relación con las comunidades indígenas resultaron afectadas sobre todo aquellas que estaban ubicadas en la franja de alturas intermedias, idónea para el proceso cafetalero. Estas tierras ya habían sido acosadas por los ladinos en las décadas anteriores, quienes buscaban obtener su arrendamiento para cultivar productos de subsistencia y comerciales de corta escala, y también eran deseadas por los hacendados y políticos que las ocupaban ilegalmente para luego terminar quedándose con ellas. El gobierno de Barrios se preocupó por encontrarle asidero legal a dicha apropiación con la abolición del censo enfitéutico, para que luego pudieran ser adquiridas como terrenos baldíos. La necesidad de que fueran tierras de determinada altura hizo que el proceso de expropiación no resultara tan agudo y en general no llegaran a verse tan afectadas las tierras comunales de los indígenas. Estas últimas resultaron involucradas más que nada por la necesidad de las fincas cafetaleras de obtener mano de obra masiva y barata que las comunidades terminaron por aportar de forma casi forzada, lo que modificó en sus condiciones de existencia. Sin embargo, fue la distribución de baldíos la principal forma para obtener tierra, tanto para terratenientes ya formados como para campesinos ladinos, en una relación que favorecía a los allegados al régimen liberal, luego a extranjeros y, por último, a ladinos. Principalmente hombres, puesto que las mujeres fueron excluidas como propietarias. El área de la bocacosta quetzalteca fue la más apetecida. En este lugar, incluso las tierras de las comunidades indígenas fueron declaradas baldías de un plumazo. El sistema de obtención definía que las tierras con productos ya sembrados fueran más baratas que las que tenían maíz, lo que favorecía a los ladinos y hacía que las tierras incultas —las más aptas— fueran las más caras, por lo que su acceso estaba limitado a aquellos que tenían recursos. En consecuencia, los poseedores de tierras cafetaleras obtuvieron facilidades para la formación de latifundios, es decir, grandes extensiones de tierra quedaron en manos de pocas personas o familias.

El proceso de forzar a las comunidades indígenas o poblaciones campesinas para suministrar mano de obra a las fincas cafetaleras o para la cons-

La necesidad de trabajadores para las explotaciones cafetaleras presionó a grandes sectores de la población para obtener mano de obra asalariada. En la imagen, indígenas a finales del siglo XIX.

trucción de caminos fue el segundo factor. Alrededor de ello se generó un sistema que creaba una relación de dependencia y de favores entre gobernadores, autoridades liberales, finqueros y contratistas o «habilitadores», quienes se mancomunaban para obligar a comunidades enteras o a campesinos individuales a trabajar en las fincas cafetaleras. La ley de jornaleros y aquella contra la vagancia les daban el derecho a movilizar y forzar el trabajo hacia las fincas cafetaleras. A su vez, permitían que los trabajadores sujetos como colonos de las fincas —peones o jornaleros— fueran igualmente obligados a permanecer en ellas por la vía del endeudamiento. Fue éste un sistema que en más de una ocasión motivó la resistencia violenta de las comunidades indígenas o de grupos de campesinos, así como también hizo aparecer en la legislación el delito de hurto del café para perseguir una común práctica de resistencia pasiva. Para enfrentar la amplia gama de resistencias también se promovió la respuesta represiva de las autoridades confiadas en la legalidad de sus actos, de modo que preservar la producción y el trabajo forzado se convirtió en la principal preocupación del Estado.

Bono del Ferrocarril del Norte por valor de 100 pesos o 20 libras esterlinas, expedido en 1893 por iniciativa del presidente Reina Barrios, para la subvención de la nueva línea ferroviaria.

El tercer eje fue la financiación. Como se ha visto, la expropiación de la Iglesia significó una de las principales bases de acumulación de capital de préstamo, puesto que hasta que no se desarrolló consistentemente el sistema bancario, fue el crédito de las casas comerciales, sobre todo inglesas y alemanas, la principal fuente de financiación para la producción cafetalera. Entre 1874 y 1894 se crearon siete bancos nacionales y comerciales.

El principal esfuerzo de los nuevos bancos se centró en financiar la producción; el segundo, en la construcción de ferrocarriles que se inició con capital nacional pero que, pronto, por la magnitud de las obras, necesitó de las inversiones extranjeras. En 1877 el Gobierno firmó un contrato para la construcción de una línea de ferrocarril en el centro del país. En 1880 se inauguró el tramo San José Escuintla, y se firmó un frustrado contrato para la línea Santo Tomás-Guatemala y otro para la de Guatemala-Escuintla; al año siguiente hubo otro para el ferrocarril occidental. Todas ellas unían el área cafetalera, la capital y los puertos de ambos mares. En los siguientes años se firmaron otros contratos, en especial aquellos para hacer llegar el ferrocarril a la costa atlántica.

Los gobiernos reformistas

La muerte de Barrios vino a demostrar la eficacia del entramado de poder que había construido. Como era de esperar, desaparecido éste, las diferentes corrientes políticas, tanto en el seno de los liberales como en el de los opositores, se enfrenta-

ron al dilema de la sucesión. Sobre todo se propusieron lograr el consenso en torno al principio de no reelección e intentaron evitar que el sucesor proviniera de uno de los designados. Empero, el jefe político de Quetzaltenango y segundo designado, el general Manuel Lisandro Barillas, actuó rápidamente y declaró el estado de sitio con el apoyo de un sector de la asamblea. Enseguida desterró a Lorenzo Montúfar y a Francisco Lainfiesta, principales dirigentes liberales y aspirantes a la primera magistratura.

El período de Barillas

Eliminados los obstáculos, Barillas recurrió a las elecciones y fue electo por unanimidad en 1886. Un año después siguió el camino de Barrios al disolver la Asamblea, en la cual se discutía sobre el control del tesoro nacional, que se encontraba bastante mermado por la sobrecarga del presupuesto militar. También enfrentado a la Iglesia, expulsó del país al arzobispo Ricardo Casanova. Restaurada la asamblea bajo su influencia, la aprovechó para ampliar el período presidencial y eliminar el cargo de vicepresidente, con lo que prescindía de uno de sus opositores internos. Tal medida provocó disturbios en varias partes del país pero no le afectaron lo suficiente y pronto superó la crisis. Para congraciarse con Montúfar y Lainfiesta les ofreció puestos ministeriales, que éstos terminaron por aceptar.

La idea del unionismo retomó el vuelo con Barillas. En 1887 se reunieron los representantes de los cinco países centroamericanos y firmaron un pacto con intenciones unitarias. En los dos años siguientes se celebraron otros congresos, uno en San José (Costa Rica) y otro en San Salvador. En este último se firmó el Pacto de Unión Provisional. Todo parecía augurar que esta vez era posible alcanzar el viejo sueño de la «patria grande» a realizarse formalmente en 1890. Guatemala, El Salvador y Honduras lo apoyaron de inmediato, pero los gobiernos de Costa Rica y Nicaragua fueron menos entusiastas. No obstante, la sublevación de Carlos Ezeta en El Salvador contra el gobierno de Francisco Menéndez echó por tierra el proyecto y de nuevo llevó la región a la guerra. Las tropas de Honduras y Guatemala invadieron aquel país y vencieron a Ezeta, pero su triunfo no significó la reactivación de los tratados.

En general, la política de Barillas no varió mucho en relación con la de Barrios. Éste siguió impulsando la política agraria en función de ampliar el proceso de privatización de la tierra, y de fomentar la producción cafetalera, la cual mostraba ya un consistente cambio en las relaciones económicas. Además, buscó profundizar la orientación agroexportadora de la economía y apoyar la diversificación productiva con resultados poco importantes, puesto que a esas alturas los propietarios agrícolas prefirieron sostenerse con el café, un producto que prometía mejor y más segura rentabilidad que el resto de productos de consumo interno o de algunos otros de exportación que no llegaban a alcanzar un buen mercado en el exterior.

El gobierno de Reina Barrios

Al finalizar el período de Barillas, de nuevo la disputa electoral agitó el ambiente. Junto con otros personajes secundarios, tanto Lainfiesta como Montúfar quisieron ser los candidatos, pero el primero terminó por declinar en favor del segundo. Sin embargo, esta vez participó otro militar, José María Reina Barrios, sobrino de Justo Rufino Barrios, que había mantenido una constante oposición a Barillas, por la cual estuvo en el exilio. Las elecciones fueron ganadas abrumadoramente por este último.

Su período fue similar al anterior en términos del impulso al modelo liberal. Prosiguió la modernización de la infraestructura con un fuerte estímulo al sistema ferroviario del norte en busca de la salida atlántica y de otros ramales en el interior del país. También fue notorio el desarrollo de caminos y de otros modernos servicios como el telégrafo, la luz eléctrica y los tranvías urbanos. Los telégrafos y los ferrocarriles fueron dos de los inventos modernos en los que mayor atención pusieron los gobernantes liberales. No era para menos, si eso representaba resolver uno de los obstáculos más importantes como lo era el transporte. Sin embargo, Reina Barrios llegaría a ser más conocido por su interés en modernizar la ciudad capital con una urbanización y una arquitectura encauzadas en los modelos europeos. El sueño de la «pequeña París» con grandes bulevares, hermosos edificios y paseos con arboledas fortaleció la vida cultural, que poco a poco comenzaba a superar los viejos patrones coloniales.

En 1894 se reactivó el conflicto fronterizo con México, que pronto finalizó con la firma de un nuevo tratado que fijaba mejor los límites y reconfirmaba la prudencia guatemalteca respecto de su vecino del norte. En 1895 se pensó una vez más en la unión centroamericana con el proyecto

El general Manuel Lisandro Barillas (en la imagen, a la izquierda, junto al general Luis Bográn, presidente de Honduras) ocupó la presidencia de Guatemala entre 1885 y 1892.

de la República Mayor de Centroamérica, que Guatemala rechazó, pues detrás del mismo se encontraba el gobernante nicaragüense José Santos Zelaya, nueva figura dominante en la región. Poco después se cambiaría el nombre de Estados Unidos de Centroamérica, cambio que demostraba que el recurso era más retórico y diplomático que un proceso real y efectivo.

En 1897, ante la presión de las próximas elecciones, Reina Barrios dio un golpe de Estado y convocó a una asamblea constituyente con el fin de renovar su mandato presidencial por cuatro años más. La crisis política coincidió con otra de carácter económico cuando los precios internacionales del café cayeron estrepitosamente, lo que afectó a los terratenientes occidentales, quienes vieron con recelo cómo Reina Barrios dilapidaba el presupuesto en exposiciones, construcciones de palacios y el embellecimiento de la capital. Todo esto desembocó en una revuelta en el occidente y el oriente, encabezada por los jefes políticos de San Marcos y Quiché, quienes a su vez habían sido los frustrados aspirantes a la presidencia. La revuelta también presentó el carácter separatista

El gobierno del presiden-te Reina Barrios, entre 1892 y 1898, llevó al país a una situación de crisis por las costosas obras públicas empren-didas y la errónea políti-ca fiscal y monetaria.

actores. En realidad, algunos de éstos nunca habí-an estado ausentes, pero esta vez presentaban ras-gos nuevos y un interés mayor por participar acti-vamente.

El impacto de la producción del café fue tal que modificó la estructura social del país y permi-tió el desarrollo y consolidación de un nuevo grupo dirigente, el cual basó su futuro en la incor-poración al mercado mundial y no en el desarro-llo de la economía interna del país. Los «finque-ros», unidos a comerciantes, banqueros e indus-triales, se convirtieron en el grupo dominante y pudieron comprobar con facilidad cómo el Esta-do coincidía con sus propios intereses. Un estilo de gobierno autoritario, el desdén hacia las clases subalternas, el horror al mundo indígena, la nece-sidad de distinguirse del resto de grupos sociales y el interés de cerrar filas en lo social, lo económico y lo político, fueron los factores que los señalaron como una oligarquía.

La vía del uso de mano de obra barata y masi-va movilizada por coerción ayudó a que la pro-ducción se apoyara en una débil tecnología y per-mitiera que grandes grupos indígenas preservaran sus tradiciones, mientras los ladinos tuvieron mejores oportunidades de movilización social en los servicios del Estado, la ampliación del comer-

que aún prevalecía en la región de Los Altos y tuvo el apoyo de sectores subalternos afectados por los efectos de la inflación. Al final las tropas del gobierno pudieron derrotarlos.

El poder de Reina Barrios quedó sin embargo debilitado y a principios de 1898 el propio Reina Barrios fue asesinado por un extranjero, en el marco de oscuras intrigas políticas. Tras él vendría otro personaje de profunda influencia en la vida política del país. La misma noche en que murió Reina Barrios asumió el poder Manuel Estrada Cabrera, su ministro de Gobernación y primer designado. Aún no había terminado el siglo, pero simbólicamente el arribo de Estrada Cabrera ven-dría a manifestar que la «Revolución de 1871» había perdido su impulso inicial.

Hacia el fin del siglo

Hasta aquí el liberalismo había representado un esfuerzo local por insertarse en los tiempos mo-dernos y en los cambios del capitalismo mundial. No obstante, el fin del siglo traería las señales de que su institucionalización había sido lo suficien-temente profunda para hacer aparecer nuevos

Gobernantes del siglo XIX	
1824-1826	Juan Barrundia
1826-1829	Mariano Aycinena
1829-1830	Pedro Molina
1830-1831	Antonio Rivera Cabezas
1831-1838	Mariano Gálvez
1838	Pedro José Valenzuela
1838-1841	Mariano Rivera Paz
1841-1842	José Venancio López
1842	Maríano Rivera Paz
1844-1848	General Rafael Carrera
1848-1849	Juan Antonio Martínez Bernardo Escobar
1849- 1851	Mariano Paredes
1851-1865	General Rafael Carrera
1865	Pedro Aycinena
1865-1871	General Vicente Cerna
1871-1873	General Miguel García Granados
1873-1885	General Justo Rufino Barrios
1885-1892	General Manuel Lisandro Barillas
1892-1898	General José María Reina Barrios

Aunque la población indígena prefería el cuidado de sus cultivos al trabajo de la plantación cafetalera, los gobiernos liberales legislaron para obligarla. En la imagen, indígenas cortadores de café.

cio y el desarrollo del Ejército. Las comunidades indígenas, en buena medida, mantuvieron tanto sus posiciones como sus posesiones comunales y el Estado prefirió conformarse con garantizar el trabajo estacionario de la economía de agroexportación. Los cambios pudieron ser canalizados y absorbidos por la comunidad a través de múltiples mecanismos de regulación que terminaron por convertirse en la «tradición». Su principal preocupación, además de la supervivencia y la obligación de trabajo forzado, fue la lenta pero paulatina penetración de los ladinos en sus pueblos y tierras, quienes aprovechando el eje discriminatorio de la política liberal buscaron convertirse en los intermediarios comerciales y políticos, para moverse con su carácter de minoría en un mar indígena.

La coincidencia entre objetivo económico y poder político favoreció el surgimiento de un sector intermedio. El acceder a cargos medios o importantes en el Gobierno, pero, sobre todo, escalar la jerarquía militar fueron las formas primordiales que permitían a aquellos que partían del Estado convertirse más tarde en finqueros. Mientras tanto, los otros debían hacerlo desde las vías tradicionales del mercado, desde la producción cafetalera y, con mayor dificultad, aunque no resultaba imposible, desde la educación.

Enriquecimiento de sectores urbanos

La acumulación de riqueza que significó la producción cafetalera fortaleció el papel de la ciudad de Guatemala y permitió una mayor diversificación social en su interior al requerir de nuevos procesos técnicos, los que suplieron una industria incipiente y una artesanía con viejas bases e hicieron surgir grupos de artesanos y obreros distintos a los anteriores. A ellos se les añadieron otros sectores urbanos ligados a una mayor urbanización, a una ampliación y profundización de la inversión inmobiliaria, a la creación de nuevos servicios, al aumento del comercio, y también a la adopción de un estilo de vida europeizante de los grupos económicamente poderosos. Éstos fueron vistos de forma contradictoria. Por un lado, fueron considerados la masa social idónea para fortalecer al Estado y otorgar un carácter popular a la idea de nación liberal; por el otro, se vieron como grupos peligrosos, en especial cuando, más tarde, pidieron su inclusión en el escenario político.

La posición de Centroamérica fue siempre motivo de disputas para las potencias extranjeras, ya sea por convertirla en mercado cautivo, por imponerle sanciones para que los locales pagaran las deudas, o por pretender aprovechar su territorio para juegos diplomáticos de poder. Sin embargo, esta vez ya no vendrían sólo con cañoneras a bloquear puertos o con las amenazas de invasión de sus representantes diplomáticos, sino que ahora lo harían como inversionistas. El mundo de los monopolios comenzaba a formarse en los países más poderosos que buscaban nuevas tierras para afincar sus intereses. La aceptación de sus actividades en estos países fueron retribuidas con importantes concesiones de tierras y otros privilegios que les garantizaban ganancias. El caso es que muchas compañías se afincaron en el país y sus ejecutivos se convirtieron en un grupo de poder e influencia.

En esos años se acrecentaron las corrientes de inmigración europea cuando los procesos de expulsión económica y social en Europa coincidieron con la apertura latinoamericana hacia la exportación, la cual señalaba la posibilidad de nuevas oportunidades para una población más ligada a los cambios que se producían en el sistema económico occidental. Aunque Guatemala nunca fue un país de masiva atracción para los extranjeros, sí resultó lo suficientemente seductor como para que una cantidad de ellos percibieran su importancia en términos económicos y sociales. Muchos se convirtieron en pro-

pietarios agrícolas o aprovecharon sus relaciones comerciales para insertarse en los nuevos flujos de la exportación. Otros, menos favorecidos, fortalecieron el mundo artesanal que comenzaba a perfilarse en el área urbana capitalina, contribuyendo al desarrollo de una industria básica para el consumo de bienes de lujo o alimentarios.

Los principios del Estado liberal

El Estado liberal se planteó formar una nación guatemalteca y a su modo lo logró con la premisa «Orden y Progreso», pero al mismo tiempo presentó sus propias debilidades. Al finalizar el siglo los recuerdos de la Independencia se encontraban lejanos. Ésta se había convertido en parte de un ritual cívico que el Estado liberal buscaba convertir en el punto de partida de su existencia, apelando a que en el período ocurrido entre ambos sucesos se había producido la oscura noche del conservadurismo, ya superado por el progreso liberal. No obstante, en 1892 la conmemoración del IV Centenario del descubrimiento de América por Cristobal Colón vino a recordar a los liberales el impulso de la conquista española y el viejo arraigo criollo. Los liberales contemporáneos de la Independencia habían apelado a otra oscura noche: el período colonial; pero irónicamente ahora éste también debía incorporarse como principio de la historia oficial de Guatemala, donde las acciones que institucionalizaron el triunfo liberal señalaban la orientación del futuro, de la nueva nación. La idea del destino común liberal estaba orientada a homogeneizar la vida e intereses de los guatemaltecos, pero en la interpretación y fusión de ambos procesos —Colonia y vida republicana liberal—, la evocación sobre la mayoría de la población, los indígenas, se producía con incomodidad y se les excluía como parte activa de esa nación.

El siglo XX

**De la presidencia de Estrada
a la Revolución de 1944**

**De la década revolucionaria
a la actualidad**

Desde las primeras Minervalias, en 1899, fue habitual la presencia de escolares en los actos conmemorativos del día de la Independencia y en otras fiestas nacionales. En la imagen, una de estas celebraciones.

De la presidencia de Estrada a la Revolución de 1944

Durante este período de la historia, el país estuvo gobernado por regímenes liberales, herederos de la Reforma Liberal de 1871 y del modelo político encarnado por Justo Rufino Barrios, figura máxima del panteón oficial de la época, cuya efigie fue difundida en los monumentos erigidos en su honor en casi todos los pueblos y ciudades de Guatemala. Esta hegemonía liberal concluyó con el estallido de la Revolución de Octubre de 1944, que dio paso a nuevas ideologías y a diferentes actitudes cívicas sobre las cuales se edificaron las bases políticas para una nueva época.

Manuel Estrada Cabrera (presidente, 1898-1920) ejerció la dictadura más larga en la historia del país.

Bananos, ferrocarriles y luz eléctrica

La apertura de Guatemala al mercado mundial y la necesidad de impulsar el transporte para la exportación de los productos locales atrajeron a los inversores extranjeros, en especial a los monopolios, que se convirtieron en uno de los rasgos característicos de la primera mitad del siglo XX. Éstos se insertaron en aquellos campos que requerían una alta inversión, elevado conocimiento técnico o una capacidad tecnológica que la modernización y capacidad financiera del país alcanzada hasta ese momento aún no podía llenar.

La United Fruit Company (UFCO), empresa símbolo de la penetración monopolística en Guatemala, fue fundada en 1899 con la fusión de dos empresas de transporte y producción de banano ligadas a los magnates Andrew Preston y Minor Keith, y destinadas a importar dicho producto en Estados Unidos. Keith inició su presencia en Costa Rica y desde ahí se extendió hacia el istmo y el Caribe. Entre 1899 y 1905 absorbió 18 compañías y compró acciones en otras empresas. Su concentración siguió durante los años siguientes y eliminó a compañías rivales para quedarse como la mayor y única productora de banano en el istmo. Esa competencia incidió en la política interna de varios países centroamericanos y casi motivó una guerra entre Guatemala y Honduras por disputas de límites fronterizos. En 1901 el presidente Estrada Cabrera firmó un convenio con la UFCO por el que ésta se comprometió a comprar bananos a los productores locales de la zona atlántica del país. A cambio, la compañía puso a disposición del país sus barcos para transportar mercaderías, pasajeros y correspondencia con puertos de Centroamérica, Panamá y Estados Unidos.

El mundo bananero incidió en la transformación del despoblado paisaje de la costa atlántica. Dicha producción sirvió como área de inmigración y poblamiento, en la que trabajadores provenientes del Caribe, locales y del interior del país dieron una nueva fisonomía sociocultural a la región. La UFCO era dueña de la luz eléctrica de las localidades donde operaba; además, se apoyaba en un amplio sistema de tiendas de abastecimiento —comisariatos— con productos importados y transportados en sus barcos, en los cuales obligaba a comprar a sus trabajadores, quienes recibían un salario en moneda de uso local, aunque más alto que en el resto del país.

En 1904 el Gobierno guatemalteco firmó un contrato con la compañía Keith y Van Horne para que terminara la construcción del ferrocarril al Atlántico, por lo cual se le concedieron durante 99 años todos los derechos del tramo existente construido con capital nacional, se le transfirieron

Estrada Cabrera concedió la explotación de la estación ferroviaria de Puerto Barrios (en la imagen) a la compañía Keith y Van Horne para facilitar la construcción del ferrocarril al Atlántico.

también los derechos sobre el muelle de Puerto Barrios y materiales, al mismo tiempo que se le otorgaron tierras rurales y urbanas en distintas partes del país, así como otros derechos derivados. El total de tierras recibidas ascendió a ochenta mil hectáreas, lo que a fin de cuentas permitió a la UFCO dar un salto cualitativo, pues pasó de compañía naviera a compañía terrateniente. En 1906 oficializó el contrato que le permitía la explotación de banano y en 1908 reforzó la concesión ferrocarrilera de la zona norte. También en 1904 Keith formó la Guatemala Railroad Company, que en 1912 se transformó en International Railways of Central America (IRCA), que controló todas las vías de ferrocarril construidas anteriormente.

La producción bananera fue creciendo paulatinamente, ya que, además de comprar a los productores locales, sembró sus propias tierras. De hecho, el banano se convirtió en el segundo producto de exportación del país y en la década de 1930 correspondía a un 27 por ciento del valor total de las exportaciones. La compañía bananera se comportó como un enclave, puesto que el Estado guatemalteco no tenía incidencia jurisdiccional en sus tierras y se regía por las leyes de Estados Unidos. A lo largo de los años la UFCO se diversificó, convirtiéndose

en compañía de servicios de transportes y comunicaciones, además de cosechar otros productos agrícolas. La Gran Flota Blanca, de su propiedad, llegó a tener 95 barcos, más otros fletados. En 1913 la UFCO incorporó a su dominio a la Tropical Radio Telegraph Co., encargada de las comunicaciones centroamericanas

Ahora bien, el peso de la incidencia del capital norteamericano no se reducía a la presencia de la UFCO, sino que también abarcaba a otras compañías menores. En todo caso, coincidió con un evidente aumento de la influencia política norteamericana, teniendo en cuenta que, en 1913, las compañías de ese país controlaban el 55 por ciento del total de importaciones guatemaltecas y el cuarenta por ciento de sus exportaciones. Siete años después, la relación había aumentado al setenta por ciento de las primeras y al ochenta por ciento de las segundas.

El capital alemán
También fue importante la influencia alemana. La inmigración de ciudadanos de ese país había sido constante durante el último cuarto del siglo XIX y una parte se había asentado en la región norteña de Alta Verapaz, dedicada a la producción cafetalera. Su importancia es posible medirla cuando se

comprueba que, en 1913, las 170 fincas propiedad de alemanes producían el 39 por ciento del café de exportación, mientras que 1,657 fincas propiedad de guatemaltecos o de otras nacionalidades producían el 61 por ciento restante. El capital alemán fue importante para el desarrollo de la energía eléctrica. Sin embargo, debido a las presiones norteamericanas y a las necesidades de ingresos, el gobierno guatemalteco expropió dicha compañía poco después de finalizar la Primera Guerra Mundial; posteriormente fue cedida a la Electric Bond and Share Co., de capital norteamericano.

La dictadura de Estrada Cabrera

A finales de 1898 Manuel Estrada Cabrera se preparó para participar en las elecciones y asumir la presidencia constitucionalmente. Para ello se apoyó en un acto que señalaría uno de los rasgos del nuevo siglo. En efecto, con el objetivo de neutralizar la influencia de los militares y de los terratenientes del occidente, con los cuales rivalizaba y que hasta ese momento habían sido los mayores beneficiarios de la época liberal, permitió que en los «clubes liberales» se afiliaran población y empleados públicos en pro de obtener apoyo popular. Obviamente, Estrada Cabrera resultó ganador, aunque con dudas sobre la honestidad del acto electoral.

Esa masificación partidaria no se reducía a la maniobra electoral. A lo largo de los años Estrada Cabrera alentó la versión popular de los clubes e incluso apoyó acciones para el desarrollo de organizaciones mutualistas; con ello pretendía concentrar dicho apoyo y manejar, además de la policía, la fuerza numérica de los adherentes con el fin de que representaran una amenaza para sus enemigos. También construyó un extenso aparato de informantes y espías en todos los niveles sociales. Su control lo completaba con un interés por demostrar carisma mediante ceremonias públicas destinadas a la adulación de su persona, tales como las llamadas «Fiestas de Minerva» o Minervalias. Apoyado en el ideal liberal, que ponía el acento en la educación, desarrolló una política de centralización del sistema educativo, en la que no faltaba el rasgo de teatralidad de los rituales de agradecimiento a su persona mientras se autonombraba «Protector de la Juventud Estudiosa».

Tales molestias no resultaron vanas. En 1903 modificó la Constitución para permitir su reelección y, al año siguiente, en el marco de un fraude electoral, venció a su opositor, el ex presidente

Preparación de un desfile frente al Palacio Nacional, a principios del siglo XX, en una de las múltiples celebraciones que el presidente Estrada Cabrera organizó para glorificación de su persona.

general Manuel Lisandro Barillas. Este último se exilió en México, pero siguió siendo la figura política opositora más prominente. En 1906 intentó promover una invasión armada de Guatemala, por lo que Estrada Cabrera al siguiente año lo mandó asesinar en México. En sus años de gobierno neutralizó varias conspiraciones de civiles y militares. En 1908, un frustrado atentado en su contra, en el que estuvieron involucrados militares y civiles, le permitió anular a la mayoría de sus enemigos y, sobre todo, neutralizar la oposición de los militares al disolver y destruir físicamente las instalaciones de la Escuela Politécnica, centro de la formación castrense.

Durante su período de gobierno, Guatemala, y en general toda Centroamérica, vivió un aumento de la presencia e influencia norteamericanas. Estrada Cabrera consideró estratégica la amistad con aquel país y se convirtió en su principal aliado en la región con el fin de consolidarse como el hombre fuerte del istmo. Esa apertura hacia el capital extranjero también le sirvió como factor de apoyo a su gobierno. En más de una ocasión la intervención política del gobierno norteamericano lo apuntaló. Por ejemplo, en 1913 las relaciones entre el Gobierno guatemalteco y la UFCO le ayudaron cuando, por mediación de Minor Keith —principal propietario de la United Fruit Co.— y aprovechando las directrices de la política del

A pesar de que Estrada Cabrera limitó la expansión del cultivo del café y aumentó los impuestos a la exportación, el sector caficultor continuó creciendo. En la imagen, patio para secar café.

gobierno norteamericano de la «diplomacia del dólar», obtuvo un préstamo de 17 millones de dólares destinados al pago de la deuda externa a cambio de derechos aduaneros; con ello desplazaba la influencia de los prestamistas europeos.

Las dificultades económicas fueron constantes durante su gobierno. La política monetaria había hecho desaparecer las reservas de plata, y las fluctuaciones de los precios internacionales del café incidían en la disminución de las exportaciones, agravadas por calamidades naturales que afectaron el área cafetalera. En esa época se hizo sentir la dependencia hacia los ingresos por los productos exportables. Todo esto provocaba críticas de los sectores económicos poderosos, que veían cómo la moneda se depreciaba paulatinamente, pero los métodos dictatoriales le permitieron neutralizar dichos descontentos, y la alianza con los cafetaleros se fortaleció mediante el aumento del trabajo forzoso, que compensaba la caída de los precios internacionales del café.

Con el estallido de la Revolución Mexicana, Estrada Cabrera reforzó su política policial en el interior del país, apoyándose en los norteamericanos, que buscaban la estabilidad del área para sus inversiones. Se preocupó por imponer un fuerte control y un cerco informativo que evitara la influencia de aquella sublevación. La Primera Guerra Mundial representó un golpe a la economía de exportación, pues buena parte de su comercio se producía con Europa; no obstante, favoreció la presencia política y económica norteamericana, que sustituyó a la europea.

El fin de Estrada Cabrera

Estrada Cabrera se hizo reelegir cuatro veces. Sin embargo, con la última, en 1917, comenzó a cambiar el panorama político. Durante ese año y el siguiente varios sismos destruyeron la ciudad capital. Aunque estos hechos no incidieron inmediatamente en un problema político, el desquiciamiento de la vivienda urbana sí afectó a diversos sectores urbanos, en especial cuando variaron los alquileres, lo que provocó descontento en sectores populares y de clases medias. En 1919 una coalición de terratenientes, comerciantes y profesionales de orientación conservadora formó el Partido Unionista, con el fin de promulgar la unidad centroamericana, pero que en realidad sirvió de base para la conspiración antiestradacabrerista. En esos mismos años, sectores urbanos artesanales y obreros plantearon varias demandas sociales que permitieron un proceso organizativo, el cual condujo a la formación de la Liga Obrera. Sus dirigentes pronto coincidieron con la crítica antidictatorial de la clase dominante, a la que también se les unió la Iglesia.

Los opositores, primero, buscaron fortalecer su oposición en el Congreso al solicitar una reforma monetaria y reforzar la alianza con el resto de países centroamericanos en el marco de una lucha legal. Pero Estrada Cabrera no aceptó las demandas, y confiando tanto en su aparato represivo como en el apoyo norteamericano, los reprimió. Poco a poco el conflicto desembocó en una insurrección popular urbana en la capital, a pesar de los temores de los unionistas por su carácter popular. En abril de 1920 el Congreso declaró incapaz a Estrada Cabrera y lo destituyó, pese a que éste se resistió. Tras una cruenta confrontación entre los insurrectos y las fuerzas gubernamentales durante la llamada «semana trágica», Estrada Cabrera resultó vencido, capturado y hecho prisionero. Pocos años después moría en la cárcel.

De la dictadura a la dictadura

En medio de la insurrección y sin que lo supieran los combatientes que peleaban en las trincheras, bajo presión de los norteamericanos, en abril de 1920 el Partido Unionista aceptó nombrar presidente al azucarero Carlos Herrera Luna; mientras tanto también buscó dominar el aparato militar. El gobierno de Herrera fue inestable desde el principio. El Ejército y los miembros del Partido Liberal no habían sido debilitados lo suficiente y pretendieron recuperar su cuota de maniobra. Por otro lado, las presiones del movimiento obrero volvieron cauteloso al Gobierno, el cual pretendió neutralizarlo con una serie de medidas administrativas en torno a la vivienda, que lo favorecía, y, además, con la flexibilización del derecho a la organización. No obstante, el Partido Unionista miraba con recelo la influencia obrera.

Por otro lado, resurgieron las dificultades económicas cuando se manifestó de nuevo la caída en los precios del café y del banano. Ello repercutió en la difícil situación financiera del Gobierno, que tenía la presión de una vieja deuda inglesa y los préstamos otorgados por los norteamericanos. Esa situación hizo reaparecer el problema monetario. Además, en el ambiente político aumentaban las críticas hacia el intervencionismo norteamericano. A las denuncias contra la UFCO y el IRCA, en el marco de huelgas obreras y de descontento del Gobierno por el incumplimiento de su parte firmada en los contratos, se sumó la presión de la Electric Bond & Share Co. por conse-

El problema de la escasez de moneda, que no había sido resuelto durante el siglo XIX, se solucionó finalmente en 1923 cuando se creó una moneda fija y estable y el Banco Central.

guir el traspaso a sus manos de la empresa eléctrica, ahora en poder del Gobierno guatemalteco. Ese sentimiento antinorteamericano era reafirmado al tiempo que crecían las simpatías por el proceso unitario centroamericano.

A finales del año 1921, un triunvirato militar derrocó a Herrera, y en un rápido proceso electoral legitimó a su principal figura, el general José María Orellana, quien desestimó los elementos políticos del unionismo. En 1922 separó a Guatemala de la recién creada Federación de Centroamérica y negoció los contratos con la Electric Bond & Share; además, aceptó otras concesiones al IRCA y a la UFCO. Por su lado, el Gobierno norteamericano buscó reafirmar su predominio político y capacidad de arbitraje al llevar en 1923 a los Estados centroamericanos a la firma de los Tratados de Washington, que en esencia garantizaban la estabilidad de la región.

Al mismo tiempo, a finales de 1924 Orellana llevó a cabo la reforma monetaria exigida por los sectores económicos poderosos y por los norteamericanos, la cual llevaría a superar los problemas de inconvertibilidad del papel moneda con la creación del quetzal como moneda en paridad con el dólar y con apoyo de las reservas de oro. Como ente regulador se creó el Banco Central.

Durante su período el proceso organizativo obrero alcanzó un mayor desarrollo, pero en constante confrontación con el Gobierno, que lo

Jorge Ubico, presidente entre 1931 y 1944, buscó con sus acciones de gobierno controlar todos los aspectos de la vida de los ciudadanos y se mostró como un autócrata despiadado y brutal.

Chacón. La tolerancia fue la característica de su primer año, pero su gobierno fue una continuación del de su antecesor en materia económica y social, con el apoyo que representó una bonanza de precios en el mercado mundial de los productos de exportación. Al tiempo que legislaba sobre cuestiones de trabajo o sobre los derechos ciudadanos, también otorgaba más concesiones a la UFCO, lo que llevó incluso a un conflicto con el Gobierno hondureño por cuestiones de límites, solucionado por el arbitraje norteamericano.

Sin embargo, la crisis mundial de 1929, con la caída de los precios de los productos básicos de exportación, dio un vuelco a la situación política, pues no sólo afectó al sector productivo, sino también al Estado cuando las tasas de interés de la deuda externa se mantuvieron estables. Esta crisis acrecentó el descontento social debido a las alzas en el coste de la vida y al desempleo que afectó al sector agrario.

A todo ello había que añadir el crecimiento de un sentimiento antinorteamericano agudizado por la resistencia de Augusto César Sandino en Nicaragua. En todo caso, Chacón tuvo una fuerte oposición en el Congreso por su enfrentamiento con la prensa y por otras dificultades internas, incluso con los políticos y terratenientes, debido a su empeño en conceder derechos a la UFCO en la costa del Pacífico a cambio de la construcción de un puerto. Para entonces, en el ambiente político se comenzó a hablar de conspiraciones mientras el Gobierno buscaba acallar a la prensa.

A finales de 1929 se suspendieron las garantías constitucionales y se dictaron medidas para contrarrestar los efectos que la crisis económica había provocado en el Estado.

En ese contexto, ya entrado el año 1930, Chacón sufrió un derrame cerebral que lo incapacitó físicamente para seguir gobernando, de lo que se derivó una crisis política cuando no se aceptó el tradicional relevo que recaía en los designados a la presidencia. El temor a la presión norteamericana legitimada en los tratados de 1923 obligó a celebrar elecciones adelantadas en 1931. Esta vez aparecería un nuevo personaje, el general Jorge Ubico Castañeda, quien participó en las elecciones sin tener oposición. Éste había sido el perdedor en elecciones pasadas, pero ahora contaba con el apoyo de un sector del partido liberal llamado progresista, con el de los militares y los norteamericanos, satisfechos de la rectificación que había hecho de su discurso nacionalista.

reprimió o buscó cercarlo legalmente. Asimismo, ese movimiento también expresó en su interior las corrientes mundiales. De la rama con herencia liberal y de aquellos obreros que participaron en el unionismo —la Liga Obrera— se separaron tres corrientes. Una, enmarcada en un liberalismo de inclinación laborista; otra, influida por el comunismo, y la última, por el anarcosindicalismo. Todas ellas también tuvieron expresiones comunes en el ámbito centroamericano. En 1923 se fundó el partido comunista de Guatemala con amplia influencia de su homólogo mexicano. Dicho partido buscó relacionarse con organizaciones similares en Centroamérica.

El gobierno de Chacón

Orellana pretendió ser reelegido, pero murió antes por causas naturales y le sucedió en la candidatura el primer designado, el general Lázaro

El régimen de Ubico puso todo su empeño en fortalecer el aparato estatal. En la imagen, el general José Reyes, Secretario de Guerra, rodeado por funcionarios de su Ministerio.

El régimen de los catorce años

Ubico había comprendido que las divisiones entre la élite política y económica, así como la presencia política de fuerzas sociales subalternas, habían sido causantes de la inestabilidad; por ello, consideraba fundamental restaurar la unidad de acción de la vida política y económica del país. Con los políticos y terratenientes usó la cooptación y las restricciones, mientras que con los obreros se enfrentó abiertamente. En su primer año de gobierno anuló la crítica política de la prensa; un atentado le permitió reprimir a varios opositores; depreció la moneda para favorecer a los cafetaleros que recibían el pago de sus cosechas en dólares y reprimió las manifestaciones de descontento tanto en el campo como en las actividades industriales o artesanales.

La oportunidad la tuvo en 1932, después de que en el vecino país de El Salvador una insurrección campesina ligada al partido comunista fuera violentamente reprimida. Presionado por la atemorizada clase alta guatemalteca, Ubico se aprestó a destruir al movimiento obrero y a los comunistas locales, quienes no tenían capacidad operativa ni se habían planteado llevar a cabo la conspiración de la que se les acusó. A partir de ello las actividades sindicales y populares desaparecieron, y los salarios de trabajadores o empleados se mantuvieron fijos y bajos durante todo el período ubiquista, incluso frente al proceso inflacionario provocado por las consecuencias económicas de la Segunda Guerra Mundial.

Ubico reforzó en el campo los mecanismos del trabajo forzado, aunque eliminó el recurso al endeudamiento de los campesinos para fijarlos en las fincas, que ya presentaba problemas por la resistencia que provocaba. Por lo tanto, sustituyó el sistema por la llamada Ley contra la Vagancia, con la que obligaba a los campesinos a prestar servicios para los terratenientes durante 150 días al año, lo como las de la vagancia le permitieron convertir-se en el distribuidor de la fuerza de trabajo y negociar con mejor posición frente a los terratenientes mientras anulaba los poderes locales autónomos de los caudillos rurales. A los indígenas les hizo ver en el Estado a un posible aliado frente al poder abierto y no regulado de los terratenientes. Para ello se apoyó en constantes visitas a los pueblos en pro de arbitrar los problemas locales. También impulsó el desarrollo de vías de transporte para mejorar la infraestructura productiva, al mismo tiempo que aprovechaba el trabajo forzado de los campesinos.

El rasgo básico del gobierno de Ubico era el control social. La política educativa dejó de ser un ideal como lo habían sostenido los liberales. Las condiciones económicas de los maestros eran bajas y el sistema educativo de secundaria estaba militarizado en muchos aspectos. Ubico consideraba que no era necesario insistir tanto en la educación y miraba con desconfianza al mundo intelectual, a su juicio demasiado proclive al comunismo, por lo que restringió la importación de libros o revistas.

Buena parte de la burocracia estaba dirigida por militares, sobre todo por generales, un grupo desproporcionado en relación con el resto de tropa militar. Luego de la difícil situación que vivió el Ejército con Estrada Cabrera, la institución se había recuperado y convertido en una entidad privilegiada para los altos oficiales y para el cuerpo especializado de la Guardia de Honor, con los cuales Ubico buscaba congraciarse para anular a posibles rivales. Empero, su mayor apoyo lo tenía en la policía y en el grueso de informantes que abarcaban hasta las altas esferas gubernativas, así como confiaba en el aparato judicial que impartía justicia punitiva de manera pronta y sin contemplaciones.

Ubico mantuvo su apoyo al gobierno norteamericano, aunque también tenía alta estima por Franco o Mussolini y admiraba al pueblo alemán. No obstante, era realista respecto a su posición geopolítica y pronto declaró la guerra a Japón y Alemania, además de aceptar que los alemanes de Guatemala fueran confinados en campos de concentración en Estados Unidos o retornados a Alemania, con el resultado final de la expropiación de sus tierras al final de la guerra. También fue condescendiente con la UFCO, a la que permitió el incumplimiento de un contrato, además de otros privilegios.

La depresión de 1929 afectó profundamente las estructuras económicas de casi todos los países, incluido Guatemala. En la imagen, familia estadounidense de granjeros itinerantes en 1935.

que fue motivo de muchos abusos. En prevención de las protestas, eximió legalmente a los finqueros de la responsabilidad criminal cuando actuaran contra aquellos que fueran sorprendidos en delitos cometidos contra sus propiedades y bienes.

El control social
Los efectos de la depresión de 1929 tuvieron un largo alcance. En buena medida afectaron al Estado y obligaron a una política de austeridad en los gastos. No obstante, Ubico se preocupó por que, aun en condiciones de debilidad económica estatal, el aparato del Estado tuviera presencia y peso real en la sociedad, por lo que puso especial atención en la centralización. Leyes

Las causas de la Revolución de Octubre

El movimiento estudiantil que exigía la autonomía universitaria en mayo de 1944 fue la antesala del fin de la dictadura de 14 años del general Jorge Ubico Castañeda. En junio continuaron las manifestaciones de protesta en las que se involucraron nuevos sectores de oposición en respuesta a la suspensión de las garantías constitucionales y la represión contra los manifestantes por parte de las fuerzas ubiquistas.

El 22 de junio de ese año, 311 profesionales y universitarios enviaron un memorial al Presidente exigiéndole que fueran restablecidas las garantías constitucionales y declarando anacrónica la dictadura ubiquista. A partir de entonces la oposición comenzó a solicitar la renuncia del dictador. Después de varias manifestaciones duramente reprimidas, el 25 de junio una protesta de mujeres dejó como saldo la muerte de la maestra María Chinchilla, por lo que esta fecha se convirtió simbólicamente en el Día del Maestro.

El general Ubico renunció el 30 de junio y fue reemplazado por un triunvirato militar integrado por los generales Buenaventura Pineda, Eduardo Villagrán Ariza y Federico Ponce Vaides, quienes asumieron temporalmente la dirección del gobierno. Tres días después esta junta militar fue disuelta y el Congreso eligió como presidente provisorio al general Federico Ponce Vaides, cuya función era convocar a elecciones inmediatamente. Ponce Vaides había servido en los gobiernos de José María Orellana y de Manuel Estrada Cabrera y había si-

do embajador en Washington durante el gobierno de Ubico. Luego de asumir el poder pretendió quedarse en el cargo, actitud que fue rechazada por la población generando una creciente oposición. Ésta se aglutinó, principalmente, en torno a la candidatura de Juan José Arévalo así como en la formación de nuevos partidos políticos, tales como el Frente Popular Libertador, Renovación Nacional, Vanguardia Popular y Partido Social Democrático.

Las capturas y asesinatos de opositores aumentaron en los meses de septiembre y octubre. Mientras tanto el movimiento de protesta comenzó a tomar un cariz de conspiración contra el gobierno poncista. En la madrugada del viernes 20 de octubre se inició una insurrección militar encabezada por el civil Jorge Toriello Garrido y los militares Francisco Javier Arana y Jacobo Arbenz Guzmán, la cual fue respaldada por ciudadanos de diversas tendencias y extracciones sociales. El factor primordial que amalgamó este movimiento fue el deseo de establecer una democracia constitucional.

Al ser derrocado Ponce, tomó la dirección gubernamental una Junta revolucionaria integrada por Arana, Arbenz y Toriello, quienes llevaron a cabo una serie de cambios entre los que sobresalen la Constitución de 1945, la autonomía universitaria y la abolición del trabajo forzado. Esta Junta gobernó al país hasta el 15 de marzo de 1945; tras las elecciones asumió la presidencia el candidato ganador, Juan José Arévalo.

Manifestación convocada para apoyar a la Junta de Gobierno surgida de la Revolución de Octubre, a los pocos días de producirse el triunfo. En el cartel puede leerse: «Restitución de lo robado a la Nación».

Jacobo Arbenz y Jorge Toriello, miembros de la Junta Revolucionaria de Gobierno, con oficiales y tropa que los habían apoyado, poco después del triunfo del 20 de octubre.

La Segunda Guerra Mundial tuvo repercusiones en Guatemala. Las dificultades por la falta de exportación a Europa fueron compensadas en parte por el cultivo de productos que respondían a las necesidades de la guerra, lo cual, hasta cierto punto, permitió superar el estancamiento económico de la década de 1930. Por otro lado, la propaganda democrática dirigida contra los países del Eje provocó en Guatemala una política austera y autoritaria. A lo anterior se unió la incomprensión ubiquista del desarrollo industrial, el cual afectó a un sector de empresarios que veían los males económicos del país en el inmovilismo de la estructura agraria monoexportadora. Todos estos factores, más la resistencia y demanda de libertades políticas, hicieron surgir un movimiento antidictatorial que desembocó finalmente en una crisis política.

La renuncia de Ubico
Ese movimiento fue iniciado por los estudiantes que exigían libertades académicas. Pronto asumió un carácter conspirativo cuando otros sectores de la clase media urbana y populares se propusieron la renuncia de Ubico, alentados con el ejemplo salvadoreño, donde el dictador había sido derrocado por una insurrección popular, y molestos porque Ubico pretendía ser reelegido por tercera vez. En junio de 1944 éste aceptó renunciar cuando se produjeron incidentes violentos y manifestaciones masivas, delegando el mando en una junta militar presidida por el general Federico Ponce Vaides, quien pronto fue nombrado presidente provisional.

Las primeras medidas de Ponce Vaides tendieron a la apertura política, lo que permitió la organización de nuevas fuerzas, y derivó en un agitado panorama político. Reacio a abandonar el mando, el presidente se enfrentó a las demandas recurriendo a la represión. Sin embargo, una conspiración nacida en el Ejército y ligada a las fuerzas políticas emergentes condujo al levantamiento armado de la Guardia de Honor, el cuerpo de élite del Ejército, al que se unieron destacados civiles. Al día siguiente había triunfado la «Revolución del 20 de Octubre».

De la década revolucionaria a la actualidad

El camino que se inició a partir de la Revolución de Octubre estuvo plagado de hechos que auguraban un largo y lento proceso de cambio. Despertaron sentimientos nacionalistas y se extendieron ideologías extremistas y radicales con su carga de intolerancia, de odios raciales, religiosos y políticos, aunque también se produjeron enormes avances científicos y tecnológicos, y hubo un gran desarrollo cultural y artístico. Este proceso culminó en 1996 con la firma de los sucesivos acuerdos de paz entre el Gobierno y la guerrilla, que han abierto la puerta a una nueva y esperanzadora situación política y social.

Toma de posesión del presidente Jacobo Arbenz Guzmán el 15 de marzo de 1951.

La década revolucionaria

La Junta revolucionaria, formada por el coronel Francisco Javier Arana, el capitán Jacobo Arbenz y el civil Jorge Toriello, inició un proceso de democratización de la vida política, que llevó en 1945 a la aprobación de una nueva Constitución y a elecciones presidenciales que dieron el triunfo abrumador a Juan José Arévalo, un conocido intelectual y opositor de Ubico. A pesar de su amplio triunfo, a esas alturas el panorama comenzaba a perder la unanimidad antidictatorial. En el fondo se presentaba la definición de corrientes divergentes en la medida que la revolución se planteaba como objetivo la modernización económica del país, otorgando un carácter dirigente y social a la actividad estatal, fortaleciendo como alternativa el desarrollo industrial y agroindustrial, aceptando la participación y movilización de una amplia gama de fuerzas políticas y sociales, socavando el poder patriarcal y clientelista de los terratenientes, modernizando el sistema educati-

vo, y proponiendo una política de orientación nacionalista. Al mismo tiempo se formó una corriente opositora que miraba con recelo las reformas o la profundidad que éstas querían alcanzar, criticaba el peso mayoritario del gobernante en desmedro de los opositores y temía la irrupción de los grupos sociales subalternos en la vida política, en especial la movilización obrera y campesina que en esos años se había generalizado.

El debate ideológico

Las reformas y el juego político de los que la apoyaban o negaban, pronto llevaron el debate al terreno ideológico. Los cambios fueron vistos cada vez más por los opositores como una influencia del comunismo o como una tendencia irremediable hacia éste. El temor ideológico y el hecho de que muchas reformas afectaran con facilidad a los sectores propietarios al dar poder de negociación a los trabajadores, contribuyeron a bifurcar las posiciones políticas y a recurrir al viejo método de la conspiración, lo que dio pie a la reacción del Gobierno sin que ello significara cerrar los espacios.

Por ejemplo, la discusión sobre la función social de la propiedad y el derecho estatal para expropiar o la ampliación de los derechos políticos, el derecho a la libre organización o la autonomía municipal durante la elaboración de la Constitución, la creación del Código de Trabajo, el desarrollo del seguro social, la política agraria que pretendía beneficiar a los campesinos sin tierra a través del arrendamiento forzoso, o la aceptación del partido comunista, fueron motivos de extensas discusiones en pro o a favor de las medidas durante el gobierno de Arévalo. Muchos de esos momentos de debate estuvieron precedidos o

Guillermo Toriello (a la izquierda), ministro de Relaciones Exteriores durante el gobierno de *Jacobo Arbenz (a la derecha), antes de partir hacia la Conferencia Interamericana, en 1954.*

alentaron intentos golpistas. El movimiento opositor buscó todavía enfrentarse en las elecciones; pretendió atraer a uno de los ex miembros de la Junta revolucionaria y jefe de las Fuerzas Armadas, el coronel Arana, quien a su vez estaba implicado en un complot. Sin embargo, fue muerto cuando el coronel Arbenz lo intentó capturar, mientras la crisis política desembocó en una movilización en favor del Gobierno y también en enfrentamientos armados con los opositores.

El gobierno de Arbenz

En 1950 hubo elecciones, que fueron ganadas por Jacobo Arbenz, quien hizo una clara apelación a las clases subalternas para profundizar las reformas. Entre sus primeras medidas estuvo la legalización del partido comunista, llamado Partido Guatemalteco del Trabajo (PGT), lo que motivó sin éxito un movimiento en contra, vestido de reacción religiosa. Sin embargo, fue su política económica la que mayor ajetreo causó. Al mismo tiempo abrió aún más el proceso organizativo popular, tanto urbano como campesino, que alcanzó un alto desarrollo y, sobre todo, se definió más claramente en función de sus propios intereses. El Gobierno planteó la necesidad de llevar a cabo una reforma agraria sobre la base de expropiar las partes ociosas de las grandes fincas (Decreto 900) y se sustentó en la evidencia de que el 2 por ciento de los propietarios acaparaban más del 70 por ciento de la tierra cultivable. Entre ellos, la UFCO, que por sí sola era la principal dueña de tierras, además de que sus tierras ociosas representaban el 7 por ciento del total de la tierra cultivable (230,000 hectáreas). La reforma agraria se inició en junio de 1952 y hasta la caída del Gobierno, un año después, se expropiaron un total de 495,000 hectáreas, de ellas unas 150,000 de la compañía bananera. Por su parte, se entregaron tierras en forma de propiedad, usufructo o cooperativa a más de cien mil campesinos, organizados en alrededor de 1,500 comités agrarios, y se dieron cerca de 18 millones de dólares en crédito. Para quebrar los monopolios se construyó la carretera y puerto al Atlántico, así como una central hidroeléctrica.

Tales medidas fueron traumáticas para la oposición, ahora con más adeptos, que renovó la práctica conspirativa, pero esta vez se encontró con una mayor voluntad por parte del Gobierno norteamericano para incidir en la eliminación de lo que ambos catalogaban como una amenaza comunista en América, al son de la llamada «guerra fría». Al ser afectadas las tierras de la UFCO se aceleró lo que era ya una decisión acariciada, pues la compañía bananera tenía sus propios y directos lazos con el gobierno de Dwight Eisenhower a través de la CIA y otros organismos federales. A su vez, la política exterior nacionalista de Guatemala, que se sostenía en la autonomía y en una clara postura antiimperialista, agudizaban el conflicto.

De esta manera, los norteamericanos decidieron efectuar la operación «Éxito», que significó apoyar los esfuerzos conspirativos de varios grupos de la oposición encabezados por dos militares, el coronel Carlos Castillo Armas y el general Miguel Ydígoras Fuentes, quienes habían firmado un «Pacto de Caballeros» y propuesto sus objetivos en el Plan de Tegucigalpa. Tras aglutinarlos, entrenarlos, darles armas como pertrechos, se los alentó a invadir Guatemala desde el vecino país de Honduras. Mientras tanto, en Guatemala, unas fuerzas apoyaban al Gobierno, otras lo socavaban. En junio de 1954 las tropas de los opositores invadieron el país y se afincaron cerca de la frontera. Pero esta vez, si bien Arbenz tenía apoyo de gran parte de la población dispuesta a defender lo que consideraba sus conquistas y varios grupos políticos arbencistas veían con temor el involu-

Las profundas reformas de Arbenz fueron consideradas una victoria del comunismo por Estados Unidos, que preparó un ejército para invadir Guatemala y derrocar al gobierno.

cramiento norteamericano, en realidad fue la negativa del Ejército a defender al Gobierno lo que remató su caída. Éste, presionado por los militares, renunció, mientras los altos mandos se aprestaron a negociar un alto el fuego y más tarde la entrega del poder. Con este acto finalizaba un decenio tanto de experimentos de reformismo nacionalista como de apertura democrática. Pese a sus propias debilidades marcó una época y abrió las pautas para el presente.

Gobiernos conservadores

Castillo Armas asumió el poder no sin problemas con sus aliados; en especial, con parte del Ejército, que no vio con satisfacción la conducta de sus jefes al negociar con él. Poco después del arribo de las tropas del «Ejército de la Liberación», como se autodenominaba, los cadetes de la Escuela Politécnica se les enfrentaron sin éxito. En función de los objetivos propuestos en el Plan de Tegucigalpa, la principal acción del Gobierno castilloarmista fue concentrarse en desmantelar lo que consideraban la institucionalización y amenaza del comunismo. Inmediatamente se ilegalizaron las organizaciones sindicales y políticas, se disolvió el Congreso y se derogó la Constitución.

La persecución de los comunistas se legalizó con la creación del Comité Nacional de Defensa contra el Comunismo, que se encargó de investigar, encarcelar, condenar y hasta fusilar a los que así eran calificados.

Castillo Armas se hizo elegir por medio de un plebiscito realizado al mismo tiempo que las elecciones a constituyente, en las cuales sólo se propuso una planilla oficial; con ello se rompió el pacto que había señalado a Ydígoras como candidato presidencial. Mientras tanto también buscó reforzar una orientación social. Negoció con la UFCO la cesión de sus tierras en la costa del Pacífico para distribuirlas a campesinos y promovió obras vinculadas a la salud y educación, sostenido en los préstamos y donaciones enviados por el Gobierno norteamericano. Asimismo, impulsó la diversificación de los productos agropecuarios de exportación con el cultivo del algodón y del azúcar, y con la carne. También la inversión norteamericana tuvo un nuevo impulso.

Sin embargo, pese a la fuerza con que pretendió neutralizar a sus enemigos, los conflictos internos pronto señalaron un factor de inestabilidad. Complots de militares o civiles, de aliados o enemigos, se intentaron de nuevo. Uno de ellos,

Durante el gobierno de Ydígoras, los trabajadores, sin el apoyo de las autoridades y enfrentados a la intransigencia de los patronos, organizaron protestas y huelgas reivindicativas.

dirigido por el propio Ydígoras. En junio de 1957 Castillo Armas fue asesinado en un atentado que quedó en la oscuridad, pero del cual se acusó a miembros de su propia coalición, a militares y hasta al dictador dominicano Leonidas Trujillo.

Crisis política

Su muerte motivó el retorno a la lucha electoral, aunque también al recurso del fraude. El partido oficial dio como ganador a su candidato frente al general Ydígoras, quien las impugnó y se apoyó en manifestaciones populares para presionar al Gobierno interino. Para resolver la crisis, una junta militar tomó el poder y convocó a nuevas elecciones, que ganó Ydígoras por decisión del Congreso. Esta vez se permitió legalizar nuevos partidos, en los que el anticomunismo siguió siendo el común denominador. Aunque se amplió el espectro político, continuaron excluidos los partidos de izquierda.

Ydígoras planteó una política de reconciliación y aceptó una apertura que condujo a que muchos exilados retornaran al país, incluso algunos miembros del PGT, aunque su actividad siempre fue considerada ilegal; además, el movimiento sindical se reactivó. No obstante, los rasgos de inestabilidad se mantuvieron con complots, atentados e intentos de invasiones armadas o protestas sociales y estudiantiles, y la voluntad aperturista pronto se fue cerrando. Las principales características del Gobierno ydigorista fueron su apoyo a la integración centroamericana, así como el interés por impulsar el crecimiento económico, favoreciendo a la industria y al sector agroexportador diversificado. También se caracterizó por el intento de recuperar el territorio beliceño y por su confrontación con el Gobierno revolucionario de Cuba, que llevó al guatemalteco a apoyar los preparativos norteamericanos para la invasión de aquella isla, más tarde derrotada, a cambio de una mayor cuota azucarera en el mercado norteamericano.

El descontento interno motivó el levantamiento de un grupo de militares para derrocar al Gobierno el 13 de noviembre de 1960. Fracasaron, pero abrieron un nuevo tipo de lucha política en el país al formar el Movimiento 13 de Noviembre (MR-13) con el fin de derrocar al Gobierno; para ello contactaron a los grupos políticos, en especial a los del PGT, para establecer alianzas. La crisis política continuó y el Gobierno abrió muchos flancos. En marzo y abril de 1962 reivindicaciones del movimiento estudiantil dieron pauta a un movimiento preinsurreccional en la ciudad capital con participación de sectores medios y populares. Esta insurrección obligó al Gobierno a apoyarse en los militares para reprimirla y fortalecer su gabinete. En el contexto de dicho movimiento preinsurreccional dos grupos guerrilleros intentaron formarse sin éxito. Aunque la rebelión popular decayó, el MR-13 se planteó, conjuntamente con el Movimiento 12 de Abril de los estudiantes radicalizados y el Destacamento 20 de Octubre del PGT, formar un amplio movimiento guerrillero. En diciembre de 1962 se crearon las Fuerzas Armadas Rebeldes (FAR), oficializadas en febrero del siguiente año.

En ese marco se aproximaron las elecciones presidenciales, y en ellas el ex presidente Juan José Arévalo aceptó participar como candidato. Esta decisión puso en el tapete la política anticomunista y la posibilidad del retorno del reformismo, aunque el propio Arévalo planteaba abiertamente su moderación. La percepción de los militares de que éste era el seguro ganador los llevó a dar un golpe de Estado a finales de marzo de 1963, excusándose en que los comunistas amenazaban con tomar el poder por medio de las elecciones. El Gobierno impuso el estado de sitio, derogó la Constitución y se ilegalizaron los partidos políticos, por lo que se inició otro proceso de elaboración constitucional y normalización del sistema político tutelado por los militares. Una

vez más los actores políticos tendieron a enfrentarse con beligerancia, pero esta vez el momento político indicó que la presencia de los militares estaba unida a un interés por convertirse en la única institución dominante frente a la sociedad, para lo cual alentó la creación del Partido Institucional Democrático (PID).

Mientras tanto, las FAR iniciaron sus operaciones en tres frentes guerrilleros, aunque sólo uno se pudo consolidar. Poco después, en 1964, la guerrilla se dividía en dos corrientes, debido a luchas ideológicas internas, pero mantenía su acción, por lo que llegaría a tener cierta incidencia militar. En el ínterin los militares se plantearon entregar a corto plazo el Gobierno, pero no así su poder de decisión y de veto. En efecto, las elecciones se realizaron y dieron como ganador, por decisión del Congreso, a Julio César Méndez Montenegro, del Partido Revolucionario (PR), que se consideraba heredero del período de 1944-1954, aunque con posiciones moderadas. Sin embargo, la entrega del poder fue negociada con el Ejército, que lo obligó a firmar un pacto, donde les dejaba las manos libres para enfrentarse al movimiento guerrillero y respetaba su jerarquía interna.

Los caminos se bifurcan

Los siguientes años fueron de confrontación. Hacia 1968 una vasta operación contrainsurgente en la zona oriental del país logró el objetivo de

Constituciones del siglo XX

- Reformas a la Constitución de la República de Guatemala del 12 de julio de 1903
- Reformas a la Constitución de la República de Guatemala del 11 de mayo de 1921
- Constitución Política de la República de Centroamérica del 9 de septiembre de 1921
- Reformas a la Constitución de la República de Guatemala del 20 de diciembre de 1927
- Reformas a la Constitución de la República de Guatemala del 11 de julio de 1935
- Reformas a la Constitución de la República de Guatemala del 12 de septiembre de 1941
- Constitución de la República de Guatemala del 11 de marzo de 1945
- Estatuto Político de la República de Guatemala del 10 de agosto de 1954
- Constitución de la República de Guatemala del 2 de febrero de 1956
- Carta Fundamental de Gobierno del 10 de abril de 1963
- Constitución de la República del 15 de septiembre de 1965
- Estatuto Fundamental de Gobierno del 29 de abril de 1982
- Constitución Política de la República de Guatemala de 1985
- Normas temporales de Gobierno del 25 de mayo de 1993
- Reformas a la Constitución Política de la República de Guatemala del 8 de abril de 1994

La guerrilla nunca tuvo oportunidad de vencer al Ejército, pero éste encontró en sus acciones el pretexto para la represión en las áreas de combate. En la imagen, maniobras guerrilleras.

derrotar a la guerrilla a través de operaciones militares, a causa de un clima de terror que se generalizó a todo el país y por la combinación con acciones de asistencia a la población, operación que fue dirigida por el general Carlos Arana Osorio, lo que le valió ser el candidato para las elecciones de 1970 por una alianza derechista entre el Movimiento de Liberación Nacional (MLN) —heredero de la invasión de 1954— y el PID. Elecciones que, sin embargo, las tuvo que ganar en segunda vuelta en el Congreso.

Con Arana se generalizó el predominio de los militares como gobernantes, proceso que venía perfilándose desde 1963 y que ahora se reforzaría cuando muchas de las funciones estatales pasaron a ser dirigidas por miembros del Ejército con la premisa de conservar el orden. Durante su gobierno, el espacio para los partidos de oposición y las organizaciones populares se estrechó y una buena parte del mismo se vivió bajo estado de sitio, mientras la violencia continuó siendo un factor cotidiano.

Por su lado, la guerrilla golpeada se dividió. Distintos grupos siguieron cada uno por su lado. Se produjeron nuevos intentos de implantarse en el interior del país, pero en general todos entraron en un momento de retraimiento y de lenta organización, que se rompía de vez en cuando al ser detectados y golpeados por las fuerzas de seguridad. Sin embargo, continuaron con sus proyectos. Las FAR se habían dividido en tres grupos: dos de ellos se dirigieron a implantarse en la zona norte del país (FAR y el Ejército Guerrillero de los Pobres, EGP) y otro en el occidente (Organización del Pueblo en Armas, ORPA). El MR-13 terminó por diluirse a la muerte de su principal dirigente, mientras el PGT mantuvo su preferencia por el trabajo político.

A finales del período de Arana las protestas sociales comenzaron a dar muestras de reactivación. Varias demandas de trabajadores, intentos de formar un movimiento sindical unitario, movilizaciones estudiantiles, una amplia huelga magisterial por aumento de salarios, así como otra de los trabajadores del seguro social, ambas de dimensión nacional, indicaron los rasgos de los tiempos venideros.

De nuevo en 1973 se comenzó a hablar de elecciones y todos los partidos se acercaron a los militares para proponerles la candidatura. Mientras, el general Kjell Eugenio Laugerud era visto como el candidato de la continuidad. El partido de la Democracia Cristiana (DC), reforzado por la oposición de izquierda y democrática, propuso al general Efraín Ríos Montt. Este último ganó las elecciones, pero un fraude le otorgó el triunfo al primero. Las protestas pronto fueron acalladas. Durante ese tiempo las manifestaciones de violencia continuaron, en especial con acciones extrajudiciales contra los opositores, lo que llevó al Gobierno norteamericano a restringir su apoyo al Gobierno guatemalteco y a demandar el respeto de los derechos humanos.

La movilización social

En febrero de 1976 un terremoto afectó una buena parte del territorio nacional, provocando varias decenas de miles de víctimas. Este hecho motivó el fortalecimiento de la acción desarrollista del Estado, que se dirigió no sólo a apoyar la asistencia humanitaria, sino también a fortalecer el cooperativismo como política hacia el sector campesino. Ambos aspectos hicieron surgir un proceso organizativo de la población, que recibió el importante impulso de miembros de la Iglesia católica, influida por una corriente pastoral social y por la necesidad de renovar su clerecía, para lo cual se enfrentaba a las expresiones religiosas más tradicionales. Sobre todo fue éste un proceso que influyó en la movilización de los pueblos indígenas. También la organización social fue motivo de interés para algunos partidos políticos, para las organizaciones estudiantiles o sindicales, para las agrupaciones de izquierda y hasta para los guerrilleros. La posibilidad de nuevas reformas sociales era el objetivo que hacía confluir a todos ellos; algunos, como la Democracia Cristiana, pensaban en una alianza a largo plazo con el Ejército para fortalecer un desarrollismo por vía del Estado y lograr de este modo una mayor redistribución de la riqueza. Otros, como los guerrilleros, propugnaban el cambio total, pero no dejaban de medir el comportamiento de los socialdemócratas y los democristianos.

Sin embargo, la movilización social, que se producía al margen de las esferas gubernamentales, y el resurgimiento de la guerrilla fueron dos importantes factores que hicieron temer al Gobierno y a los sectores empresariales. Ante el aumento de las protestas sociales de diversos grupos y movimientos, la violencia también iba en aumento; ello motivaba nuevas protestas y nuevas olas represivas contra los involucrados, llevadas a cabo bajo el nombre de grupos paramilitares clan-

Romeo Lucas (en el centro de la fotografía), presidente entre 1978 y 1982, careció del respaldo ciudadano desde el principio, debido a las burdas maniobras electorales que le restaron legitimidad.

destinos. Cada una de estas etapas, lejos de amainar el impulso organizativo, lo alentaba, y, así, al movimiento sindical y estudiantil se le fueron uniendo otros grupos de base campesina, de reivindicaciones urbanas y de posiciones religiosas, y por primera vez se produjo la movilización de campesinos indígenas. Por su parte, la guerrilla había incrementado sus acciones en diferentes puntos del país y a través de ellos o de los secuestros de figuras económicas o gubernamentales hacía conocer sus motivos políticos y su decisión de tomar las armas.

En el contexto de nuevas elecciones el enfrentamiento social iba en aumento. Entre 1977 y 1980 el movimiento de protesta fue masivo. Para ese entonces, similares procesos de agudización de la vida política se producían en El Salvador y en Nicaragua, lo que motivaba la preocupación del Gobierno norteamericano, máxime cuando el movimiento sandinista pudo derrotar a Somoza y alcanzar el poder en 1979. En Guatemala se realizaron nuevas elecciones, acompañadas de acusaciones de fraude. El ganador fue el candidato del Movimiento de Liberación Nacional, pero se le otorgó el triunfo al candidato oficial, general Romeo Lucas García. Su gobierno fue aún más confrontativo y la violencia resultó el principal rasgo. Violencia que afectó a todos los sectores

Gobernantes desde 1892

1892-1920	Manuel Estrada Cabrera
1920-1921	Carlos Herrera
1921-1926	General José María Orellana
1926-1930	General Lázaro Chacón
1930	Baudilio Palma
1930-1931	General Manuel Orellana
	José María Reina Andrade
1931-1944	General Jorge Ubico Castañeda
1944	General Federico Ponce Vaides,
	General Buenaventura Pineda,
	General Eduardo Villagrán Ariza
1944	General Federico Ponce Vaides
1944-1945	Mayor Francisco Javier Arana,
	Capitán Jacobo Arbenz Guzmán,
	Jorge Toriello Garrido
1945-1950	Juan José Arévalo
1951-1954	Coronel Jacobo Arbenz Guzmán
1954	• Coronel Carlos Enrique Díaz
	• Coronel C. E. Díaz, Coronel Elfego H. Monzón, Coronel José Ángel Sánchez
	• Coronel Elfego H. Monzón, Coronel José Luis Cruz Salazar, Coronel Mauricio Dubois
	• Coronel Elfego H. Monzón, Coronel Carlos Castillo Armas, José Luis Cruz Salazar, Coronel Mauricio Dubois, Coronel Enrique Trinidad Oliva
	• Coronel Carlos Castillo Armas, Coronel Elfego H. Monzón, Coronel Enrique Trinidad Oliva
1954-1957	Coronel Carlos Castillo Armas
1957	• Luis Arturo González
	• Coronel Óscar Mendoza Azurdia, Coronel Roberto Lorenzana Salazar, Coronel Gonzalo Yurrita Nova
1957-1958	Coronel Guillermo Flores
1958-1963	General Miguel Ydígoras Fuentes
1963-1966	Coronel Enrique Peralta Azurdia
1966-1970	Julio César Méndez Montenegro
1970-1974	General Carlos Manuel Arana
1974-1978	General Kjell Eugenio Laugerud
1978-1982	General Romeo Lucas García
1982	General Efraín Ríos Montt, General Horacio Egberto Maldonado Schaad, Coronel Francisco Luis Gordillo
1982-1983	General Efraín Ríos Montt
1983-1986	General Óscar Humberto Mejía
1986-1990	Vinicio Cerezo Arévalo
1990-1993	Jorge Serrano Elías
1993-1996	Ramiro de León Carpio
1996-2000	Álvaro Enrique Arzú Irigoyen
2000	Alfonso Antonio Portillo Cabrera

sociales, incluso a uno de los propios partidos gobernantes. Manuel Colom Argueta y Alberto Fuentes Mohr, dos líderes de los partidos social-demócratas de oposición, fueron asesinados por grupos paramilitares, lo que provocó aún más el rechazo al Gobierno y la polarización política.

En todo caso, el ambiente de discusión política estaba agitado en todos los lados: unos criticaban la violencia y la corrupción del Gobierno, otros llamaban a la guerra. La sociedad se encontraba polarizada y los enfrentamientos armados eran cada vez más comunes. El incendio de la embajada de España a finales de enero de 1980, donde murieron diplomáticos, estudiantes y campesinos indígenas, resultó ser el acto simbólico de la época, la señal de la bifurcación de los caminos.

Modernización socioeconómica e integracionismo

Entre 1945 y 1979 el panorama económico fue de crecimiento. La agricultura siguió siendo la principal actividad, pero también se desarrolló la industria y se modernizaron los servicios. El dinamismo de la agricultura se apoyó, sobre todo, en la expansión y diversificación de los productos exportables, en especial con la ampliación productiva del algodón, el azúcar y la carne, así como su respectiva apertura a mercados internacionales, sobre todo el norteamericano. Fue éste un crecimiento que resultó importante en la década de 1950 y que luego redujo su nivel, aunque siempre en crecimiento, pero a finales de la década de 1970 ya había señales de un claro agotamiento.

Este proceso se apoyó en una mayor concentración de la tierra, especialmente en el área sur del país, y de los recursos financieros y crediticios, que a partir de esos años estimularon el crecimiento bancario. En efecto, las tres actividades se sostuvieron en un sistema de extensa área cultivada o utilizada, con lo cual se fortaleció el latifundio o el arrendamiento de grandes extensiones de tierras. Asimismo, requirió de mayor inversión para mecanizar los procesos, desde el cultivo hasta la fase de exportación, pasando por el procesamiento. La mecanización redujo la utilización temporal de grandes cantidades de mano de obra, lo que sostuvo el sistema de bajos salarios y obligó a los campesinos a refugiarse en sus tierras empobrecidas o a emigrar hacia las ciudades.

Por otro lado, el crecimiento permitió el surgimiento de una agroindustria dedicada a procesar los productos destinados sobre todo a la exporta-

*En los años setenta se produjo una diversifica-
ción de la base agroindustrial del país, incenti-
vándose, por ejemplo, el aceite de palma (en la
imagen, planta procesadora en Escuintla).*

ción, aunque también amplió la oferta hacia el mercado interno; en especial, para los casos del azúcar y de la carne de exportación, cuyo mercado preferencial era el norteamericano. En la década de 1970 nuevos procesos de diversificación como el hule, palmeras para aceite y otros, llevaron nuevamente a ampliar la base agroindustrial.

El desarrollo industrial

El desarrollo industrial estuvo estrechamente ligado al proyecto de formación de un mercado centroamericano, destinado a unir en uno solo la capacidad de consumo de las clases medias y altas de la región. A finales de 1960 se firmó el Tratado General de Integración Económica Centroamericana que le dio base jurídica. En la década de 1960 la expansión de la industria fue evidente. Ésta era sobre todo una industria que buscaba sustituir algunas importaciones por productos alimenticios, textiles y farmacéuticos, detergentes, vidrio, llantas, productos plásticos y otros. Para su desarrollo se basó en los incentivos que los gobiernos otorgaron con el fin de superar las dificultades financieras y la falta de una infraestructura adecuada. En el plano social no representó un factor atrayente porque absorbió poco empleo y resultó limitado en su intento por cambiar la estructura social a partir de la industrialización. En la década de 1970 su crecimiento comenzó a perder ritmo.

Todo lo anterior significó que la producción agrícola para el consumo interno no tuviera el mismo incentivo y creciera más que nada por el aumento poblacional y en menor grado por la incidencia de las políticas agrarias. La mayor parte de la producción alimentaria se basaba en producciones campesinas de limitadas extensiones que rápidamente perdían capacidad productiva por el cansancio de las tierras. El resultado es que el país comenzó a manifestar problemas de autosuficiencia alimentaria y falta de almacenamiento de los productos, por lo que se recurrió a la importación de alimentos, lo que incidió en un aumento de la deuda externa.

La introducción de nuevas técnicas, la generalización del abono y la política cooperativista ayudaron al incremento de la producción, pero la crisis mundial del petróleo y un movimiento inflacionario mundial en 1974 y otro en 1980 afectaron la economía del país al elevarse el precio de las importaciones. Algo parecido sucedió con la industria, porque buena parte de sus insumos provenían del exterior. Todo esto agravó el déficit comercial e influyó en la decisión del Gobierno de endeudarse aún más, pues no contaba con suficientes recursos. También fue importante el hecho de que durante la década de 1970 el Gobierno estuvo sujeto a profundos niveles de corrupción que lo llevaron a una política de inversiones erráticas de los recursos internos y de los provenientes del exterior.

La junta militar creada en marzo de 1982 fue disuelta en junio y asumió la presidencia el general Ríos Montt, quien, a su vez, sería «relevado del mando» por el Ejército en agosto de 1983.

Por su parte, las políticas de fomento gubernativo y los recursos del crecimiento económico sirvieron para diversificar las funciones del aparato estatal. La política agraria concentró lo principal de ellas. Pese a los vaivenes de la política se crearon instituciones crediticias, de distribución o regulación de tierras, de asesoría técnica, de apoyo cooperativo o municipal, que fortalecieron el crecimiento moderado de una clase media vinculada a los servicios, fortalecida por el relativo crecimiento comercial y económico.

Por otro lado, el crecimiento económico agroexportador, industrial y financiero llevó a una mayor organización de los sectores empresariales, quienes comenzaron a organizarse para enfrentar o incidir en las políticas estatales, para ampliar su búsqueda de mercados o conseguir apoyos técnicos y mejorar sus sistemas productivos, para moverse mejor ante las olas inflacionarias y las recesiones mundiales que afectaban a los países productores, así como para enfrentarse al mundo de los trabajadores.

El crecimiento económico y la modernización no fueron suficientes para modificar el sustento social del país, para lograr el desarrollo más allá del crecimiento económico, ni para convertirse en autosuficientes, por lo que se mantuvieron las desigualdades sociales, pese al dinamismo social. En el campo se produjeron movimientos de diferenciación social que en muchos casos terminaron por expulsar a los campesinos hacia las ciudades para convertirse en los miembros urbanos marginales y más pobres, o se mantuvieron en sus comunidades en el marco de una amplia franja de pobreza. No obstante, en otros fortalecieron la capacidad económica de un sector del campesinado ladino e indígena. En definitiva, el crecimiento económico, las expectativas sociales y el empeoramiento de las condiciones de vida se entrecruzaron para alimentar el descontento social.

Los años del enfrentamiento

Entre 1980 y 1984 se produjo el enfrentamiento total. La guerrilla buscaba realizar acciones más importantes, mientras crecía su arraigo gracias al descontento de la población y propugnaba abiertamente el derrocamiento del Gobierno, lo que era secundado por algunas agrupaciones políticas que veían inevitable el enfrentamiento final. Otras fuerzas vaticinaban que la situación empeoraría y mencionaban que se estaba a las puertas de una guerra civil, por lo que planteaban, sin eco, un diálogo o propugnaban una salida democrática, pensando en el peso de los norteamericanos. Otros consideraban que había que enfrentarse sin contemplaciones a lo que llamaban una conspiración comunista. Mientras tanto, los actos de violencia continuaban incrementándose hasta niveles poco conocidos y las manifestaciones de protesta, aunque masivas, eran reprimidas cada vez con mayor fuerza hasta perder el ímpetu movilizador.

El Gobierno mantenía su línea de enfrentamiento; no obstante, iba perdiendo terreno frente a la guerrilla y al resto de la sociedad. Esto comenzó a preocupar a los sectores empresariales, los cuales veían en la corrupción gubernativa el factor más negativo, y también preocupó a algunos militares que, junto a ciertos políticos y la embajada norteamericana, coincidían en que el propio Gobierno contribuía muy poco a modificar el aislamiento internacional. En 1981 el Ejército comenzó una ofensiva contra la guerrilla. Primero se concentró en la ciudad y luego la dirigió al Altiplano central, de población mayoritariamente indígena. Por ese tiempo los diferentes grupos guerrilleros anunciaron su unificación en la llamada Unidad Revolucionaria Nacional Guatemalteca (URNG).

Esta situación coincidió con un nuevo acto electoral, en el que el gobierno quiso repetir el fraude para dejar ganador al candidato oficial, el general Aníbal Guevara. Sin embargo, la maniobra condujo a la protesta de los partidos políticos.

Tras varios días de crisis, sectores del Ejército dieron un golpe de Estado el 23 de marzo de 1982 y nombraron un triunvirato para que gobernara el país, formado por los generales Efraín Ríos Montt y Horacio Maldonado y el coronel Francisco Gordillo, mientras se disolvía el Congreso y se derogaba una vez más la Constitución.

La línea dura

El período siguiente fue violento y confuso. Pronto el general Ríos Montt desplazó a los otros dos triunviros e inició un gobierno que se caracterizó por querer establecer nuevas reglas de orden, apoyado en un discurso religioso fundamentalista y en la necesidad de depurar la corrupción. Al mismo tiempo, mantuvo la línea dura frente a la guerrilla y la población. Durante esta etapa se concentraron la mayor parte de las consecuencias de la guerra. Tierras y pueblos destruidos, matanzas de campesinos, migración forzada hacia otras partes del interior del país o hacia los países vecinos fueron sus principales rasgos, más que los choques militares.

El Gobierno dividió al país en tantas zonas militares como departamentos tenía. Ese desplazamiento se completó con la formación de las llamadas patrullas civiles, es decir, población que organizó obligatoriamente el Ejército para evitar que la guerrilla pudiera movilizarse con amplitud. Tal enfrentamiento llevó una vez más a los insurgentes a retraerse en sus zonas de refugio y mantenerse a la defensiva. En el campo internacional repercutían las noticias de la violencia que vivía el país, y el Gobierno guatemalteco fue puesto bajo observación por otros países. En el seno de la ONU se planteó la preocupación por las graves violaciones de los derechos humanos, y en esa misma institución fueron denunciadas estas acciones por la indígena guatemalteca Rigoberta Menchú.

Pese a la decisión de Ríos Montt de enfrentarse a las guerrillas, no se propuso apoyar la política de mayor enfrentamiento en Centroamérica, y consideró que era mejor mantener la neutralidad frente a los conflictos en El Salvador y Nicaragua.

El Gobierno también se enfrentaba verbalmente a todos los sectores sociales que miraban con preocupación cómo el ofrecimiento de su temporalidad no se cumplía; aunque propuso una nueva ley electoral, dejaba sin resolver la convocatoria de elecciones. Por otro lado, los empresarios miraban con recelo su política económica, en especial lo relacionado con varias medidas tribu-

Rigoberta Menchú inició un camino de reivindicación de la identidad maya con vistas a incrementar el reconocimiento social, político y cultural, y a terminar con siglos de sometimiento.

tarias y el intento de impulsar una política agraria que consideraron confiscatoria. Poco a poco, las voces conspiradoras comenzaron a surgir de tal grado que el 8 de agosto de 1983, el ministro de Defensa, general Humberto Mejía Víctores, y la junta de los comandantes militares llevaron a cabo otro golpe de Estado, y Mejía Víctores fue nombrado Jefe de Estado.

El nuevo Gobierno concentró sus acciones en consolidar lo que llamaba la victoria militar. A partir de ello desarrolló una política de asistencia a la población controlada durante el enfrentamiento sobre la base de que las instituciones del Estado se descentralizaran y dirigieran su esfuerzo a las zonas más afectadas por la guerra. En algunos casos buscó crear modelos poblacionales y productivos para atraer a la población campesina, como fueron los llamados polos de desarrollo, los cuales no llegaron a profundizarse.

También se propuso retornar a la constitucionalidad. En 1984 convocó elecciones constituyentes. Un año después se aprobaba la Constitución

Presidentes de Centroamérica en la Cumbre Esquipulas I, celebrada en 1986. De izquierda a derecha: Daniel Ortega, José Azcona, Vinicio Cerezo, Óscar Arias y Napoleón Duarte.

— la cuarta desde 1945— con clara influencia de los militares. Al mismo tiempo, el Gobierno intentó romper el aislamiento internacional y continuó practicando una política de neutralidad.

Para finales de 1985 fueron convocadas las elecciones presidenciales y se desarrolló el juego político. También en ese año surgieron nuevamente las expresiones del movimiento popular. Incluso la difícil situación económica produjo una serie de protestas violentas en la ciudad capital, pero todo ello no impidió el acto electoral. Los comicios se celebraron en noviembre, pero no dieron un candidato ganador absoluto. Las dos fuerzas con mayores votos fueron la Democracia Cristiana y la Unión de Centro Nacional (UCN), partido centrista de reciente formación. Por lo tanto, se efectuó una segunda ronda donde Vinicio Cerezo, de la Democracia Cristiana, ganó con una importante mayoría. De esta forma los partidos conservadores fueron desplazados en su predominio político y, de nuevo, un civil llegó a la presidencia.

Cambio político y paz

El gobierno de Vinicio Cerezo fue considerado de transición. Las desconfianzas entre todas las fuerzas eran evidentes y los militares mantenían su intención de tutelar el paso a la democracia. Sin embargo, la vida política cambió. A veces con restricciones y otras sin ninguna cortapisa, surgieron las protestas políticas y los movimientos reivindicativos, que vivieron un importante proceso organizativo. El Gobierno se propuso llevar a cabo la descentralización del Estado, además de negociar las medidas sociales y de ajuste con los sectores empresariales y los trabajadores.

La política internacional buscó ahora con más ahínco revertir su imagen negativa y lograr la apertura de nuevos mercados. En los años anteriores había proseguido la tendencia a la diversificación de las exportaciones agrícolas. Esta vez incluso se apoyó en productos cultivados en el área campesina. La política de neutralidad buscó apoyar las iniciativas pacificadoras, que pronto llevaron a la celebración de dos encuentros de presidentes de Centroamérica en la ciudad guatemalteca de Esquipulas y a la firma en agosto de 1987 de un tratado de solución de conflictos sin intervenciones extrarregionales.

Al mismo tiempo declaraciones del presidente Cerezo llevaron a la URNG a plantear un diálogo. La primera reunión se celebró en Madrid en octubre de 1987. Pese a no alcanzar resultados, sí se planteó la perspectiva de que concluyera en la paz. En todo caso, se formó la Comisión de Reconciliación Nacional (CRN), que desarrollaría un largo y paciente trabajo de acercamiento.

Cronología de la negociación por la paz

1986

25 de mayo

Los presidentes centroamericanos convocados por el presidente guatemalteco Vinicio Cerezo, y partiendo de preocupaciones anteriores —en especial las emanadas de la reunión de Contadora, Panamá—, subscriben en Esquipulas, Chiquimula, el «Acuerdo de Esquipulas I». Éste sienta las bases para la búsqueda de una solución negociada a los conflictos armados en Centroamérica a partir de la iniciativa regional, tratando de excluir las influencias externas.

1987

6 y 7 de agosto

Se reúnen en Guatemala los presidentes centroamericanos para dar continuidad al «Acuerdo de Esquipulas I». Esta vez se firma el llamado «Acuerdo de Esquipulas II», que establece mecanismos concretos de verificación y seguimiento para solucionar el conflicto nicaragüense, y presenta sugerencias para los de El Salvador y Guatemala.

22 y 23 de agosto

Se constituye en Caracas la Comisión Internacional de Verificación y Seguimiento para el cumplimiento de los compromisos contenidos en el «Acuerdo de Esquipulas II», integrada por los cancilleres centroamericanos del Grupo Contadora y del Grupo de Apoyo, así como por los Secretarios Generales de la ONU y de la OEA.

30 de septiembre

Se crea la Comisión Nacional de Reconciliación, presidida por monseñor Rodolfo Quezada Toruño e integrada por monseñor Juan Gerardi, Teresa de Zarco, Mynor Pinto, Jorge Serrano, Francisco Gordillo, Roberto Carpio y Leopoldo Sandoval.

Octubre

Se celebra una reunión en Madrid, España, entre representantes del Gobierno y la URNG, luego de que el presidente Vinicio Cerezo manifestara su anuencia a entablar conversaciones. Sin embargo, ésta no tuvo ningún resultado.

1988

Agosto

Sin resultados se reúnen en San José, Costa Rica, la Comisión Nacional de Reconciliación (CNR) y la URNG con el objeto de reanudar el diálogo iniciado en Madrid.

1990

26 al 30 de marzo

Delegados de la CNR y la comandancia guerrillera firman en Oslo, Noruega, el «Acuerdo básico para la búsqueda de la paz por medios políticos». Asimismo, se nombra a monseñor Quezada Toruño como negociador.

Mayo a septiembre

– Reunión de El Escorial, España, entre los partidos políticos y la URNG. En ésta se plantea el apoyo al acuerdo de Oslo y a una reforma constitucional, así como el compromiso de la URNG de no boicotear las elecciones.

– Reunión de Ottawa, Canadá, entre el sector empresarial y la URNG. Hubo comunicados separados, donde ambas partes se complacen en la reunión, pero mantienen sus posiciones particulares.

– Reunión de Quito, Ecuador, entre sectores religiosos y la URNG. Se apoya la salida negociada del conflicto armado y las aspiraciones humanitarias y de justicia social.

– Reunión de Puebla, México, entre sectores populares y la URNG. En este encuentro se plantea perfeccionar la democracia y la resolución de las causas del conflicto.

– Reunión de Atlixco, México, entre sectores medios y la URNG. Se plantea la necesidad de convocar a todos los sectores que se habían reunido con la URNG para negociar con el Gobierno y lograr consensos en un Diálogo Nacional.

1991

8 de abril

El nuevo presidente, Jorge Serrano Elías, propone la «Iniciativa para la paz total de la Nación».

26-30 de abril

El gobierno de Jorge Serrano Elías crea la Comisión de Paz dirigida por Manuel Conde Orellana; se reúne en México con la URNG, iniciando la negociación directa. En ésta se firma el «Acuerdo de temario general» y el «Acuerdo del procedimiento para la búsqueda de la paz por medios políticos». Ambos llamados el «Acuerdo de México», donde se establecen once temas básicos a discutir.

Julio

En Querétaro, México, se firma el «Acuerdo marco sobre la democracia en Guatemala». En seguida se inician las conversaciones sobre el tema de derechos humanos, pero se verán interrumpidas durante dos años debido a las discrepancias en torno al tema y, por último, al fracasado autogolpe de Serrano el 25 de mayo de 1993.

1993

Octubre

El nuevo presidente, Ramiro de León Carpio, propone un «Plan Nacional de Paz» a partir del «Acuerdo Esquipulas II», y nombra a Héctor Rosada para dirigir la Comisión de Paz, pero la guerrilla plantea que deben reconocerse los Acuerdos de Oslo y México. En el mes siguiente, la Iglesia católica también presenta críticas y retira a monseñor Quezada Toruño como negociador.

→

Cronología de la negociación por la paz

1994

10 de enero

Las partes firman el «Acuerdo marco para la reanudación del proceso de negociación» y crean la Asamblea de la Sociedad Civil. Además, un representante de Naciones Unidas sustituye como negociador a Quezada Toruño.

29 de marzo

El Gobierno y la guerrilla firman el «Acuerdo global de derechos humanos» y un «Acuerdo de calendarización de las negociaciones para una paz firme y duradera» que plantea la posibilidad de llegar a la paz en ese año.

17 y 23 de junio

El Gobierno y la guerrilla firman en Oslo, Noruega, el «Acuerdo para el reasentamiento de las poblaciones desarraigadas por el enfrentamiento armado». También se firmó el «Acuerdo sobre el establecimiento de la Comisión para el esclarecimiento histórico de las violaciones a los derechos humanos y hechos de violencia que han causado sufrimientos a la población guatemalteca».

1995

31 de marzo

Se firma en México el «Acuerdo sobre identidad y derechos de los pueblos indígenas».

Agosto

La URNG propone un cese unilateral del fuego para facilitar el proceso electoral.

1996

Febrero

El Gobierno y la guerrilla emiten un comunicado conjunto en el que informan sobre un encuentro directo entre la guerrilla y el presidente Arzú, realizado en diciembre del año anterior, y manifiestan su voluntad de terminar la negociación.

5 de mayo

Durante la nueva administración, ya elegido presidente Álvaro Arzú, se firma en México el «Acuerdo sobre aspectos socioeconómicos y situación agraria». Unos días más tarde ambas partes se comprometen a firmar la paz a fines de ese año.

19 de septiembre

En México se firma el último tema sustantivo de la agenda, el «Acuerdo sobre el fortalecimiento del poder civil y papel del Ejército en la sociedad democrática».

4 de diciembre

En Oslo, Noruega, se firma el «Acuerdo de alto al fuego definitivo».

7 de diciembre

En Estocolmo, Suecia, se firma el «Acuerdo sobre reformas constitucionales y régimen electoral».

12 de diciembre

En Madrid, España, se firma el «Acuerdo sobre bases para la incorporación de la Unidad Revolucionaria Nacional Guatemalteca a la legalidad».

29 de diciembre

En Guatemala se firma el «Acuerdo de paz firme y duradera».

Conversaciones de paz entre la URNG y delegados de la Comisión Nacional de Reconciliación de Guatemala, celebradas en Oslo, Noruega, entre el 26 y el 30 de marzo de 1990.

Representantes del Gobierno y de la URNG durante la firma, en Madrid, del acuerdo para la incorporación del movimiento guerrillero a la vida política, el 12 de diciembre de 1996.

Cerezo tuvo que enfrentar varios intentos de golpe de Estado por grupos militares que miraban con inquietud el juego político. Situaciones difíciles se produjeron en torno a las medidas gubernamentales, a los acontecimientos políticos, o a las movilizaciones de protesta y de solicitud de paz, puesto que estas últimas se convirtieron en un tema público. En Centroamérica, la derrota electoral de los sandinistas en Nicaragua, el inicio de la salida política en El Salvador y la invasión de los norteamericanos en Panamá, al igual que en el campo internacional la caída del mundo socialista, demostraron que la guerra fría estaba llegando a su fin, lo que abría posibilidades de continuidad del diálogo pacificador.

En abril de 1990 se reunieron la URNG y la CRN en Oslo, Noruega; en este encuentro se acordaron procedimientos para buscar la paz por medios políticos. Desde entonces las reuniones fueron más frecuentes. En junio los guerrilleros se reunieron con los representantes de los partidos políticos en El Escorial, España, donde se firmó un acuerdo para efectuar reformas constitucionales tendientes a fortalecer el proceso de democratiza-

ción. En agosto y septiembre, en Ottawa, Canadá, se celebró otra con los representantes de las cámaras empresariales, que no llegó a acuerdo alguno, y poco después la URNG se reunió en Quito, Ecuador, con varias denominaciones religiosas con las que coincidieron en impulsar el diálogo de paz. Similares objetivos se alcanzaron en los encuentros con los sectores populares y con los sectores profesionales en Puebla, México. En todos los años del conflicto armado era la primera vez que fuerzas diversas y hasta contendientes se reunían para hablar de paz.

Las elecciones de 1990

A finales de 1990 se celebraron nuevas elecciones, lo que otorgaba continuidad al proceso de lo que los militares llamaron «la apertura política». En efecto, la crítica general hizo que el partido oficial, la Democracia Cristiana, quedara en tercer lugar, mientras la UCN lo hacía en primero, y sorpresivamente un partido de reciente formación, Movimiento de Acción Solidaria (MAS), dirigido por Jorge Serrano Elías, antiguo miembro del Consejo de Estado de Ríos Montt, lo hiciera en segundo lugar. Las elecciones de segunda vuelta dieron ganador a este último. Su gobierno no fue fácil, pues lo sorpresivo de su triunfo indicaba su debilidad al no tener apoyo real. Durante su período se enfrentó a dificultades económicas y sociales. No obstante, también se planteó seguir con el proceso de diálogo. Aunque las posiciones entre Gobierno y guerrilla eran de dureza y de no ceder, se inició el diálogo oficial en la ciudad de México. Esta vez se firmó un acuerdo sobre los procedimientos a llevar a cabo y en otras reuniones se llegó al acuerdo que insistía en el perfeccionamiento de la democracia como el camino político. Empero, las discusiones se estancaron cuando se comenzó a profundizar en los temas.

El ambiente político en el interior del país era conflictivo, pues continuaban los actos violentos y las protestas sociales. Las organizaciones vinculadas a las consecuencias de la guerra y a los nuevos problemas sociales iniciaron sus demandas, así como también hizo su presencia el movimiento indígena, que buscaba el reconocimiento de su identidad y derechos. Los casos judiciales relacionados con violaciones de derechos humanos y las discusiones sobre la profundidad de las reformas daban un tono distinto al país. Por otro lado, Serrano pronto perdió apoyos políticos y se enfrentó a los empresarios debido a las medidas económicas y la realización del diálogo; también chocó con la prensa y la Iglesia Católica, por lo que comenzaron a oírse rumores de golpe de Estado. En el ínterin, Rigoberta Menchú fue galardonada con el Premio Nobel de la Paz. A mediados de 1993 la crisis estalló cuando Serrano intentó romper el orden constitucional al disolver el Congreso y querer formar otro a su medida.

El rechazo de los sectores políticos, empresariales y sociales fue secundado por miembros del Ejército que no lo permitieron. El Congreso terminó por desconocer a Serrano y nombrar presidente al Procurador de los Derechos Humanos, Ramiro de León Carpio.

La consolidación de la democracia

Durante el gobierno de Ramiro de León Carpio se firmó un acuerdo sobre derechos humanos y otro sobre los derechos de los pueblos indígenas. La vida política iba indicando los cambios que se producían en el país, aunque siempre resultaba un proceso difícil. El recurso a complots o la total intolerancia hacia los oponentes ya no marcaban el signo de los tiempos. Sin embargo, el diálogo también se estancó y tuvo que esperar a la convocatoria de nuevas elecciones para continuar.

A finales de 1995 se llevó a cabo un nuevo proceso electoral. Esta vez compitieron en una segunda ronda el Partido de Avanzada Nacional (PAN) y el Frente Republicano Guatemalteco (FRG), ambos expresiones de corrientes nuevas. Ganó el candidato del primero, Álvaro Arzú, quien se propuso como uno de sus principales objetivos firmar la paz. Entre febrero y diciembre de 1996 se celebraron varias reuniones en las que uno tras otro se fueron firmando otros acuerdos que culminaron con la firma de la paz definitiva.

En diciembre de 1999, el abogado Alfonso Portillo se alzó con la victoria en las elecciones a la presidencia de la República, que dieron a su partido, el Frente Republicano Guatemalteco (FRG), el 68 por ciento de los votos, frente al 32 por ciento que obtuvo Óscar Berger, candidato del Partido de Avanzada Nacional (PAN).

Alfonso Portillo, candidato del Frente Republicano Guatemalteco, ganó las elecciones a la presidencia de la República en 1999 .

Las instituciones políticas

Historia constitucional

La división de poderes
y los partidos políticos

Tras la fundación de la nueva ciudad de Guatemala, en 1776, se trazó la Plaza Central, llamada Parque Central desde 1895, que se convertiría en el centro de la actividad política del país.

Historia constitucional

El término «institución» lo utilizamos en un sentido amplio, que incluye no sólo la correlación entre ciertos tipos de acciones regularmente ejecutadas y cierta clase de propósitos, sino también las organizaciones o entidades sociales creadas para promoverlas o realizarlas. El término «político» también se utiliza en sentido amplio, para referirse tanto a relaciones de autoridad en la organización social, como a la búsqueda y uso del poder.

Organizaciones políticas y legales prehispánicas

De acuerdo con documentos oficiales y crónicas españolas de principios de la Colonia, a fines de la época prehispánica había, en el territorio que hoy ocupa Guatemala, una docena de unidades políticas: algunas independientes (como los kekchí —*q'eqchi'*), otras bajo dominación (como los mam), otras en guerras de liberación (como los achí —*achi'*— con respecto a los quiché —*k'iche'*) o de conquista (como los quiché sobre los mam, los pokomchí —*poqomchi'*— y otros), o entre pueblos (como los cakchiqueles —*kaqchikeles*— y los quiché).

En las Tierras Bajas del norte, en Petén, algunas de las organizaciones políticas eran de tipo preestatal, cacicazgos como los tipu, chol, mopán *(mopán)* e itzá *(itzaj)*, aunque esta última, según las descripciones, era casi un reino. Sobre las montañas del sistema Cuchumatanes-Chuacús se encontraban organizaciones políticas más grandes y complejas, de tipo estatal, reinos como el de los mam, ixil y kekchí. Al sur de éstos, los pokomchí y pokomam *(poqomam)*, y, al oriente, los chortí *(ch'orti')*. Al sur de los Cuchumatanes

Estela 6 de Piedras Negras, que conmemora la entronización del gobernante 3 en el 687 d.C.

se encontraba la organización política más grande y compleja del área, la confederación Quicheana, con los reinos Quiché y Achí, que se encontraban en proceso de fusión política.

Estas organizaciones políticas prehispánicas tenían autoridades, leyes y procedimientos judiciales, es decir, instituciones jurídicas.

La aristocracia maya clásica de las Tierras Bajas había utilizado la escritura, tal y como puede verse en sus estelas, dinteles, murales, alfarería y códices. Las culturas del Postclásico (900-1500 d.C.) de las montañas y los altiplanos guatemaltecos, sin embargo, si tenían algún sistema de escritura no lo utilizaban en el grado necesario para que sobreviviesen textos como los códices de las Tierras Bajas. Una de las frases iniciales del *Popol Vuh* sugiere, no obstante, que existía una versión del mismo en una escritura anterior a la que encontró Ximénez. Sin embargo, las leyes de estas organizaciones políticas eran, probablemente, parte de la tradición oral manejada por autoridades, sacerdotes, nobles y especialistas, y no fueron escritas ni recopiladas en códigos.

Es decir, estas organizaciones políticas carecían de constituciones escritas. Es materia de estudio para los especialistas, sin embargo, descodificar elementos constitucionales de estos pueblos, cifrados en mitos de origen, en narraciones de su tradición oral o en su folclore ergológico.

El régimen colonial

Tras sus conquistas, España creó una unidad territorial colonial comprendida entre el istmo de Tehuantepec (hoy México) y el istmo de Darién (hoy Panamá) y le dio el nombre original del

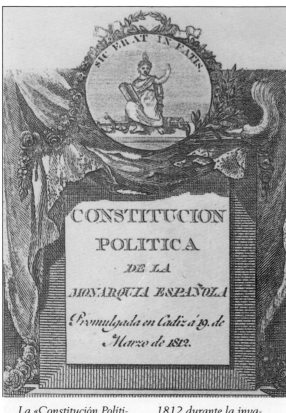

La «Constitución Política de la Monarquía Española», promulgada en Cádiz el 19 de marzo de 1812 durante la invasión francesa, fue bandera y modelo del liberalismo europeo hasta 1830.

territorio cakchiquel: Reino de Guatemala. Fueron varios los cambios que se produjeron en este proceso. En primer lugar, los cacicazgos, los reinos y la confederación Quicheana perdieron su independencia política. A continuación, el nombre de Reino de Guatemala se extendería a todo el territorio entre Tehuantepec y Darién. Más tarde, pasaron a integrar, en bloque y junto con sus dominadores, una nueva organización política: la Capitanía General del Reino de Guatemala; vecina por el noroeste con el Virreinato de Nueva España (hoy México) y, por el sudeste, con el Virreinato de Nueva Granada (hoy Colombia), siendo todos parte del imperio español. Por último, la metrópoli imperial, el monarca y sus ministerios o secretarías de Estado, las Cortes, el Consejo de Estado y la Real Audiencia, estaban al otro lado del Atlántico; las leyes se hacían allí y se aplicaban a las colonias; las autoridades seculares y religiosas de la Capitanía General eran nombradas allí y su poder era delegado.

Durante tres siglos se mantuvo el sistema político de capitanía general dentro del imperio español, a lo largo de los cuales se modificaron las culturas indígenas y se estratificó la sociedad colonial. El imperio español tenía instituciones y leyes, y creó nuevas instituciones y leyes para las colonias de ultramar, que funcionaban bajo regulaciones legales; algunas instituciones indígenas fueron utilizadas para administrar la Colonia a través de ellas.

El tránsito hacia la república unitaria independiente

En 1808, el ejército napoleónico impuso a José Bonaparte como rey de España y el documento de Bayona (Francia) como Constitución. Por primera vez, Guatemala quedó regida, junto con el resto del territorio y colonias españolas, por una Constitución en el sentido político-legal del término.

Sectores políticamente heterogéneos, pero patrióticos, formaron, sin embargo, un Gobierno español provisional que rechazaba a Bonaparte y la Constitución de Bayona, y convocaron a las provincias y colonias a elegir diputados para una asamblea constituyente en Cádiz. Así se introdujeron las elecciones y el constitucionalismo en las colonias de España. En 1812 fue proclamada la Constitución de Cádiz, que establecía una monarquía moderada, con siete Secretarías de Estado, las Cortes (con un diputado por cada 70,000 habitantes, electo a través de juntas parroquiales, de partido y de provincia), un Consejo de Estado con cuarenta miembros y un sistema de justicia con dos instancias y Audiencias de ultramar.

La Constitución de Bayona

La Constitución de Bayona confirmaba a la Corona y a los Jefes de la Casa Real, así como a nueve ministerios y a la Secretaría de Estado. También se instituyó un Senado integrado por los hijos del rey mayores de 18 años de edad y otros veinticinco senadores designados por él, con carácter vitalicio; un congreso (Cortes) con los estamentos del clero (veinticinco arzobispos y obispos), la nobleza (veinticinco diputados) y el pueblo (ciento veinticinco diputados) y un sistema judicial sofisticado pero con sólo una instancia.

Anverso de la medalla conmemorativa de la declaración de Independencia del 15 de septiembre de 1821, que significó la separación definitiva de Guatemala con la metrópoli española.

Tras la retirada de los franceses, Fernando VII volvió a ocupar el trono de España. La Constitución, que reducía los poderes tradicionalmente absolutistas de la monarquía y los privilegios de la aristocracia en favor de derechos ciudadanos, fue derogada y se persiguió a los constitucionalistas. El rey, sometido a una gran presión política y militar, juró la Constitución de Cádiz, y las aristocracias coloniales sintieron en peligro sus privilegios e intereses. Entonces decidieron apoyar los movimientos de independencia y dirigir los nacientes gobiernos. La independencia de Guatemala fue declarada el 15 de septiembre de 1821.

La formación del imperio mexicano de Iturbide, como revancha de los conservadores mexicanos, ofreció a la aristocracia guatemalteca un asidero y, antes de que transcurriera un año, las autoridades habían anexado la capitanía a dicho imperio. Pero las principales fuerzas políticas de México se movieron de nuevo en favor de los liberales, el imperio de Iturbide se colapsó antes de cumplir un año y las provincias del istmo centroamericano quedaron otra vez a la deriva política.

En tal situación, las autoridades de Guatemala accedieron a convocar un congreso de representantes de las provincias del istmo, el cual declaró, el 1 de julio de 1823, la independencia absoluta de las mismas y emitió, en noviembre de 1824,

las Bases Constitucionales de la República Federal de Centroamérica. Guatemala se convirtió así en Estado federado y en octubre de 1825 se promulgó la primera Constitución del Estado.

Las luchas políticas y militares de los liberales y conservadores continuaron. En el Estado de Guatemala, el Gobierno liberal dirigido por Mariano Gálvez, fue derrocado en 1839 con apoyo de liberales disidentes y conservadores, y substituido por el civil Mariano Rivera Paz. La república federal, mientras tanto, se desmembraba. Una nueva Asamblea Constituyente del Estado de Guatemala promulgó, en diciembre de 1839, una Ley Constitutiva de los Poderes Ejecutivo y Judicial, y la Ley de Garantías del Estado y sus habitantes. El hombre fuerte, después de Rivera Paz, era el general Rafael Carrera, caudillo conservador, quien apoyado por los conservadores ocupó la Jefatura del Estado en 1844.

Después de que las otras provincias de Centroamérica se habían separado de la República Federal, Carrera también declaró a Guatemala, en 1847, República Independiente. La Asamblea emitió, en octubre de 1851, el Acta Constitutiva de la República de Guatemala, que no reconocía la división de poderes, sino a un solo jefe supremo: el presidente. Estableció el sistema de nombramiento del presidente de la República por una Asamblea General, se restableció el Consejo de Estado, que cobró una importancia decisiva, se dio primacía a la Iglesia católica, se mantuvo en vigor la Ley de Garantías (derechos del Estado y de los habitantes) y se estableció una Cámara de Representantes con 55 diputados.

La primera Constitución del Estado

En la Constitución de 1825 se estableció un sistema republicano de ámbito federal y estatal, con separación de poderes y un sistema semiparlamentario bicameral; se restringieron los poderes del ejecutivo, se estableció el sistema de elección para todos los poderes del Estado (incluyendo el judicial), se establecieron los derechos individuales y la libre determinación y se reconocieron los derechos de los estados. También se estimuló el liberalismo económico y se eliminó el Consejo de Estado.

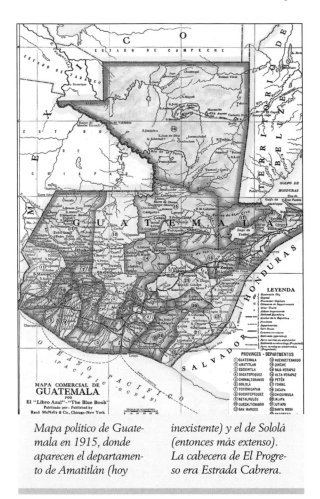

Mapa político de Guatemala en 1915, donde aparecen el departamento de Amatitlán (hoy inexistente) y el de Sololá (entonces más extenso). La cabecera de El Progreso era Estrada Cabrera.

La experiencia republicana

En abril de 1855, mediante un decreto, el presidente Carrera reformó la Ley Constitutiva de la República, para adecuarla a su carácter de presidente vitalicio. Muerto en 1865, fue substituido por el mariscal Cerna, quien continuó el régimen hasta 1871, completando «los treinta años», hasta que fue derrocado por la vía armada. El nuevo Gobierno dirigido por el general Barrios se convirtió, luego de un breve período liberal bajo el general García Granados (1871-1873), en la primera dictadura liberal, que duró doce años.

La Asamblea Nacional Constituyente promulgó, en diciembre de 1879, una nueva Ley Constitutiva de la República de Guatemala, que sería la primera Constitución en reconocer la división de poderes y su independencia jerárquica.

No obstante, igual que con Carrera, el Congreso confirió el poder absoluto a Barrios, quien proclamó la reunificación centroamericana por la fuerza, muriendo en el intento de llevarla a cabo, en 1885.

Ambos regímenes triunfaron por la vía de las armas y empezaron como gobiernos civiles, pero pronto los intereses que representaban y sus congresos los convirtieron en dictaduras. No obstante, en ambos se eligieron e instalaron constituyentes, se hicieron constituciones, se realizaron elecciones, aunque indirectas, y triunfaron en las elecciones quienes debían triunfar, según la dictadura.

Dictadores con Constituciones en la primera mitad del siglo XX

En los dos Gobiernos militares subsiguientes (los de Barillas y Reina Barrios, de 1885 a 1898) se realizaron tres reformas a la Ley Constitutiva republicana. En 1898 fue elegido como presidente el abogado civil Estrada Cabrera, quien impuso la segunda dictadura liberal o «de los veintidós años». Durante este período la única actividad constitucional fue la reforma de un artículo de la Ley Constitutiva, que ampliaba el período de permanencia en el poder del gobernante, en 1903. «El Señor Presidente» fue derrocado por el movimiento unionista en 1920 y substituido por el civil Carlos Herrera, durante cuyo Gobierno se realizó otra reforma de la Ley Constitutiva.

El unionismo cobraba fuerza y, en enero de 1921, representantes de Guatemala, Honduras y El Salvador, firmaron un pacto para restablecer la República Federal de Centroamérica. Se eligieron diputados para una Asamblea Nacional Constituyente de Centroamérica y ésta decretó, en Tegucigalpa, en septiembre de 1921, la segunda Constitución Federal. Vino el golpe militar de Larrave,

La Constitución de 1879

Por esta Constitución se estableció la libertad religiosa y se prohibió el establecimiento de congregaciones conventuales y toda especie de instituciones o asociaciones monásticas. Fue instaurada la educacion primaria obligatoria, gratuita y laica, así como un jurado para conocer faltas y delitos de imprenta, el recurso de Hábeas Corpus y un régimen de excepción para garantías individuales. Esta Constitución sería la base sobre la que los Gobiernos subsiguientes realizarían reformas, hasta que fue derogada en noviembre de 1944.

Lima y Orellana y se canceló el intento unionista, dejando vigente la Constitución anterior. Luego hubo dos gobiernos electos (el de Orellana, 1921-1926 y el de Chacón, 1926-1931), que no concluyeron, ambos por enfermedad. En diciembre de 1927 se realizó otra reforma de la Constitución, que en realidad era la Ley Constitutiva de 1879 reformada.

Celebradas nuevas elecciones, resultó ganador el general Ubico, quien instauró la tercera dictadura liberal. Duró trece años (1931-1944), durante los cuales se realizaron reformas, en julio de 1935 y en septiembre de 1941, a la Constitución que legó Chacón.

Reformas sociales vía Constitución

Los autores de todas las tendencias que han escrito sobre la historia de Guatemala están de acuerdo en que la modernización política llegó al país al finalizar la Segunda Guerra Mundial y al ser derribada la tercera dictadura liberal, en 1944. Una junta cívico-militar substituyó a Ubico y, realizadas las elecciones, asumió la presidencia Juan José Arévalo. En marzo de 1945, la Asamblea Constituyente decretó la nueva Constitución de la República de Guatemala. Ésta enfatizó el principio de alternabilidad, los derechos humanos, los derechos del trabajo, la familia y la cultura. También estableció un sistema casi parlamentario, institucionalizó el Ejército, la autonomía de la Universidad de San Carlos y la autonomía de la Contraloría de Cuentas, y reivindicó Belice como territorio guatemalteco. Pero el triunfo aliado fue compartido por las potencias que crearon, a partir de 1944, la guerra fría. Algunas de las reformas intentadas en Guatemala, al afectar los intereses locales minoritarios pero poderosos y los de algunos altos funcionarios estadounidenses de la época, fueron denunciadas como una amenaza continental en la Conferencia de Caracas. Y en el marco de dicha guerra y tras medio centenar de intentos de golpes de Estado, el régimen fue finalmente derribado, invocándose el Pacto de Río de Janeiro, por el denominado «movimiento de liberación», en 1954.

Las Constituciones del Estado contrainsurgente

El día de la transición al régimen liberacionista, hubo tres juntas militares de gobierno en menos de 24 horas. Luego asumió el poder el caudillo liberacionista, coronel Castillo Armas, quien convocó a un plebiscito para confirmar su gobierno.

El presidente Carlos Castillo Armas creó una Asamblea Nacional Constituyente que promulgó la Constitución de 1956. Fue asesinado un año más tarde. En la fotografía, su entierro.

Se formó una nueva Asamblea Constituyente y se otorgó una nueva Constitución, promulgada en febrero de 1956. Ésta institucionalizó ciertos partidos políticos y prohibió los que consideraba peligrosos, permitió la reelección de diputados, estableció el voto secreto del analfabeto, instauró la personería jurídica para las Iglesias, estableció la inamovilidad de los magistrados e introdujo una asignación privativa para la Universidad de San Carlos. Castillo Armas murió asesinado el 26 de julio de 1957 y se hizo cargo del Gobierno su sucesor, Luis Arturo González López, quien convocó a elecciones. Celebradas éstas, una junta militar lo depuso y las anuló bajo acusación de fraude.

Tras nuevas elecciones, el triunfo correspondió al general Ydígoras Fuentes, quien asumió el mando el mismo año que la revolución cubana derrocaba a Batista (1959). Durante su gobierno vio nacer y crecer el último movimiento insurgente del país. En abril de 1963, su ministro de la

Entre 1951 y 1985 sólo hubo dos gobernantes civiles, todos los demás fueron militares o juntas militares. En la imagen, noticia del golpe de Estado de 1982 por oficiales del Ejército.

Defensa, coronel Peralta Azurdia, condujo un golpe militar e instauró el Estado contrainsurgente. En 1965 celebró elecciones para una Asamblea Constituyente que promulgó una nueva Constitución, en septiembre de 1965, así como la Ley de Emisión del Pensamiento, en el mes de abril de 1966, y una Ley Constitucional de Amparo, Hábeas Corpus y Constitucionalidad en mayo del mismo año. Dicha Constitución restringía de nuevo la formación de partidos políticos, creaba el Consejo Electoral y la Corte de Constitucionalidad, restablecía la Vicepresidencia de la República y el Consejo de Estado y abría el camino para el establecimiento de universidades privadas y para la emisión de leyes constitucionales. Ese mismo año Peralta convocó a elecciones y entregó el gobierno al abogado Méndez Montenegro, en el mes de julio. Méndez fue el primer presidente civil desde 1945. Después de pactar con el Ejército, logró acceder al poder y terminar su período de gobierno bajo las presiones de la insurgencia y las amenazas de golpes de Estado.

Las elecciones de 1971 dieron el triunfo al general Arana Osorio, quien gobernó su período completo y derrotó al movimiento guerrillero de su época. Tras las elecciones de 1974, asumió la presidencia el general Laugerud (1975-1978), durante cuyo mandato ocurrió el terremoto de 1976. Esto produjo una proliferación de ONGs en Guatemala y un reinicio de operaciones guerrilleras. Con nuevas elecciones, llegó al poder el general Lucas García (1979-1982), con quien la lucha entre guerrillas y Gobierno llegó a su máximo nivel. A punto de terminar su mandato (tras celebrar elecciones calificadas de fraudulentas) fue derrocado por oficiales del ejército, el 23 de marzo de 1982.

El retorno tortuoso a la institucionalidad

Lucas fue substituido por una junta militar encabezada por el general Ríos Montt. A los pocos días, Ríos marginó de la junta a los otros dos miembros y se autoproclamó presidente. Sin embargo, durante su gobierno se elaboraron tres elementos fundamentales para el restablecimiento del orden institucional en el país: la Ley del Tribunal Supremo Electoral, la Ley del Registro de Ciudadanos y la Ley de Organizaciones Políticas. El 8 de agosto de 1983, la Junta de Comandantes del Ejército lo depuso y designó como jefe de Estado al general Mejía Víctores, su ministro de la Defensa. En enero de 1984, Mejía convocó a elecciones para una Asamblea Constituyente, la cual promulgó en mayo de 1985 la nueva Constitución y dictó la Ley Electoral y la Ley del Amparo, de Exhibición Personal y de Constitucionalidad, nuevos ingredientes para el retorno a la institucionalidad.

Mejía convocó también a elecciones generales de gobierno, en las que resultó ganador el abogado Vinicio Cerezo Arévalo. Éste fue el segundo gobernante civil de Guatemala que en la última mitad del siglo XX logró completar su mandato (1986-1991). Durante su gobierno se dieron pasos importantes para fortalecer el protagonismo de los gobernantes centroamericanos en la solu-

La Constitución de 1985

Esta Constitución es de vocación democrática y humanística. Sus dos principios básicos son la supremacía constitucional y el pluralismo político. Consagra derechos y principios congruentes con el papel del Tribunal Supremo Electoral, la Corte de Constitucionalidad y la Procuraduría de los Derechos Humanos. Reconoce la pluralidad cultural y étnica de Guatemala y establece un procedimiento para realizar reformas a la misma.

ción de los conflictos en Nicaragua, El Salvador y Guatemala, especialmente en el llamado «proceso de Esquipulas». Se reabrieron espacios políticos y sociales legales, tras treinta años de clausura. Celebradas nuevas elecciones, asumió el gobierno el ingeniero Jorge Serrano Elías, quien en mayo de 1993 declaró disueltos el Congreso legislativo, la Corte Suprema de Justicia y la Corte de Constitucionalidad. Pero ésta lo resistió y ordenó al Ejército restablecer la institucionalidad. El 6 de junio, el Congreso designó presidente al abogado Ramiro de León Carpio, ex primer procurador de los Derechos Humanos de Guatemala («ombudsman»), quien gobernó hasta el 14 de enero de 1996. Las nuevas elecciones dieron el triunfo al industrial Álvaro Arzú Irigoyen, durante cuyo gobierno se firmaron varios acuerdos de paz, logrando el fin de la guerra, de treinta y seis años, entre el Gobierno y la entonces insurgente Unidad Revolucionaria Nacional Guatemalteca (URNG). Con apoyo internacional, se hicieron esfuerzos por implementar y ejecutar los acuerdos de reconstrucción nacional.

El presidente Álvaro Arzú (a la izquierda, junto al presidente de la Comisión Europea, Jacques Santer) encabezó en 1996 el tercer Gobierno del proceso de recuperación de la democracia.

Balance histórico

Las organizaciones políticas de Guatemala tienen una prehistoria y protohistoria de alrededor de diez siglos, desde el horizonte formativo (*ca.* 8000 a 1200 a.C.) y a través de los períodos preclásico, clásico y postclásico (1200 a.C. a 1500 d.C.). Posteriormente transcurrieron los tres siglos de vida colonial bajo dominación española, que implantaron instituciones europeas (hispánicas) y engarzaron algunas de ellas (como alcaldías y cofradías) con ciertas instituciones indígenas locales (como los calpuli o cabezas de linaje y el consejo de ancianos).

La ruptura con la metrópoli colonial tuvo lugar en un breve período, de 1808 a 1821, en el que Guatemala quedó sucesivamente bajo dos Constituciones monárquicas, la de Bayona (1808) y la de Cádiz (1812), con el desenlace de la declaración de Independencia en septiembre de 1821. Luego, en un período de veintiocho años (1821-1847), Guatemala fue sucesivamente colonia de España (Capitanía General de Guatemala), provincia independiente pobremente vinculada al resto de provincias del centro de América (1821-1822), provincia del imperio mexicano de Iturbide (1822-1823), estado de la República Federal del Centro de América (1823-1839), estado independiente (1840-1847) y, finalmente, república independiente. En estos veintisiete años tuvo una Constitución federal (1824) y dos Constituciones estatales (1825 y 1839). En el período propiamente republicano (1847 a la actualidad), ha tenido seis Constituciones, la primera de las cuales (1851) no reconocía el sistema republicano de división de poderes, de representación popular y de elecciones directas. La Constitución de 1879 fue la primera en consagrar el sistema republicano, aunque fue negado en la práctica del propio gobierno y de otros gobiernos subsiguientes. Sufrió ocho reformas, entre 1885 y 1941, hasta ser derogada por el Decreto n.º 18 de la Junta Revolucionaria de Gobierno en noviembre de 1944. En 1921 se tuvo una segunda Constitución federal de la historia del país, la cual no llegó a entrar en vigor.

En la segunda mitad del siglo XX, Guatemala ha tenido cuatro Constituciones más (1945, 1956, 1965 y 1985), que reflejan luchas entre los diferentes sectores políticos. Las tres primeras Constituciones quedaron sin efecto a causa de movimientos armados. Durante la vigencia de la última, hubo un intento parcial de golpe de Estado, pero se mantuvo y luego sufrió algunas modificaciones que no constituyeron reformas propiamente dichas.

La división de poderes
y los partidos políticos

El sistema democrático se ha ido consolidando a lo largo de medio siglo de historia electoral.

El Estado guatemalteco está constituido, de conformidad con su carta fundamental o Constitutión política actual, como una república unitaria. Es decir, no es una monarquía constitucional y parlamentaria en la que por elecciones directas se elige un primer ministro (que integra gabinetes de gobierno), con asamblea bicameral (Senado y Congreso), como es el caso de Inglaterra, España, Bélgica, Suecia y otras naciones del mundo. Tampoco es una república federal, ni un estado integrante de una república federal. Las repúblicas federales están compuestas por estados, y cada uno tiene su propio Gobierno, sus propios poderes ejecutivo, legislativo y judicial, electos localmente. Tienen sus propias leyes y su propia policía, pero tienen un Gobierno federal, con poder ejecutivo, poder legislativo y poder judicial, que están por encima de los Gobiernos estatales. Hay una Constitución y leyes federales que están por encima de las leyes de cada estado, y hay fuerzas de defensa y de policía federales, por encima de las fuerzas del orden estatales.

Como república unitaria tiene un solo Gobierno central, una sola Constitución, un solo sistema legal y fuerzas del orden que operan en toda la República. Por lo tanto, no está integrada por estados con Gobierno propio, ni leyes propias o fuerzas de orden propias, sino por divisiones territoriales denominadas de otra manera («departamentos») y gobernadas todas por el Gobierno central (a través de gobernadores departamentales), a través de leyes comunes y por las fuerzas del orden comunes. Sin embargo, como república, aparte del Gobierno central, se reconocen los gobiernos locales o municipales.

A pesar de que como república unitaria sólo tiene un Gobierno central, éste está integrado por tres poderes, ejecutivo, legislativo y judicial, entre los cuales no hay subordinación legal y cada uno se halla bajo un organismo estatal específico.

El Organismo Ejecutivo

El Organismo Ejecutivo incluye la presidencia, vicepresidencia, secretarías de Estado, el gabinete (los ministros y viceministros), y los ministerios, que tienen a su cargo la ejecución de los programas de Gobierno en cada sector de la Administración pública.

El presidente de la República es el jefe del Estado, representa la unidad nacional y los intereses del pueblo de Guatemala, y es el Comandante Supremo del Ejército Nacional. El vicepresidente representa al presidente en toda actividad, cuando éste no puede estar presente, además de presidir los órganos de asesoría del Ejecutivo y coordinar la labor de los ministros. Tanto el presidente como el vicepresidente de la República son electos directamente por la ciudadanía, mediante sufragio universal. El período presidencial y vicepresidencial es de cuatro años; está prohibida la reelección o extensión del período.

Los ministerios de Guatemala corresponden a los sectores de la Administración pública, y son: Educación; Cultura y Deportes; Salud Pública y Asistencia Social; Agricultura, Ganadería y Alimentación; Desarrollo Urbano y Rural; Energía y Minas; Finanzas; Economía; Trabajo y Previsión Social; Gobernación; Relaciones Exteriores; Defensa. Cada uno de éstos cuenta con su propio aparato administrativo, logístico, presupuestario y ejecutor.

El Organismo Legislativo

El poder legislativo es ejercido por el Organismo Legislativo o Congreso de la República, integrado por diputados electos directamente por los ciudadanos en sufragio universal, tanto en listados de candidatos de ámbito nacional como en listados de cada distrito electoral (cada departamento del país). Para poder optar al cargo de diputado, se requiere ser guatemalteco de origen y estar en el ejercicio de sus derechos ciudadanos. Los diputados duran en su función cuatro años, pudiendo ser reelectos. No pueden ser diputados los funcionarios y empleados de los Organismos Ejecutivo y Judicial, del Tribunal y Contraloría de Cuentas, los Magistrados del Tribunal Supremo Electoral, el director del Registro de Ciudadanos, excepto cuando desempeñen funciones docentes o profesionales en establecimientos de asistencia social. Tampoco podrán ser diputados los contratistas de obras o empresas públicas costeadas con fondos del Estado, los parientes del presidente y del vicepresidente de la República dentro del cuarto grado de consanguinidad o segundo de afinidad y los militares en servicio activo. El Congreso elige anualmente una Junta Directiva que dirige las sesiones ordinarias y una Comisión Permanente que dirige las sesiones no ordinarias.

El Congreso califica las credenciales que el Tribunal Supremo Electoral extiende a los diputados electos y nombra a su personal administrativo, técnico y de servicio. Puede aceptar, o no, las renuncias que presentaren sus miembros, elaborar y aprobar sus presupuestos, decretar, reformar y derogar las leyes. Aprueba, modifica o desaprueba el Presupuesto de Ingresos y Egresos del Estado, decreta impuestos y amnistía por delitos políticos, fija las características de la moneda, aprueba negociaciones de empréstitos y otras formas de deuda de la Banca Central o cualquiera otra entidad estatal. También puede aprobar, antes de su ratificación, los tratados, convenios o cualquier arreglo internacional. Para la formación de las leyes tienen iniciativa los diputados, el Organismo Ejecutivo, la Corte Suprema de Justicia, la Universidad de San Carlos y el Tribunal Supremo Electoral. Ninguna ley podrá ser contraria a la Constitución Política de la República. Toda reforma de la Constitución o una Ley Constitucional, requiere el voto favorable de las dos terceras partes del total de diputados, previo dictamen favo-

¿Quiénes pueden optar a presidente y vicepresidente de la República?

Pueden optar a los cargos de presidente o vicepresidente de la República los guatemaltecos de origen, ciudadanos en ejercicio y mayores de cuarenta años (mayores de treinta años para poder ser ministros de Estado). No podrán optar a dichos cargos: quienes hayan conducido un golpe de Estado, revolución armada o movimiento similar, o quienes hayan alterado el orden constitucional, ni tampoco los que, como consecuencia de tales hechos, hayan asumido la jefatura del Go-

El Palacio Nacional, inaugurado en 1943, ha sido testigo excepcional de la política guatemal- teca y ha acogido durante años la Presidencia de la República y algunos ministerios.

bierno; quienes hubieren ejercido tales cargos en el período en que se realizó la elección; parientes dentro del cuarto grado de consanguinidad y segundo de afinidad del presidente o vicepresidente de la República; quienes hubieren sido ministros de Estado dentro de los seis meses anteriores a las elecciones; los miembros del Ejército, salvo cuando tuvieren ya cinco años de estar de baja; los ministros de cualquier religión o culto y los magistrados del Tribunal Supremo Electoral.

La Corte Suprema de Justicia es el órgano juris-diccional superior en todos los órdenes de la organización judicial guatemalteca. En la imagen, su sede, ubicada en el Centro Cívico.

rable de la Corte de Constitucionalidad. Admitido un proyecto de ley, será discutido en tres sesiones diferentes, excepto casos de urgencia nacional. Aprobado un proyecto de ley, pasa al Ejecutivo para su sanción y ejecución. Si el Ejecutivo no lo devolviese dentro de los siguientes quince días, se tendrá por aprobado y deberá promulgarse como ley en los siguientes ocho días, a través del Diario Oficial. Empieza a regir como ley ocho días después de su publicación íntegra en dicho diario.

El Organismo Judicial

El Organismo Judicial es administrado por la Corte Suprema de Justicia y el Presidente del Organismo Judicial. La Corte Suprema de Justicia es el órgano superior de la administración del Organismo Judicial. Propone candidatos a Magistrados de la Corte de Apelaciones, de los Tribunales Colegiados (quienes deben ser mayores de treinta y cinco años de edad y haber ejercido el cargo de jueces de primera instancia o la profesión de abogado por más de cinco años). Puede nombrar, permutar, destituir a los jueces y secretarios de los tribunales, solicitar al Congreso la remoción de Magistrados de la Corte de Apelaciones, emitir reglamentos sobre las funciones jurisdiccionales del Organismo Judicial, aprobar el presupuesto del mismo y presentar al Congreso proyectos de ley. La Presidencia del Organismo Judicial nombra, traslada o destituye a los empleados administrativos. Es el órgano de ejecución del presupuesto del Organismo Judicial y de comunicación con otros organismos del Estado. Expide órdenes de libertad por cumplimiento de condenas, ordena el traslado y distribución de reos y supervisa los tribunales de la República. En cuanto a la función jurisdiccional de impartir justicia, el Organismo Judicial se integra con los siguientes órganos: la Corte Suprema de Justicia y sus cámaras; la Corte de Apelaciones; la Magistratura de Menores; el Tribunal de lo Contencioso-Administrativo; el Tribunal de Segunda Instancia de Cuentas; los Tribunales Militares; los Juzgados de Primera Instancia; los Juzgados Menores; los Juzgados de Paz.

Las entidades descentralizadas

Además, el Estado guatemalteco cuenta con otras entidades especializadas, como la Corte de Constitucionalidad, el Tribunal Supremo Electoral, el Ministerio Público y la Procuraduría General de la Nación, que actúan con autonomía funcional, económica y administrativa. Reciben fondos por

La Corte Suprema de Justicia y la Corte de Apelaciones

La Corte Suprema de Justicia está integrada por nueve magistrados titulares y nueve suplentes, y tiene dos cámaras, la civil y la penal. Los magistrados son elegidos por un período de seis años. Cuatro de ellos son electos directamente por el Congreso de la República, y cinco por el Congreso, en una lista de propuestas de las Facultades de Derecho de las universidades del país y de la Asamblea General del Colegio de Abogados.

La Corte de Apelaciones se integra con un número de salas determinado por la Corte Suprema de Justicia. Cada sala se compone de tres magistrados, uno de los cuales la preside. Los tribunales conocen los casos que requieren aplicación de justicia y resuelven, de conformidad con la Constitución de la República, especialmente el Título II, Capítulo I, las leyes y códigos correspondientes, en los asuntos de su respectiva jurisdicción y competencia.

El Tribunal Supremo Electoral es un tribunal colegiado permanente, independiente, de carácter privativo, y autónomo en lo financiero y lo administrativo. En la imagen, el edificio que lo acoge.

transferencias constitucionales, transferencias corrientes o asignaciones del Gobierno central, de conformidad con el Presupuesto General de Ingresos y Egresos del Estado.

La Corte de Constitucionalidad revisa las actuaciones, proyectos o situaciones que presentan dudas acerca de su constitucionalidad y emite dictamen. Es un tribunal permanente de jurisdicción privativa cuya función esencial es la defensa del orden constitucional. Está integrada por cinco magistrados titulares y cinco suplentes: uno es designado por el pleno de la Corte Suprema de Justicia, uno por el pleno del Congreso de la República, uno por el Presidente de la República en Consejo de Ministros, uno por el Consejo Superior Universitario de la Universidad de San Carlos y uno es designado por la Asamblea del Colegio de Abogados. Se requiere que el magistrado sea guatemalteco de origen, honorable abogado colegiado, y que quince años antes, como mínimo, haya obtenido una graduación universitaria. Los magistrados duran cinco años en sus funciones.

La máxima autoridad en materia electoral es el Tribunal Supremo Electoral (TSE). Se compone de cinco magistrados titulares y de cinco suplentes, elegidos por el Congreso y surgidos de una nómina de treinta propuestas hechas por una Comisión de Postulación (integrada por el Rector de la Universidad de San Carlos, un representante de los rectores de las universidades privadas, un representante del Colegio de Abogados, el decano de la Facultad de Derecho de la Universidad de San Carlos y un representante de los decanos de las facultades de derecho de las universidades privadas). Tienen que reunir las mismas características que los Magistrados de la Corte Suprema de Justicia. A través de elección interna, el TSE elige su presidente, en forma rotativa.

El Ministerio Público (MP) es una institución auxiliar de la Administración pública y de los tribunales, con funciones autónomas cuyo fin principal es velar por el estricto cumplimiento de las leyes del país. El Jefe del Ministerio Público es el Fiscal General de la Nación, y es nombrado por el Presidente de la República mediante una nómina de seis candidatos propuestos por una comisión de postulación. Dura cuatro años en sus funciones.

La autonomía municipal tiene su origen en el gobierno de Arévalo, que sustituyó a los antiguos intendentes por alcaldes electos por el pueblo. En la imagen, Palacio Municipal de Quetzaltenango.

La Procuraduría General de la Nación asesora y provee consultoría a los órganos y entidades estatales. Tiene un Jefe, nombrado por el Presidente de la República, el cual debe ser abogado.

En otro nivel, dentro del sector público no financiero, aparece un conjunto de entidades descentralizadas que se caracterizan por realizar funciones correspondientes a un sector o área determinada, pero que actúan con independencia jerárquica y funcional, bajo la coordinación del órgano sectorial respectivo, y reciben sus fondos de transferencias corrientes del Gobierno central. Algunas de estas entidades son la Contraloría General de Cuentas, el Instituto de Fomento Municipal (INFOM), el Instituto Técnico de Capacitación (INTECAP), el Instituto Nacional de Estadística (INE), el Instituto de Ciencia y Tecnología Agrícola (ICTA), el Instituto Nacional de Administración Pública (INAP), el Comité Nacional de Alfabetización (CONALFA) y el Instituto Guatemalteco de Turismo (INGUAT). Este último, además, capta fondos por impuestos específicos.

Dentro del sector público también existen entidades autónomas, cuyos ingresos proceden de aportes constitucionales y de otros fondos privativos, tales como los gobiernos municipales, la Universidad de San Carlos, el Instituto Guatemalteco de Seguridad Social (IGSS), la Confederación Deportiva Autónoma de Guatemala (CDAG), el Comité Olímpico Guatemalteco (COG) y otras.

Por otra parte, se deben mencionar las empresas públicas que generan sus propios ingresos a través de la producción de bienes y servicios, tales como Portuaria Santo Tomás de Castilla, Puerto Quetzal, el Instituto Nacional de Electrificación (INDE) y la empresa productora de productos lácteos PROLAC. En el marco de una política de modernización y racionalización del Estado, varias de las empresas estatales están en venta para su privatización.

También existe un grupo de entidades del sector público financiero, formado por el Banco de Guatemala (BANGUAT) y el Crédito Hipotecario Nacional (CHN). La política cambiaria, monetaria y crediticia es aplicada en el país por la

Junta Monetaria, que se integra con representación estatal y privada, y que se apoya en el Banco de Guatemala y en otra entidad especializada, la Superintendencia de Bancos.

Los gobiernos locales

Para su administración, el territorio de la República se divide en departamentos, y éstos en municipios. Los municipios son instituciones autónomas a las que corresponde elegir sus propias autoridades, obtener y disponer de sus recursos y atender los servicios públicos locales, y establecer el ordenamiento territorial y el cumplimiento de sus objetivos. El gobierno municipal es ejercido por un concejo integrado por el alcalde, los síndicos y concejales, elegido directamente por sufragio universal y secreto, por un período de cuatro años, pudiendo ser reelectos. Los candidatos a puestos municipales de elección popular pueden ser postulados tanto por partidos políticos, como por comités cívicos locales. El Organismo Ejecutivo incluye anualmente, en el Presupuesto General de Ingresos Ordinarios del Estado, un diez por ciento del mismo para las municipalidades del país. Para la ejecución de sus ordenanzas y el cumplimiento de sus disposiciones, las municipalidades pueden crear su Juzgado de Asuntos Municipales y su Cuerpo de Policía, quienes están bajo la autoridad del alcalde.

Los partidos políticos

El Estado garantiza la libre formación y funcionamiento de las organizaciones políticas en Guatemala. Se considera organizaciones políticas a los partidos políticos, los comités cívicos pro formación de partidos, los comités cívicos electorales y las asociaciones con fines políticos.

Para que un partido pueda existir y funcionar legalmente se requiere que cuente con un mínimo de un afiliado por cada dos mil habitantes, según la totalidad de habitantes reportada por el último censo oficial. La mitad de éstos debe saber leer y escribir. Además debe estar constituido en escritura pública, crear sus órganos permanentes e inscribirse en el Registro de Ciudadanos. Todo partido debe tener un nombre, emblema, estatutos y sede o domicilio oficial.

Derechos y obligaciones de los partidos

Los partidos pueden postular candidatos de elección popular, participar con sus fiscales en la vigilancia de los procesos electorales, participar en las

Los partidos políticos representan, en términos generales, las tradicionales posiciones de liberales y conservadores. En la imagen, la sede del Partido de Avanzada Nacional (PAN).

deliberaciones del Tribunal Supremo Electoral a través de sus fiscales, denunciar anomalías electorales y exigir que se investiguen; recibir financiación estatal, a razón de dos quetzales por voto recibido a su favor, cuando el partido ha recibido una cantidad de votos equivalente al cuatro por ciento del total de votos emitidos o más.

Los partidos políticos pueden fusionarse entre sí o formar coaliciones temporales, legalmente.

Organización de los partidos

Todo partido político de ámbito nacional debe contar con los órganos siguientes: Asamblea Nacional y Comité Ejecutivo Nacional. Los partidos de ámbito departamental poseerán Asamblea Departamental y Comité Ejecutivo Departamental. Los partidos de ámbito municipal contarán con Asamblea Municipal y Comité Ejecutivo Municipal. Los miembros de los comités, a cada nivel, deben ser elegidos democráticamente por las asambleas.

El Comité Ejecutivo Nacional es el órgano permanente de dirección del partido.

Tiene la responsabilidad de ejecutar las resoluciones tomadas por la Asamblea Nacional en toda la República. Supervisa el funcionamiento de los comités ejecutivos, hace las convocatorias para la celebración de asambleas nacionales y departa-

El origen de la formación de partidos políticos y del sistema electoral está en la Revolución de Octubre de 1944 y en la Constitución que nació de ésta en 1945. En la imagen, mesas electorales.

derechos, o quienes hayan perdido la ciudadanía. Los cargos de elección popular son: presidente y vicepresidente de la República, diputados del listado nacional y del listado departamental al Congreso, y autoridades municipales. En la actualidad, estas elecciones se celebran cada cinco años, excepto en alcaldías específicas, donde se realizan cada dos años y medio.

Para obtener el triunfo, los candidatos a presidente y vicepresidente de la República necesitan obtener, por lo menos, la mitad más uno de los votos válidos emitidos. Si, en la elección, ninguna de las planillas obtiene tal mayoría, debe llevarse a cabo una segunda elección, en un plazo no mayor de sesenta días, en la que participarán sólo las dos planillas que alcanzaron mayoría de votos en la primera elección. En la segunda elección gana la planilla que obtiene por lo menos la mitad más uno de los votos válidos. Para obtener el triunfo en las elecciones de alcaldes y síndicos municipales, basta la mayoría relativa. Se aplica un sistema que permite la representación proporcional de las planillas que obtuvieron minorías de votos.

Cada departamento del país constituye un distrito electoral, excepto el departamento de Guatemala, en el cual hay dos distritos, el central (del municipio de Guatemala) y el departamental,

mentales, designa los candidatos del partido a cargos municipales de elección popular, en los municipios donde el partido no tiene organización. También designa a los fiscales ante el Tribunal Supremo Electoral, nombra y remueve a los funcionarios y demás personal administrativo del partido.

El procedimiento electoral

Todo guatemalteco mayor de dieciocho años es ciudadano y, como tal, tiene derecho a inscribirse en el Registro de Ciudadanos, elegir y ser elegido, ejercer el sufragio y optar a cargos públicos. Estos derechos se suspenden por sentencia condenatoria firme, en juicio penal o por declaración judicial de interdicción, pero se recuperan por cumplimiento de sentencia, amnistía, indulto o rehabilitación judicial.

El voto es un derecho pero no una obligación. Sin embargo, no pueden votar los ciudadanos que prestan servicio activo en el Ejército o desempeñan un trabajo de índole militar, como tampoco quienes están suspendidos en el ejercicio de sus

Composición del Comité Ejecutivo Nacional

El Comité Ejecutivo Nacional se integra con un mínimo de nueve y un máximo de quince miembros titulares, elegidos por la Asamblea Nacional, para un período de dos años. Además del Secretario General y Secretario General Adjunto, el Comité deberá contar con un Secretario de Actos o, simplemente, secretario. El Secretario General representa legalmente al partido por espacio de dos años, pudiendo ser reelecto por la Asamblea Nacional. Preside las sesiones del Comité Ejecutivo Nacional, ejecuta y hace que se ejecuten las resoluciones de la Asamblea Nacional y del Comité Ejecutivo Nacional. Es el órgano de comunicación entre todos los niveles del partido y designa a los fiscales ante las Juntas Electorales Departamentales.

Los procesos electorales de los últimos años han estado bien organizados y computados. En la imagen, un ciudadano ejerce su derecho al voto en unas elecciones municipales.

que comprende al resto de municipios del departamento. En cada distrito se elige un diputado, que será su representante en el Congreso, y un diputado por cada ochenta mil habitantes. La Ley Electoral y de Partidos Políticos (y sus reformas) y el Reglamento de dicha Ley (y sus reformas), rigen todos los procedimientos de las elecciones y dan solución a los problemas posibles de anticipar.

Posicionamiento de los partidos actuales

El Partido de Avanzada Nacional (PAN), que representa sectores progresistas de clase alta y media alta, ganó las últimas elecciones de presidente y vicepresidente. Obtuvo mayoría de escaños en el Congreso de la República, ganó la alcaldía metropolitana y ocupó una cantidad importante de alcaldías en el interior del país. Sus aliados son partidos minoritarios, como el Movimiento de Liberación Nacional (MLN) —sobreviviente del movimiento liberacionista de 1954 y que tiene sólo un diputado— y el partido Acción Democrática (AD), que tiene dos diputados. De esta manera formaron una mayoría en el Congreso.

Los demás partidos son actualmente de oposición. El segundo partido en representación en el Congreso es el Frente Republicano Guatemalteco (FRG), de línea conservadora de derecha, acaudillada por el general Ríos Montt, que obtuvo la mayor proporción de alcaldías. En tercer lugar, el Frente Democrático Nueva Guatemala, que aglutina sectores de centro-izquierda e izquierda. En cuarto lugar, el partido Democracia Cristiana Guatemalteca (DCG), castigado por los votantes en las dos últimas elecciones a causa del gobierno que lidcró en 1986-1991, pero que representa sectores que se mantienen en puestos estratégicos merced a influencias institucionales importantes.

Otro partido con alguna presencia es la Unión del Centro Nacional (UCN), fundada por el asesinado líder centrista Jorge Carpio Nicole. Por último, el Movimiento de Acción Solidaria (MAS), que ha sufrido las consecuencias de los actos políticos de su fundador, el ex presidente autogolpista Serrano Elías.

En virtud de la firma de la paz, la Unidad Revolucionaria Nacional Guatemalteca (URNG), que agrupa las organizaciones ex insurgentes, está convirtiéndose también en partido político legal. Así mismo está surgiendo otro partido: Izquierda Democrática.

Las organizaciones de derechos humanos

El Congreso de la República designa una Comisión de Derechos Humanos, integrada con un diputado por cada partido político representado en el mismo. Ésta propone al pleno tres candidatos para elegir un procurador de Derechos Humanos («ombudsman»). Se trata de un comisionado del Congreso para la defensa de los derechos humanos que la Constitución garantiza. Dura cinco años en su puesto y rinde anualmente un informe de labores al Congreso. Le corresponde promover la agilidad de la gestión administrativa en materia de derechos humanos, investigar denuncias de violaciones de éstos, hacer recomendaciones a las autoridades acerca de comportamientos administrativos objetados, censurar públicamente actos lesivos a los derechos humanos y promover acciones judiciales en casos procedentes.

Como país miembro de Naciones Unidas, Guatemala cuenta también con una misión de esta organización, MINUGUA, que colabora en la salvaguarda de los derechos humanos en el país. Esta misión ha desempeñado un papel fundamental en el proceso de finalización de la guerra y en la actualidad impulsa varios proyectos de reconstrucción social y material en áreas especialmente afectadas por la guerra.

Se ha creado también una Comisión Nacional de Esclarecimiento Histórico sobre las Causas de la Violencia, con un representante de Naciones Unidas, una diputada maya y un ciudadano notable. Asimismo existe un programa de trabajo que incluye la elaboración de una memoria sobre las causas de la guerra, realizada por un grupo de académicos de las universidades. También se realiza un trabajo de campo de ámbito nacional, para documentar casos de violaciones de derechos humanos a individuos, grupos y comunidades.

Otras importantes instituciones que velan por el respeto a los derechos humanos en Guatemala son la Oficina de Derechos Humanos del Arzobispado (ODHA) y la Conferencia de Iglesias Evangélicas de Guatemala (CIEDEG). Estas instituciones reciben denuncias y realizan averiguaciones en todo el país, además de colaborar con el Ombudsman en la prevención y en el esclarecimiento de violaciones de los derechos humanos. Las organizaciones populares, sindicales e indígenas, también realizan una labor permanente de vigilancia y salvaguarda de los derechos humanos en el país. Una de ellas, particularmente significativa por estar integrada por mujeres con dirigencia maya, es la Coordinadora Nacional de Viudas de Guatemala (CONAVIGUA), que agrupa a víctimas de la guerra y defiende sus intereses.

El Palacio Arzobispal acoge la sede de la Oficina de Derechos Humanos del Arzobispado de Guatemala.